KB213787

스님들의 오해

부처님의 가르침과 승가에 대한 단상

스님들의 오해

허정 스님
지음

산지니

책을 내면서

사람들은 말한다. "종교가 사회를 걱정하는 시대가
아니라 사회가 종교를 걱정하는 시대가 되었다"라고. 나도 30년
이상 불가(佛家)에 몸담고 있는 사람이라서 늘 책임감을 느끼는 말
이다. 1900년 역사의 불교종단 조계종이 건강해지면 나라가 건강
해진다. 그래서 조금씩 비판적인 목소리를 내왔다. 내부자의 비판
은 자정기능이라는 믿음으로. 그 비판의 내용은 "지구상에서 가장
오래된 공동체인 승가는 집단지성이 발휘되어 민주적으로 운영되
어야 한다"는 것이다. 비판적인 활동 때문에 그동안 종단과 불교
신문으로부터 네 번의 고소를 당하고, 억울한 징계도 받았다. 여기
에 실은 글은 종단에 대한 나의 애정 어린 비판이 주를 이룬다. 종
단은 나의 비판이 옳다면 비판을 수용하고 비판이 잘못되었다면
나의 승적을 박탈하라. '삼귀의 한글화 문제점'과 '책상에 앉아 상
상으로 쓴 『불교성전』'은 독자들이 꼭 읽어주었으면 한다. 재미없
게 보이는 이 글을 출판하겠다고 나선 산지니에 매우 고맙다. 책을
읽는 분들이 "스님들은 이렇게 사는구나", "불교공동체가 이렇게

이어져왔구나"라는 이해가 넓어진다면 보람이겠다. 그대들과 멀리 떨어진 이들이 아니라 이 땅에서 살아가는 그대의 형제자매 이야기다. 그나저나 이 일도 다 행복하자고 하는 일이다. 어디에 있든 그대 행복하라.

2024년 7월 30일
허정 합장

차례

1장

파
사
현
정

공업(共業)이란
무엇인가?

      2008년 5월 12일 오후 2시 28분 중국 쓰촨성에서 규모 8.0의 큰 지진이 일어나 약 69,000명이 사망하고 약 370,000명이 부상당했다. 그해 하안거를 준비 중인 조계종 진제 종정께 기자가 어째서 중국에서 지진이 발생하여 무수한 희생자가 났는가를 물었다. 진제 종정은 "과거 전생의 악업으로 동타지옥(同墮地獄, 함께 지옥으로 떨어지는 것)의 변란을 맞는다. 항시 선한 마음을 닦아 착한 행동을 해야 동타지옥을 면하는 것이다"라는 대답을 하였다. 이 말이 세상에 알려지는 것이 두려워서인지 신문들은 동타지옥이라는 단어를 삭제하였는데, 한 신문만이 사실대로 보도하여 세상에 알려지게 되었다. 한마디로 수많은 중국인이 과거 공동으로 지은 업(共業) 때문에 죽었다는 것이다.

  2014년 4월 16일 인천에서 제주로 오가는 여객선 세월호가 침몰하면서 승객 304명이 죽는 참사가 발생했다. 당시 총무원장 자승스님은 "세월호 사고는 아이들을 지키지 못한 어른들의 책임이며, 기본 상식을 지키지 않은 우리 모두의 공업(共業)이다. 이런 일이 재발하지 않도록 뼈아픈 통찰과 참회가 있어야 한다"라고 말했다. 한국불교종단협의회 인권위원회도 "어른들의 잘못으로 한 학년 절반의 학생들이 희생된 안산단원고등학교 학생들은 우리 기성세대들이 영원히 책임져야 할 숙제이며, 공업(共業)이다"라고 말했다. 어떤 불자는 세월호 참사에 대해 "세상은 부처님의 말씀처럼 인드라망으로 연결돼 있다. 세월호 참사는 누구 한 사람의 잘못으로 일어난 것이 아니다. 우리 모두 함께 저지른 공업(共業)의 결과다. 잘못은 우리 모두에게 있다"라고 말하였다.

2022년 10월 29일 이태원 압사 사고가 일어난 뒤 조계종 총무원은 11월 4일 조계사 마당에서 위령법회를 개최하였다. 진우 총무원장은 "우리 기성세대들은 사회적 참사가 있을 때마다 재발 방지를 되뇌어왔지만, 그 약속을 또 지키지 못했다. 지켜주지 못해서 미안하다"라고 말하였고 본각 비구니 회장은 "누구 허물을 탓하기에 앞서 우리 모두 부처님 전에 참회한다"라고 말했다. 관음종 총무원장도 "우리들의 공업(共業)이다. 참회하고 또 참회한다"라고 말했다. 기성세대의 잘못, 우리 모두의 잘못은 모두 공업(共業)을 이야기하는 것이다. 왜 승려와 불자들은 사회적으로 큰 사건이 터지면 우리 모두 책임이라는 공업(共業)을 말할까?

신(神)이 세상을 창조했다고 믿는 기독교인들은 모든 걸 '신의 뜻'으로 돌리듯 불자들은 모든 게 과거 업(業)의 결과라고 믿는다. 그러나 모든 걸 '신의 뜻'이라고 말하는 사람도 다만 짐작으로 하는 말이듯이 모든 게 업의 결과라고 말하는 사람도 다만 짐작으로 하는 말이다. 누구도 신의 뜻을 아는 사람은 없고 누구도 공업(共業)이 어떻게 형성되어왔는지 알지 못한다. 다만 지진이 났으니까,

세월호가 바다에 빠졌으니까, 압사 참사가 발생했으니까, 그 일어난 결과를 보고 짐작으로 말할 뿐이다. 이렇게 모든 걸 과거의 업으로 바라보는 업설이 인도에도 있었다.

부처님 당시 시와까라는 사람도 현재 일어난 결과는 모두 과거에 지은 업 때문이라는 생각을 가지고 있었다. 그는 부처님께 물었다. "지금 느끼는 즐거운 느낌, 괴로운 느낌, 괴롭지도 즐겁지도 않은 느낌 등 모든 느낌은 모두 과거의 행위에 기인한 것이라고 생각하는데, 부처님은 여기에 대해서 어떻게 생각하십니까?"

> "시와까여, 어떤 느낌은 담즙의 장애(pitta) 때문에 생긴 것이고, 어떤 느낌은 점액의 장애(Semha) 때문에, 어떤 느낌은 바람의 장애(vāta) 때문에, 어떤 느낌은 그 세 가지가 겹쳐(sannipātikāni), 어떤 느낌은 온도의 변화(utupariṇāmajāni) 때문에, 어떤 느낌은 자신을 잘 돌보지 않아서(visamaparihārajāni), 어떤 느낌은 과도한 노력(opakkamikāni) 때문에, 어떤 느낌은 업의 과보(kammavipākjāni) 때문에 생긴 것이다."-시와까경(S36:21)

모든 게 업에서 생긴 것이라는 외도(外道)의 주장에 대해 부처님은 '업은 여덟 가지 중 한 가지 원인일 뿐'이라고 설명한다. 이 말은 '일곱 가지 이유는 지금 여기서 사건의 이유를 확인할 수 있다'는 이야기다. 지금 여기서 확인할 수 있는 원인과 이유를 찾지 아니하고 과거로 전생으로 달려간다면 어리석다 할 것이다. 요즘은 의학의 발달로 담즙(膽汁), 점액(粘液) 등이 과다 분비되었는지, 추운

곳에 오래 있어서 몸에 냉기(冷氣)가 들어왔는지, 환절기의 온도차 때문인지, 지나친 체력 소모와 스트레스 때문인지 그 원인을 잘 알 수 있는 시대다. 예전에 알 수 없던 암이나 뇌의 정신질환도 초음파 검사 등으로 알아낼 수 있다. 업의 과보는 여덟 가지 원인 중 하나일 뿐이고, 그것도 과거를 통찰할 줄 아는 지혜로운 사람에게만 관찰된다.

예를 들어 운전하다가 깜박 졸아서 접촉사고를 냈다. 쥐가 독이 든 빵을 모르고 먹었다. 추운 겨울에 밖에서 정신없이 놀다가 동상에 걸렸다. 이러한 현재의 고통이 모두 과거의 업에서 찾아야 할까? 개인이 경험하는 고통을 모두 과거에 저지른 업의 결과라고 말하거나 공업의 결과라고만 말하는 것은 업을 운명론적으로 해석하는 것이다. 부처님은 외도의 숙명론적이고 운명론적인 업설을 부정하였다. 그래서 불교를 설명하거나 개인의 업을 이야기할 때 툭 하면 전생과 전생의 죄를 거론하는 사람은 사기꾼인 경우가 많다.

수많은 전생의 업은 모르지만, 현재 일어난 사건의 원인을 추적할 수 있다. 경찰청과 용산구청 등은 10월 29일 이태원 일대에 인파가 대거 몰릴 것이라는 예측을 하고서도 혼잡경비 계획을 세우지 않았다. 당일 저녁 6시부터 압사 위험이 있다는 신고가 112에 여러 번 접수가 되었지만, 기동대를 파견하지 않았다. 이태원 참사는 조금만 생각해보면 사전에 충분히 막을 수 있는 인재(人災)였다. 그럼에도 정부는 참사가 아니라 사고이며, 희생자라는 용어 대신에 사망자라는 용어를 사용하고 국민은 아직도 희생자 159명의 이름도 모르고 있는데 대통령은 위패와 영정사진이 없는 분향소를 설치하여 국화꽃 다발에 연이어 조문을 하였다. 이러한 상황에서 이태원 참사를 공업(共業)이라고 말하며 다 같이 참회하자고 말하는 것은 불교적인 태도가 아니며 유족을 위로하는 말이 될 수도 없다.

조계종은 어느 종교보다 빠르게 11월 4일 조계사 마당에서 위패도 없이 영정도 없이 유족도 없이 윤석열 대통령 부부만 초청하여 위령제를 지냈다. 조계종은 위령제를 지내며 이태원 참사는 기성세대의 잘못이고 우리 모두의 잘못이니 참회하자고 제안하였다. 위령제를 지내려면 159명 영가의 영정, 위패, 유족이 있어야 하고 죽은 이들의 유족이 초청되어야 하건만 조계종은 정작 그 책임을 물어야 할 최고 책임자인 대통령을 초청하여 면죄부를 주는 듯한 위령제를 지낸 것이다. 이러한 불교계의 발 빠른 위령제는 기독교와 천주교에도 대통령을 초청하여 추모예배와 추모미사를 열 수 있는 구실을 마련해주었다. 거기에도 위패는 없었고 유족도 없었다.

인간 세상의 다양한 사건을 모두 공업(共業)이라고 설명하면 원인을 밝힐 수 없는 모호한 사건으로 전락하고 책임을 묻는 것도 힘들어진다. 예를 들어 지구의 온난화 문제에서 이산화탄소 배출량이 나라별로 큰 차이가 난다. 중국이 가장 많은 이산화탄소를 배출하는데, 그 양은 2등인 미국의 두 배에 해당하고, 우리나라가 배출하는 양보다 열일곱 배나 많다. 이러한 구체적인 차이를 거론하며 가장 많이 배출하는 나라의 책임을 거론하지 않고 지구에 사는 모든 사람의 공업이라고 말한다면 이것은 중국이나 미국에 면죄부를 주는 꼴이다. 지구온난화가 우리의 공업이라고 말한다면, 지금까지도 원시적인 모습으로 살고 있는 아프리카 부족과 아직도 농업과 같은 1차 산업이 주요산업인 나라는 참으로 억울하다. 이처럼 구체적인 사실을 파악하고 책임의 경중(輕重)을 가려야 할 일을 공업(共業)이라고 치부해버리면 책임소재가 불분명해지고 죄인들에게 면죄부를 주는 결과를 초래한다.

천주교 미카엘 신부는 촛불집회에서 "인간의 비참은 불행한 소수에게 닥친 피할 수 없는 운명이 아니라, 불의(不義)의 결과이다. 이 같은 불의(不義)는 항상 근절해야 한다"라고 말했다. 이런 반응은 모든 게 공업이라고 말하는 것보다 사건의 핵심을 잘 파악한 말이다. 이러한 신부의 글을 보고 지리산에 사는 어느 스님이 댓글을 달았다. 스님은 가끔 SNS에 당신이 사는 토굴의 한가하고 여유로운 풍경을 올리는데, 많은 불자들이 그 스님의 삶을 좋아하고 존경하였다. 그 스님은 "버스에 내가 탔는데 그 버스에 사람이 치어 죽었다. 나도 그 사람이 죽는 데 일조를 했다. 죄책감을 느낀다. 국민이 다 타고 있는 대한민국이라는 버스 안에서 누군가 끼어 희생되었다면 나에게도 책임이 있지 않은가? 의(義) 불의(不義)를 따지기 전에 그런 책임감이 공업(共業) 아닌가? 의(義)로운 사람은 버스에 타고 있었는데도 책임이 없는가?"라고 물었다.

그 스님의 댓글에 내가 대답했다.

"막연히 생각하면 그런 게 공업(共業)일 겁니다. 그러나 버스가 지나가는 도로에 맨홀 뚜껑이 열려 있어서 버스 바퀴가 빠진 거라면, 버스 운전사가 음주운전을 하다가 난 사고라면, 맨홀 뚜껑을 덮지 않고 공사를 마무리한 공사업자와 음주운전을 한 운전사의 책임을 물어야 합니다. 10.29 참사도 처음에는 피치 못할 사고인 줄 알았습니다. 그런데 사람들이 대거 모일 거라는 걸 예측하고도 혼잡경비 대책을 세우지 않았고, 당일 6시부터 112에 신고가 여러 번 도착했는데도 출동하지 않았습니다. 이런 상황에서 어찌 공업(共業)을 거론하십니까? 스님이 말하는 공업(共業)은 아무리 관찰해도 그 사건의 원인을 도무지 알 수 없을 때 막연히 짐작으로 하는 말일 뿐입니다."

위에서 열거한 대로 사건마다 큰스님이나 불자들 가운데는 현재의 고통과 사고가 모두 과거의 업 탓이라고 보는 분이 많다. 그런데 공업의 실체를 바로 보고 하는 말이 아니라 사람들이 어려운 일을 당했을 때 "내가 전생에 어떤 죄를 지었길래 이러한 일을 당하는가"라고 한탄하는 수준이다. 왜, 어떻게 일어난 사고인가를 잘 밝혀서 책임을 묻고 다시는 같은 일이 일어나지 않도록 조치해야 하는 일임에도 승려와 불자들은 우리 모두의 공업이라며 같이 참회하자고 말한다. 다른 종교인들은 공업이라고 두루뭉술하게 말하지 않는다. 사건이 터질 때마다 공업이라고 둘러대는 승려와 불자들의 태도는 마치 다른 세계에 사는 사람이거나 사회의 낙오자 같은 느낌을 준다. 세상의 모든 게 서로 연기적으로 연결되어 있기에 막연히 공업이라고 말하는 것도 설득력이 없다. 공업인데 왜 누구는 죽고 누구는 죽지 않았는가? 왜 누구는 깨닫고 누구는 못 깨닫는가? 왜 누구는 암에 걸리고 당뇨에 걸리고 누구는 건강한가? 연기적이기 때문에 공업이라는 것은 눈먼 소리다. 부처님은 연기적이기 때문에 공업이라고 한 번도 말하지 않았다.

2022년의 이태원 참사는 인재(人災)였다. 능히 예방으로 막을 수 있는 사고였다. 그래서 사람들이 더 안타까워하는 것이다. 사회적으로 이슈가 되었던 대형사건에 대한 승려와 불자들의 대응을 보면 매번 안타깝다. 불교가 사회에서 외면받고 있다면, 불자가 나날이 줄어들고 있다면 모든 사건을 공업(共業)이라고 치부하는 승려들과 불자들의 어리석음 때문이지 않을까? 모든 사건을 공업으로 치부하는 바람에 희생자 개개인의 아픔에 깊이 공감하지 못하고, 사건의 책임을 묻는 일에 무관심하기 때문이 아닐까?

상월결사가
'대국민 사기극'인 이유

        불교에서 결사(結社)란 수행의 완성인 해탈열반을 목표로 하여 뜻을 같이하는 이들이 오랜 기간 수행하고 정진(精進)하는 모임을 말한다. 대체로 승려들이 타락하여 불교가 세상 사람들의 비난과 원망을 받게 될 때 누군가 개혁의 깃발을 든다. 결사의 대표적인 예로 고려시대 보조국사 지눌(知訥, 1158~1210)의 정혜결사(定慧結社)가 있다. 지눌이 살던 시대에는 승려들이 노비를 부리고 고리대금업을 하는 등 그 타락상이 극에 달하였다. 그는 부처님의 법(法)과 율(律)에서 다시 시작하자는 의미로 "땅에서 넘어진 자 땅을 딛고 일어선다(因地而倒者 因地而起). 땅을 떠나서 일어나려고 하는 것은 가당치 않다(離地求起 無有是處也)."고 말하였다. 이러한 결사정신은 1947년 청담스님, 성철스님 등이 참여한 봉암사결사로 이어졌고 불교정화운동의 모태가 되었다. 봉암사결사에서는 같이 모여 사는 이들이 지켜야 할 공주규약(共住規約)이 만들어졌는데, 그중에 몇 가지는 이렇다.

- 법(法)과 율(律)을 따라서 정진하여 궁극의 목적을 이룬다.

- 부처님과 조사의 가르침 이외의 개인적인 의견은 배제한다.
- 소작인의 세금에 의존하지 않고 일상용품은 스스로 해결한다.
- 정해진 시각 이외에 누워 자는 일은 허용되지 않는다.
- 매일 두 시간 이상의 노동을 한다.

오늘날 조계종이 봉암사결사 정신을 잇겠다고 말한다면 법(法)과 율(律)에 맞는 『불교성전』을 만들고, 문화재 관람료와 각종 임대료를 받아 사찰 운영하려는 관습을 버려야 한다. 사찰 재정을 투명하게 하고, 일정 시간 노동하고 봉사하는 것을 실천해야 한다.

봉암사결사 정신을 잇겠다고 나선 이들이 있다. 2019년에 조계종 총무원장을 두 번 지낸 자승스님을 주축으로 아홉 명이 천막선원에서 동안거를 하면서 '상월결사'가 시작되었다. 그들은 상월결사가 봉암사결사 정신을 잇는다며 대대적인 홍보를 하였다. 봉암사결사에 참여한 스님들은 소욕지족의 삶을 살며, 어떤 명예나 자리를 탐하지 않고 오로지 "부처님 법대로 살아가자"는 마음이었다. 그런데 상월결사는 단지 삼 개월 안거였고 안거 동안에 합창단, 풍물패, 트로트가수 등을 불러서 시끌벅적한 놀이마당을 만들었으며, 천막 안에서 정진하던 스님은 밖에서 들리는 노랫소리가 위안이 되고 격려가 되었다고 고백하였다. 교계 신문과 방송은 날마다 상월선원 소식을 전했고 그들은 〈아홉 스님〉이라는 영화를 만들었다.

부처님은 "고행은 천박한 것이며 무익하다"라고 제자들에게 가르쳤다. 그들이 만든 묵언, 하루 한 끼 공양, 옷 한 벌만 허용, 삭발·목욕 금지, 외부인 접촉 금지 등의 규칙도 부처님의 가르침과 어긋나는 것들이다. 실질적으로 화두를 성성(惺惺)하게 참구하고, 순간순간 알아차림을 유지하기 위해서는 수행자의 몸과 마음을 최상의 상태로 만들어야 한다. 일부러 천막 안을 춥게 만들고, 선원 주변을 시끄럽게 만들어 극기훈련을 하는 것은 수행을 어떻게 해야 하는지 모른다는 증거다. 또한 수행자라면 안거 기간에 도반들끼리 포살을 하여 자신의 허물을 돌아보고 경책하며 살아야 하는데 이들처럼 묵언하는 수행으로는 포살과 탁마도 할 수 없다. 벙어리처럼 지내며 탁마도 하지 않고 수행도 하지 않고 오직 극기훈련만 한 상월결사는 한마디로 대국민 사기극일 뿐이다.

　이들은 처음부터 자신들의 고행을 영화로 만들 생각을 하고 천막 안에서 영화를 찍었다. 그들은 영화 상영관마다 찾아가서 무대인사를 하였다. 일반인을 상대로 영화 〈아홉 스님〉 관람평 시상식도 거행하였다. 수행자가 하루아침에 영화배우가 된 것이다. 이뿐만이 아니다. 작가를 동원하여 『상월선원 천막결사 90일간의 이야기』라는 책을 펴냈고, 동국대 교수는 자승스님이 칠판에 쓴 '어쩌라구'를 주제로 하여 시집 『어쩌라구』를 펴냈다. 안거에 참여한 이들은 공영방송 프로그램인 〈아침마당〉과 〈불교TV〉에 출연하여 자신들이 천막 안에서 어떻게 추위를 견뎠는지, 얼마나 배고팠는지를 자랑스레 말하였다. 안거 기간에 화두를 어떻게 들었는지, 부처님 가르침을 어떻게 실천하였는지 하는 이야기는 없었다. 상월선원은 별도로 무문관 1박 2일 체험 프로그램을 운영하였는데, 그곳에 참여한 재가불자들도 극기훈련을 하고 나온 듯이 온통 추위 이야기만 하였다. 추위를 견디고 묵언하고 목욕 안 하는 것을 마치 대단한 수행인 것처럼 포장하고 있다.

상월결사가 왜 사기극인지는 자승과 그를 따르는 승려들이 지금 어떤 자리에서 어떻게 살고 있는가를 살펴보면 확인된다. 2022년 10월 새로운 총무원장이 취임하자 상월결사에 참여한 자들이 대거 요직을 차지하였다. 상월선원 회주 자승은 머리를 깎지 않아 호법부에 고발당하였지만, 여전히 동국대건학위 총재, 봉은사 회주, 연주암 회주 자리에 있으면서 대통령 등 정치인들이 자신을 찾아오게 만들어 자신이 조계종 실세임을 드러내고 있다. 상월선원 총도감 호산은 총무부장, 수국사 주지 등을 맡고 있으며 상월선원 도감 혜일은 교육원장, 성남 봉국사 주지, 종립학교 관리위원을 맡고 있다. 상월선원 지객(知客) 원명은 문화사업단장, 동국대 감사를 맡고 있으며 상월선원 입승은 표충사 주지가 되었고, 자승스님 시자는 동국대 감사를 맡고 있다. 이렇게 단 3개월 상월결사에 참여한 이들이 종단의 요직을 차지하고 있다. 불교 역사상 3개월 결사도 없었지만, 3개월 결사를 하고 나서 결사에 참여한 이들이 이렇게 종단의 주요 직책과 권력과 명예를 차지한 사례는 더욱 없었다. 정혜결사를 주창한 보조 지눌스님과 봉암사결사를 주도한 성철스님이 지금 자승 무리를 보면 무슨 말씀을 하실까?

자승 일행은 2023년 2월 9일부터 3월 23일까지 총 43일간 인도 성지 걷기를 예고하고 있다. 인도 현지를 부처님처럼 걷는다며 대단한 고행을 하는 듯이 홍보하고 있지만 현실은 귀족적인 순례가 될 것이다. 그들은 순례자들에게 제공할 음식을 만드는 팀, 숙소를 위한 텐트를 치는 팀 등 순례단의 뒷바라지를 여행사에 맡겼다. 그 래서 그런지 인도 걷기 순례에 참가하는 이들에게 1인당 천만 원 의 참가비를 받고 있다. 소욕지족의 삶을 살아가는 불자들이 오로 지 두 발로 부처님 성지를 걷는데 이렇게 비싼 참가비를 받는 까닭 은 무엇인가? 천막선원 3개월 안거를 하루도 빠짐없이 기사화했 듯이 이번 '인도 걷기순례'도 불교신문, 법보신문, 불교방송 등에 서는 매일매일 기사를 쓰고 대서특필할 것이다. 기자들은 한국불 교의 명운이 자승 일행의 어깨에 걸려 있다는 듯이, 그들이 어떻게 더위와 열악한 환경을 이겨냈는지, 성지에 도착해서 얼마나 감동 적인 눈물을 흘렸는지를 상세히 보도할 것이다. 물론 다큐 영화도 찍어서 극장에 상영하려고 할 것이다.

돈이 없는 사람은 참가하지 말라는 듯 비싼 참가비를 받고, 순 례단의 궂은 뒷바라지는 여행사에 맡기고, 불교계 기자들을 데려 가서 순례 상황을 대서특필하고, 순례 영화를 만드는 이러한 보여 주기식의 순례가 정말 봉암사결사 정신을 잇는 것인가? 순례단은 답해야 할 것이다. 자승은 지금도 머리를 깎지 않고 종정스님이나 원로스님 앞에서나 심지어 부처님 앞에서도 모자를 벗지 않는 거 만한 태도를 보이고 있다. 이러한 장면은 부다가야 부처님 앞이나 쿠시나가라 열반상 앞에서도 재현될 것으로 보인다. 또한 인도 성 지에서 전 세계 불자들이 '승가에 귀의한다'는 맹세를 할 때 우리 순례단은 '스님들께 귀의한다'는 삼귀의를 할 것이다. 조계종은 세 계에서 유일하게 불교성전과 각종 의례집에 '스님들께 귀의한다' 고 새겨놓았기 때문이다. 가장 기본적인 삼귀의도 엉터리로 만들어놓은 조계종단은 이번 인도 걷기순례를 종단 차원의 행사가 되도록 지원하고 후원한다고 한다. 한국 불자들이 거룩한 침묵을 지키고 있는 상황에서 한국불교는 여러모로 국제적인 망신을 당할 모양이다.

코로나 시국에
'승려대회'를 개최한다고?

　　〈불교신문〉에서 문자가 왔다. 조계종 교구본사주지 회의에서 1월 22일 '승려대회'를 열기로 결정했다고. 그런데 방금 또 문자가 왔다. 1월 21일에 '승려대회'를 열겠다고. 처음에는 조계사에서 하겠다고 문자가 왔는데 조금 후에는 민주당사에서 할 수도 있다고 문자가 왔다. 문재인 정부의 종교 편향을 뿌리 뽑겠다는 것이 이유인데, 구체적으로는 적시하지 않았다. 정청래 의원의 발언과 캐럴 홍보가 이유일 것이라고 짐작한다. 정청래 의원이 지적한 문화재 사찰의 관람료 문제는 오랫동안 갈등을 일으켜온 사안이다.

　지리산 천은사의 경우 "절에는 들르지 않고 자동차 타고 지나가는 것뿐인데 왜 통행세를 납부해야 하냐"는 민원이 끊임없이 제기되었고 소송도 벌어져 천은사가 패소하기도 하였다. 천은사 측은 "매표소 일대 지방도를 포함하는 땅까지 모두 천은사 소유이기 때문에 문화재 관람료 및 토지 관리 비용을 받는 것"이라며 맞대응해왔다. 부산 범어사에서도 문화재를 관람하지도 않는데 관람료를 징수하는 건 불합리하다는 시민 반발이 심했다. 2008년 부산시로부터 문화재 관리지원금을 받는 조건으로 범어사가 문화재 관람료를 폐지했다. 2019년 천은사 관람료도 폐지되었지만, 관계기관과 협약을 이루어내기까지 관람료를 징수했던 사찰 측은 오랫동안 '산적', '통행세', '봉이 김선달'이라는 소리를 들어야 했다.

정청래의 '봉이 김선달' 발언은 이러한 민원의 연장선상이다. 새로울 것도 없는 케케묵은 갈등을 두고 조계종은 새삼 강경 대응이다. 더불어민주당 대표와 대선 후보가 사과를 하고, 정청래 의원이 사과를 하러 총무원을 방문했음에도 늦게 나타난 점을 들어 받아들이지 않았다. 정청래의 제명과 출당 조치라는 종단의 요구가 받아들여지지 않으면 1월에 4,000명이 모이는 '승려대회'와 2월에는 더 많은 숫자가 모이는 '범불교도대회'를 개최하겠다고 했다. 그런데 이렇게 개인의 탈당과 제명을 요구하며 끈질기게 나서는 것이 순수해 보이지 않는다. 설사 정청래 의원이 제명과 출당 조치를 당하면 조계종이 이기는 것인가? 그래서 무엇이 해결되는가?

문화체육관광부 및 천주교·개신교의 '캐럴 활성화 캠페인'에 종단은 신속하고 강경하게 '캠페인 중지 가처분신청'을 냈다. 12월 21일 조계종단은 기각당하였다. 소송을 제기하기 전에 종단의 항의를 받은 문체부는 '캠페인에 참여하지 않겠다'고 사과하고, 다만 "종교계가 시행 주체로 진행하고 있는 프로그램은 취소하기 어렵다"는 응답을 보내왔다. 문체부가 '캠페인에 참여하지 않겠다'고 사과했을 때 엄중히 경고하고 끝냈으면 좋았을 것이다. 법원은 문체부가 빠진 캐럴 캠페인에 보조금을 지원한 것은 연등회 행사에 보조금을 지급하는 정도의 문제로 판단하고 정교분리 원칙이나 공무원의 중립의무를 위반한 것이 아니라고 보았다. 가처분신청이 기각당함으로써 조계종은 연말에 국민이 캐럴을 부르는 것까지 배 아파하는 인색하고 옹졸한 집단으로 각인되고 말았다. 이러한 상황에서 종단은 '승려대회'와 '범불교대회' 등 집단행동을 하겠다고 엄포를 놓고 있다. 이유도 그렇고 상황도 그렇고 국민의 공감과 호응을 받기 힘들다고 본다.

그동안 종단과 역대 총무원장은 잘못된 문화재보호법과 전통사찰법을 개정하기 위해서 어떤 노력을 하였나? 문체부가 캐럴을 홍보하는 일에 정교분리 원칙에 어긋난다며 가처분신청을 내는 종단이 정치인의 출당과 제명을 요구하는 것은 정치개입이 아닌가? 종단은 좀 더 세련되고 효과적으로 법 개정의 노력을 할 수는 없는가? 동안거 결제 기간인 1월 중순에 승려대회를 개최하겠다고 본사 주지들이 결정하면 되는 일인가? 왜 설문조사나 투표 등 종도들의 의견을 묻는 과정을 거치지 않는가? 종단 지도부는 종도들을 무조건 명령하면 따라야 하는 개, 돼지 같은 존재로 생각하는 게 아닌가?

이러한 종단의 행위는 소통이 단절된 종단, 비민주적으로 운영되는 종단, 집단지성이 발휘되지 않는 종단의 현실을 그대로 드러내 보여주는 것이다. 종단의 구성원이라면 누구라도 의견을 낼 수 있는 제도를 마련하여 비상시에 종도들의 지혜를 모을 수 있어야 하는데 우리 종단은 이러한 노력이 없고 제도가 없다. 종단이 불통(不通)으로 운영되는 예를 들자면 작년에 스님들이 받을 재난지원금을 당사자들의 동의도 구하지 않고 모두 기부한다고 선언한 일이 있었다. 2021년 초『불교성전』편찬 과정에서도 문제점이 드러났다. 종단본『불교성전』이 완성되어 봉정식을 마쳤을 때 나는 '2021년 종단본『불교성전』을 비평하다'를 발표하여 성전의 문제점을 공개적으로 비판하였다. 약 70여 곳의 오류를 지적하여 수정을 요구하였지만, 편찬위원 중 오직 한 분만이 잘못되었음을 인정하였고, 포교원장, 편찬위원, 기획위원들은 지금까지 침묵으로 일관하고 있다.

열린 행정을 펼치는 종단이라면 반세기 만에 만드는 종단본『불교성전』을 발표하기 전에 종도들에게 공개적으로 감수받는 과정을 거쳤을 것이고 현재와 같은 문제가 많은『불교성전』은 만들어지지 않았을 것이다. 원불교의 경우 2021년『원불교전서』개정증보판을 냈는데 이의가 제기되자 이를 심각하게 받아들여 전량 회수해 폐기하였다. 지적을 받아도 침묵과 무시로 일관하는 조계종단과 대조되는 반응이다. 부처님의 말씀을 정말 존중하고 사랑한다면 어찌 70여 곳의 지적을 받고도 침묵하고 있을 수 있는가? 지적받은 곳이 문제가 없다면 문제가 없다고 해명이라도 해야 하지 않을까? 대중공의로 운영되는 집단이라면 이렇게 일방통행을 할 수는 없었을 것이다. 하루하루 먹고살기 위해 다치고 목숨 잃는 젊은이들을 위해서, 사회적 차별에 신음하는 사회적 약자를 위해서 개최하는 승려대회도 아니고, 겨우 등산객에게 입장료 받지 말라는 정치인의 발언에 이렇게 분개하는 불교계의 수준을 국민은 어떻게 생각하겠는가? 이기적인 종교집단의 행동에 국민이 걱정하고 염오(厭惡)하는 마음을 일으킨다면 이것이 해종이 아니고 무엇인가? 종단은 지금이라도 종도들의 뜻을 모아서 행동해야 한다. 설문조사 등 만 명이 조금 넘는 스님들의 의견을 모으는 것은 어렵지 않다.

무조건적 명령과 일방통행으로는 애종심이 생겨나기 어렵다. "대중은 동의하면 침묵하시고 이의가 있으면 말씀하세요"라고 세 번씩 물었던 승가의 소통 전통을 되살려야 한다. 소통이 살아나고 토론이 살아나고 대중공의가 모아지는 종단이 되어야 불교가 중흥된다. 엄중한 시기에 꼭 모일 필요는 없다. 설문조사를 실시하여 종도의 뜻을 확인하고 발표하는 것만으로도 충분하다. 종도들의 의견을 물어보지도 않고 '승려대회', '범불교도대회'를 열겠다고 일방적으로 통보하는 것은 종단 발전과 승가 화합에 전혀 도움이 되지 않을뿐더러 엄정한 코로나 시국에 종단이 국민의 걱정거리가 되고 비난거리가 되겠다는 어리석은 결정이다.

멸빈자 서의현,
동화사 방장이 되다

2023년 2월 7일 대구 동화사에서 방장 후보를 선출하는 산중총회가 있었다. 280명 중에서 200명이 참석하여 다수결로 서의현을 방장 후보로 추대했다. 1994년 승려대회에서 멸빈되었던 그가, 스스로 탈종한다고 언론에 발표했던 그 서의현이 방장이 되는 기막힌 상황이 벌어진 것이다. 서의현이 방장 후보가 되는 데는 중앙종회의 노력이 가장 컸다. 2022년 11월 10일 중앙종회는 총림 방장 자격을 '20안거 이상을 성만한 본분종사'에서 '20안거 이상 성만한 경력과 총무원장, 중앙종회의장, 호계원장을 4년 이상 재직한 경력자'로 변경하였다. 왜 수행자들의 참선 공부를 지도하는 방장 자격에 '총무원장', '종회의장'이라는 사판(事判) 경력을 삽입했을까? 이전에 중앙종회는 사판(事判) 경험이 없이 참선 공부만 하는 승려들에게 총무원장 자격을 제한하는 아래와 같은 선거법을 만들었다.

조계종 선거법 제13조: 승납 30년, 연령 50세, 법계 종사급 이상의 비구로 다음 각호의 어느 하나에 해당하는 자격을 갖춘 자는 총무원장의 피선거권이 있다.

1. 중앙종회의장, 호계원장, 교육원장, 포교원장 역임

2. 교구본사 주지 4년 이상 재직 경력

3. 중앙종무기관 부·실장급 이상 종무원 2년 이상 재직 경력

4. 중앙종회의원 6년 이상 재직 경력

5. 각급 종정기관 위원장 역임

이렇게 총무원장 자격을 사판의 경력을 가진 자로 제한하는 것은 상위법인 "종헌 제53조: 총무원장의 자격은 승납 30년, 연령 50세, 법계 종사급 이상의 비구로 한다"는 조항에 정면으로 위배된다. 이판(理判)의 경력만으로는 총무원장의 자격이 될 수 없도록 하는 '선거법'을 만들어놓고, 방장의 자격에는 사판(事判)의 경력을 추가하는 '총림법'을 만듦으로써 이제 조계종에서 사판(事判)들의 전성시대가 되게 해놓았다. 총림법과 선거법은 형평성이 맞지 않아서 양립할 수 없는 법이다. 방장 자격에 사판 경력을 추가한 총림법 개정이 서의현이 동화사 방장 후보가 되는 결과로 나타났다. '그들에게는 다 계획이 있었던 것이다.'

멸빈자 서의현이 방장 후보로 선출된 것은 현재 조계종의 건강 상태를 알려주는 바로미터이다. 서의현은 1994년 4월 29일 탈종계를 제출했으며 언론방송에도 탈종소식이 보도된 바가 있다. 승려법 54조에는 "탈종서를 제출하거나 탈종 공고를 신문에 게재한 자"는 징계에 의하지 아니하고 바로 제적 처리된다고 되어 있으므로 그는 조계종의 승려가 아니다. 더욱이 초심호계원회(6월 8일)에

서 멸빈이 되고 재심 신청을 하지 않아 징계 결의확정공고(7월 1일)가 〈불교신문〉에 실린 바도 있다. 이렇게 서의현은 명백하게 탈종한 자이고 멸빈된 자임에도 당시 징계 결정을 통보받지 못해 재심을 청구하지 못했다는 의현스님의 주장을 재심호계원(자광)에서 받아들였다. 2015년 재심호계원은 판결문에서 "피제소인(서의현)의 죄상이 결코 경하지는 아니하나, 피제소인이 과오를 진심으로 참회하고 있고, 종단으로부터 빈척되었음에도 불구하고 21년 동안 속퇴하지 아니하고 승려의 분한을 유지하는 한편 교구본사주지·중앙종회의원·총무원장 등을 역임하면서 행한 공적이 작지 아니하며, 이미 팔순에 이르러 회향을 준비하고 있는 점 등을 참작함과 아울러 종정 예하의 교시와 원로 대종사의 자비화합의 뜻을 받자와 피제소인을 '공권정지 3년'의 징계에 처한다"고 발표하였다. 승려대회 결의를 무시하고 종헌종법을 무시하는 이러한 판결은 받아들일 수도 없고 용납될 수도 없는 일이다.

또한 2020년 조계종 중앙종회는 서의현에게 '대종사법계'를 수여하는 것을 만장일치로 통과시켰고 2022년 중앙승가대학교는 서의현에게 명예박사학위를 수여했다. 2023년 2월 5일 전 종정 진제스님은 "나는 79대 부처님 법손으로서 서 원장(의현대종사)을 동화사 차기 방장으로 추천한다"고 밝히고 "서 원장은 이사를 겸비한 아주 훌륭한 스님이며 내 상좌들 40~50명을 산중총회에 모두 참석시켜 서 원장을 지지하도록 하겠다"고 선언하였다. 2월 6일 동화사 산중총회는 비밀투표로 하느냐 거수로 하느냐를 두고 2시간 동안 구성원들 간의 논쟁이 이어가다가 결국 거수로 투표하는 것을 선택하였다. 말사 주지의 임명권을 가진 본사 주지 앞에서 비밀이 보장되지 않는 거수로 투표를 했다는 것은 투표의 공정성에 많은 문제를 남겼다.

한국불교 역사에 있어서 방장이라는 이판(理判)의 영역을 사판(事判)이 공개적으로 침범한 데에는 전국수좌회의 침묵도 큰 역할을 하였다. 그들은 서의현이 복권될 때도, 대종사로 추대될 때도, 중앙종회가 방장 자격에 사판 이력을 넣을 때도 거룩한 침묵을 지켰다. 서의현이 방장 후보가 된 데에는 종단의 여러 구성원이 일심단결, 일사불란하게 노력한 결과다. 대다수 조계종 승려들의 반응은 어떨까? 이번에도 여러 스님들은 "똥이 무서워서 피하냐? 더러워서 피하지!"라는 말을 내뱉으며 조용한 침묵을 지킬 것으로 보인다. 종도들의 거대한 '침묵의 합창'으로 조계종은 난파선처럼 바다에 침몰하고 있다. 바닷물이 코와 입에 들어와 숨쉬기 어려워도, 어떤 발악이나 아우성도 없이, 침묵의 인욕 정진을 이어가고 있다. 이제 조계종단에서 계율을 말하고 범계(犯戒)를 지적하는 것이 우스운 일이 되어버렸다.

화쟁위원회는
침묵하라

　　언제부터인가 조계종단이 종도들과 불통(不通)하며
일방적으로 내달리고 있다. 겉으로는 출가자가 급감하고 있는 위
기 상황이라고 외치지만 안으로는 승려와 불자들을 갖은 방법으
로 괴롭히는 두 얼굴을 하고 있다. 세상의 종교 중에 가장 합리적
이고 도덕적인 부처님의 가르침을 따르는 자들이 저지르는 행위라
서 더욱 슬프다. 종단이 승풍을 바로잡고 정의를 세운다며 승려와
종무원을 징계하고 해고한 것이 사회법에 의해 연달아 잘못된 판
단이었음이 드러났다.

　　2018년 공권정지 10년, 법계 강급의 징계를 받은 영담스님은 징
계무효소송에서 승소하였다. 조계종이 이 판결에 불복하자 영담
스님에 대한 징계 사항을 삭제하지 않으면 1일당 500만 원씩을 물
어줘야 한다는 민사 법원의 결정도 나왔다. 이때 조계종은 영담스
님에게 사과를 하지 않았다.

　　2018년 〈불교신문〉은 거짓 보도로 명진스님에게 정신적 피해
를 입혔으므로 손해배상금 1,000만 원을 지급하고 사과문과 함
께 정정보도를 하라고 법원은 판결했다. 명진스님이 조계사 앞에

서 단식할 때 종단은 종무원들을 시켜서 명진스님의 속명을 부르며 모욕하고 조롱하게 했고 〈불교신문〉은 팩트체크라는 이름으로 거짓 보도를 하였다. 〈불교신문〉은 자신들의 기사가 잘못되었다는 정정 보도문을 냈지만, 거짓 기사를 쓴 기자들은 사과하지 않았고 스님의 징계는 아직도 철회되지 않고 있다. 명진스님은 2020년 국가와 조계종을 상대로 10억 원의 손해배상 소송을 제기해 놓고 있다.

'공권정지 3년 및 법계 강등'에다가 다시 몇 년 후 '공권정지 5년'의 징계를 받은 도정스님이 2021년 징계무효 소송에서 최종 승소하였다. 도정스님은 6년 동안 종단과 소송하느라 많은 소송비용과 정신적인 피해를 입었지만, 종단은 사과하지 않았다. 언론의 자유, 비판의 자유를 인정하지 않는 종단에 대해 법원은 조계종단이 헌법을 무시하는 집단이라며 훈계했다. 조계종단 자체가 사회의 걱정거리가 되었다.

2021년 조계종으로부터 7년 동안 '해종 매체'로 탄압받아 온 〈불교닷컴〉과 〈불교포커스〉가 승소했다. 조계종은 "악성 인터넷 매체에 대한 공동 대응 지침"이라는 자료를 만들어 조계종 홈페이지에 수년 동안 게시하며 〈불교닷컴〉과 〈불교포커스〉를 탄압해왔다. 심지어 이들 매체에 기고하거나 광고를 싣는 승려들에게도 불이익을 주었다. 조계종 소속 신행단체 및 청년단체, 종단 관련 산하기관도 성명서를 내고 언론탄압에 동참하였다. 법원은 〈불교닷컴〉이 국정원과 결탁하여왔다는 조계종의 주장은 근거가 없다고 판결하였고 각각 1,500만 원의 배상금을 지급하라고 판결했다. 이러한 판결 후에도 종단은 언론사에 대한 탄압을 멈추지 않고 있다.

2021년 10월 대법원은 '조계종노조' 구성원을 해고하고 징계한 조계종에 해고자 원상복직 및 징계자를 원상회복하라고 판결하였다. 해고된 날로부터 복직일까지 임금을 지급하고, 배상금 100만 원을 지급하고 소송비용도 모두 조계종이 부담하도록 했다. 법원은 종단지도자들이 주장하는 것처럼 종단 명예실추, 승풍실추, 승보비방, 해종 행위를 인정하지 않았다. 오히려 승려들과 조계종노조를 징계하고 해고한 것은 헌법에 명시된 표현의 자유, 언론의 자유 등의 기본권을 억압하는 것으로 판단하였다. 표현의 자유, 집회 결사의 자유를 판단하는 종단의 기준이 사회의 기준에 크게 뒤떨어져 있음을 알 수 있다.

승려들과 비판적인 언론, 조계종 노조에 가하는 종단의 횡포와 겁박을 지켜보면서 씁쓸함과 슬픔을 느끼지 않을 수 없다. 종단은 비판적인 언론이나 승려들을 '해종 세력'이라고 명명해 놓고, 겁박하고 징계하는 짓을 계속해왔다. 헌법의 기본권도 논리적인 변론도 해종(害宗)이라는 낙인 앞에서는 속수무책이다. 징계를 당한 승려가 억울함을 호소하여 사회법으로 소송이 시작되면 종단은 종단변호사를 이용하여 항소하고 또 항소하여 대법원까지 끌고 간다. 변호사 비용과 소송비용은 모두 종단의 공금이 사용되므로 집행부의 그 누구도 정신적으로나 금전적으로 손해 보는 일이 없다. 종단을 상대로 소송을 제기한 개인들이 감당키 어려운 비용과 정신적인 피해를 당해야 하는 것과는 대조적이다. 막상 소송에 지더라도 종단은 사과하지 않는다. 징계를 철회하지도 않는다. 재판 결과에 관계없이 교계 언론을 동원하여 해종 행위자, 훼불 세력이라는 낙인을 찍어 놓았기에 목적을 달성한 것이다. 자신이 속한 구성원을 이토록 멸시하고 천시하는 집단이 또 있을까?

최근 연이어 사회법에 패소한 것은 조계종이 헌법을 지키지 않는 종단, 국민의 기본권을 무시하는 종단, 비민주적으로 운영되는 종단, 사회가 걱정하는 종교가 되었다는 것을 의미한다. 종단 운영에 빨간불이 켜진 것이다. 세계에서 유일하게 '스님들께 귀의'하는 한글 삼귀의를 만들어 놓은 종단, 『불교성전』의 잘못된 곳을 여러 번 지적해도 고치지 않는 불통(不通)의 종단이다. 종정 스님이 자신의 석상(石像)을 해운정사 도량에 만들어 놓고 다례를 지내고, 사십이장경을 잘못 해석하여 '부처님 위에 무심도인이 있다'고 선언해도 침묵하는 종단이다. 이런 비리와 불법(不法)을 바로잡지 않고 묵언과 목욕 안 하는 안거를 하고 걷기순례를 하는 것으로 불교 중흥이 될 수 있겠는가? 날마다 이러한 쇼를 대서특필하는 불교계 언론을 보면서 '언론은 이렇게 불자들을 속이는구나', '불교는 이렇게 망하는구나' 하는 탄식을 멈출 수 없다.

이번에는 종단의 화쟁위원회가 종단의 하수인으로 나서려는 듯하다. 화쟁위원회 위원장 스님의 서명 편지를 소위 '해종 행위자'들에게 보내서 '종단화합 대법회'에 참석을 독려하고 있다. 호법부에서 징계절차가 진행 중인 소위 해종 행위자들을 종정 스님이 주최하는 종단화합 대법회에서 깨끗하게 정리해주겠다는 내용이다. '종단화합 대법회'에 참석하지 않으면 징계당할 것이라는 협박도 곁들였다. 가해자와 피해자, 탄압한 자와 탄압받은 자가 사회법의 판결로 명백하게 드러났는데도 침묵을 지켰던 화쟁위원회가 화쟁을 하겠다고 나선 것이다. 그들이 양심이 있다면 종단이 사회법에 패소할 때마다 종단을 꾸짖고 종단이 패소한 사실을 보도하지 않는 어용 언론에 분노했어야 했다. 탄압받는 자, 억울한 자를 외면하고 헌법을 지키지 않는 종단을 모르는 체하면서 화쟁을 하겠다고 하면 그것은 종단의 하수인이 되겠다는 것이며 탄압받는 자를 다시 한번 죽이는 행위이다.

종단으로부터 탄압받고 징계를 받은 이들의 하소연에 눈과 귀를 막고 외면해온 것은 화쟁위원회뿐만이 아니다. 종정 스님도 원로위원 스님도 총무원장도 침묵하고 방관하기는 마찬가지였다. 이제 연속된 법원의 판결로 진실이 드러났다. 그동안 진실을 외면해온 어른 스님들과 소임자들이 먼저 참회하여야 한다. 승가 구성원의 뜻을 받들어 종단을 운영하라는 의미에서 직선제를 요구했던 2018년 '승려대회'는 승려의 기본권이었다. 사리사욕에 눈이 먼 종단의 실세를 비판하는 것이 승보 비방이 아니다. 사회법에서 판단하는 옳고 그름을 종단이 애써 외면하면서 화쟁을 하겠다는 것은 종도들을 다시 기만하는 것이다. 약자의 아픔에 공감하지 못하고 불의에 침묵으로 살아온 자들은 화쟁을 논하지 말고 거룩한 침묵을 지켜라. 그대들이 침묵해야 할 때는 지금이다.

어리숙한 논리로
국민 속이려는 조계종

지난 2020년 5월 19일 〈PD수첩〉에 '나눔의 집에 후원하셨습니까?'라는 예고방송이 나가고 나서 조계종은 즉각 반박문을 낸다. 방송이 나가자 〈불교신문〉은 'MBC PD수첩, 사실 왜곡과 불교 폄훼'라는 제목으로 "나눔의 집은 독립된 사회복지법인으로 조계종이 직접 관리 감독하는 기관이 아니며 직접 운영에 관여한 사실이 없다"고 반박기사를 낸다. 〈불교신문〉·〈불교방송〉·〈불교TV〉 등에서도 똑같은 반박기사를 내보냈는데 한 가지 공통된 사실은 공식 명칭인 '대한불교조계종 나눔의 집'이라고 부르지 못하고 모든 언론에서 '나눔의 집'으로만 부른다는 것이다. 대한불교조계종과 나눔의 집이 관련 없다는 것을 강조하다 보니 정식 이름인 '대한불교조계종'을 빼고 단순히 '나눔의 집'이라고 불러야 할 필요가 있었을 것이다.

〈불교신문〉은 다시 '후원금 횡령·학대 없었다'라는 기사에서 "조계종 소속 스님이 출연한 재산으로 설립한 법인의 경우 삼보정재 유실을 우려해 조계종이라는 명칭을 사용하고 있다"며 "사회복지법인 나눔의 집은 조계종 산하 법인이 아니며, 조계종 총무원이 운영에 참여하거나 관리 감독하는 것이 아닌 독립된 법인으로서 운영되고 있다"고 해명했다. 앞뒤가 맞지 않는 해명이다.

얼마 전에 승려들이 법주사에서 도박을 한 사건이 있었다. 법주사 승려가 도박해서 사회문제가 되었는데 총무원은 법주사를 직접 운영하지 않으므로 책임이 없다고 말한다면 말이 되겠는가? 조계종 스님이 법인을 세웠고 조계종 스님들이 법인 운영권을 가지고 있지만 총무원이 직접 운영하는 것이 아니므로 책임이 없다니…. 이러한 어리숙한 논리로 국민을 속이려 하는 종단의 뻔뻔함에 종도들은 부끄러워 쥐구멍을 찾게 된다. 대한불교조계종 사회복지재단에서 운영하는 불교사회복지 현황에는 '대한불교조계종 나눔의 집'으로 등록되어 있고 대표자명은 송현섭(월주), 관련 종단은 대한불교조계종이라고 소개하고 있다. 이 사건이 터지기 전에는 나눔의 집이 조계종에서 운영한다는 것을 홍보해오다가 방송에 나가자 조계종이 직접 관리하는 기관이 아니라고 말한다.

조계종 '종헌 제9조'에는 '조계종의 승려가 법인을 설립했을 때는 그 정관에 당해 법인이 본종 관장하에 있음을 명기하여야 한다'고 못 박고 있다. 그러지 않으면 그 승려는 일체 종무직에 취임할 수 없는 등 상당한 불이익을 받아야 한다. 이러한 '법인 법'의 취지를 따르기 위해서 나눔의 집은 '대한불교조계종'이라는 이름을 굳이 법인 이름에 넣어서 '법인 법'의 취지를 충실히 따르려고 하였다. 이렇게 확실하게 나눔의 집이 조계종 소속임을 명확히 하였기에 오랫동안 상임이사를 지낸 원행스님은 총무원장을 할 수 있었고 성우스님은 금산사 주지를 할 수 있었다. 만약 나눔의 집이 조계종과 관련이 없는 단체로 운영되고 있었다면 나눔의 집 스님 이사들은 '법인 법'에 저촉을 받게 되므로 총무원장도 본사 주지도 할 수 없었을 것이다.

나눔의 집 법인명에 '대한불교조계종'을 표시해 놓았고, 법인 정관에는 전체 이사의 3분의 2가 조계종 스님들로 구성되어야 한다고 운영권을 명시해 놓았다. 그런데도 조계종 총무원은 직접적인 관리 감독권이 없다는 말만 되풀이한다면 도대체 그 총무원은 누구를 위한 기구이고 왜 존재해야 하는지 모르겠다. 이러한 종단의 대응은 사회인들에게 눈 가리고 아웅 하는 우스운 모습으로 보일 뿐이다.

양심 있는 종단이라면 진솔한 사과와 정확한 해명 그리고 재발 방지를 위한 약속을 내놓았어야 했다. 하지만 종단은 MBC를 '불교 폄훼'하는 '해종 언론'으로 규정하고 취재를 거부하고 법적 책임 운운하는 것으로 일관하고 있다.

조계종의 이러한 꼰대 스타일과 불통의 행태는 어제오늘의 일이 아니다. 교계 언론인 〈불교닷컴〉과 〈불교포커스〉를 해종 언론이라고 딱지를 붙여 몇 년째 종단 출입과 취재와 광고를 막고 있다. 조계종노조 심원섭 지부장을 해고하고 종단에 어용노조를 만들게 하였으며, 종단에 비판을 가하는 승려들을 협박하고 고소하고 징계해왔다. 이렇게 권위주의적인 방식으로 일 처리를 해왔던 습관이 몸에 배어 있으니 일반 언론에도 권위적인 태도를 보이고 있다. 나눔의 집 직원들이 1년 동안 문제를 제기했음에도 원활한 소통이 이루어지지 않은 것은 이러한 권위적인 태도가 원인이 아니었을까 하는 생각을 해보게 된다.

　얼마 전 종단에서 승려들의 동의를 구하지도 않은 채 5,000명 승려의 재난지원금을 기부하겠다고 언론에 발표한 것도 종단의 일방통행을 보여주는 사례다. 대중공의제를 생명처럼 알고 집단지성을 발휘하는 승가의 문화가 사라지고 종권을 잡은 몇몇이 일을 처리하는 것이 종단이 망해가는 근원적인 이유일 것이다. 명령하고 갑질하는 꼰대의 자세에서 탈피하여 하심(下心)하는 마음으로 살아가자. 갑질하려고, 꼰대가 되려고 부모형제를 버리고 출가수행자가 되고 부처님 제자가 된 것은 아니지 않는가.

우연한 승려대회

2018년 8.26 승려대회에 대변인 겸 기획 홍보를 맡았던 사람으로서 승려대회 준비 과정을 정리하는 글을 남기고자 한다.

조계종 적폐청산 운동의 흐름은 재가자들에 의해서 몇 년간 꾸준히 이어져 왔다. 하지만 승려대회의 직접적인 계기는 5월 1일과 5월 29일 방영된 MBC 〈PD수첩〉의 〈큰스님께 묻다〉 1탄과 2탄이다. 5월 8일 부천 포교당을 운영하는 현산스님이 조계사 일주문 앞 아스팔트 위에서 참회의 1080배 절을 올렸다. 이에 5월 28일부터 도정스님과 조계사 일주문 앞에서 참회의 좌선 정진을 시작했다. 뒤를 이어 현우스님, 묘운스님, 선광스님, 석안스님 등이 합류하여 '오송선원' 안거가 시작되었다. 6월 5일 하림각에서 승려대회의 주최가 되는 '조계종을 걱정하는 스님 모임'(조정모)이 창립하였다. 6월 20일 설조스님의 단식이 시작됨에 따라 일주문 '오송선원'은 단식 천막장으로 이동하여 외호 활동에 전념하였다. 설조스님 단식이 20일째 되는 7월 9일 '조정모'는 승려대회 참석을 묻는 설문지를 3천 개의 사찰에 보냈다. '전국선원수좌회'와 '조정모'의 이름으로 승려대회를 8월 21일 하려는데 참석을 원하는 분은 서명을 하고 사진을 찍어서 보내 달라는 내용이었다. 애초에 이 설문지는 설정스님 퇴진을 묻고, 승려대회 필요성을 묻고, 개혁기구 구성을 묻는 등 5개 항의 질문이었으나 갑자기 '조정모'의 대표 원인스님의 제안으로 8월 21일 승려대회에 참석 여부 하나만을 묻는 설문지가 되었다.

여기서부터 우연한 승려대회의 시작이다. 작년에 수좌회가 승려대회를 선언했지만 슬그머니 포기해버렸기에 이제는 누가 나서도 승려대회 개최 가능성은 0%였다. 그런데 설문조사와 함께 승려대회가 결정된 것이다. 나도 황당하기는 했지만, 평소에 내가 제안하던 3가지 사항(직선제, 수행보조비, 재정투명화)을 조건으로 여는 승려대회였기에 동의하였다.

이러한 설문을 보냈을 뿐 설조스님의 단식은 점점 사회의 첨예한 이슈가 되어가고 있었기 때문에 승려대회 준비는 제대로 이루어지지 않았다. 설조스님이 41일간 단식을 마치신 7월 30일부터 본격적으로 승려대회 준비를 하게 되었다. 준비기간은 26일. 우여곡절도 많았다. 전국수좌회는 우리가 우편물을 보낸 다음 날 총무원에 공문을 보내, 수좌회는 승려대회에 동의한 적이 없다고 밝혀 '조정모'는 졸지에 명의를 도용한 괴상한 집단이 되었다. 그 후 수좌회는 침묵을 이어가다가 7월 27일에서야 승려대회 동참을 선언하였고 실천승가회는 8월 1일 승려대회 동참을 선언한다. 승려대회를 개최하기 위한 조직구성의 허술함, 실무를 담당하는 인원 부족, 기획 홍보 부족 등은 지속적으로 문제가 되었다. 종정, 원로회의, 본사주지협의회, 중앙종회 등 모두가 승려대회를 반대하고 승려대회에 참석하는 승려들을 채증하여 징계하겠다는 엄포를 계속하였다. 승려대회 취소가 논의되고, 날짜가 23일에서 26일로 변경되고, 급기야 승려대회 당일, 단 몇 시간을 남겨두고 명칭을 '승려결의대회'로 변경하기로 해 재가자들의 반발을 불러왔다. '승려결의대회'라는 명칭은 우리가 전국에 배포한 8월 3일 자 〈우리불교신문〉에 광고로 나갈 만큼 우리는 두 가지 이름을 같이 사용하고 있었다. 스님들이 적게 오면 '승려결의대회'라고 이름을 변경할 수밖에 없지 않겠느냐는 암묵적인 동의가 있었다고 볼 수 있다.

우리의 준비가 얼마나 허술했던지 실제로 승려대회 봉행위 조직도 발표하지 못한 채로 승려대회를 치렀다. 초기에는 봉행위를 구성하지 못했다는 이유로 인터넷 신문에서 승려대회 광고까지 받아주지 않았다. 봉행위를 꾸리지 않은 상황에서 승려대회를 개최한다는 것은 기존의 사고방식으로는 있을 수 없는 일이었지만 우리는 봉행위도 없고, 돈도 없고, 조직도 갖추지 않은 채 승려대회를 준비했다. 영주 대승사에 원인스님은 거의 매일 조계사로 출근하고 후원금도 내시며 승려대회에 최선의 노력을 다하였다. 도정스님, 부명스님도 자신들이 운영하는 사찰의 일을 포기하고 이 일에만 몰두했으며, 선방을 박차고 나온 곡산스님, 대청스님, 우룡스님, 각진스님, 원만스님, 수좌회 대표로 나온 정과스님, 혜우스님, 연천스님, 비구니 현우스님, 영빈스님, 묘운스님, 유연스님도 '승려대회 캠프'로 변한 단식장에 살다시피 하며 궂은일을 마다하지 않았다. 하루에 수백 통 걸려 오는 전화를 받아준 사무국장 법계향

보살님, 단식장 지킴이 여여행, 가루라 보살님, 하루도 빠지지 않고 출근하신 보명 거사님, 홍보차를 운전한 무구 거사님, 백우 거사님, 용주사비대위, 바른불교재가모임, 단지불회, 불광사 등등. 개인과 단체들의 헌신적인 도움으로 승려결의대회가 치러질 수 있었고 이분들이 숨은 공로자였다. 촛불법회와 승려대회에 대해 왜곡 보도를 일삼는 〈불교방송〉, 〈불교TV〉 등을 찾아가 항의 시위를 하고, 태풍 때문에 승려대회 날짜가 바뀌고, 스님들과 재가불자들이 전국 사찰 입구에 승려대회 현수막을 설치하고, 전국에 계신 어른 스님과 선방 스님들을 찾아가 설득하는 노력 등등.

지금 돌이켜 보아도 승려대회 개최를 말리던 수많은 사람의 의견처럼 승려대회는 불가능한 것이었다. 그럼에도 승려대회를 개최한 것은 가능과 불가능을 헤아려보지 않고 꼭 해야 하는 일이라는 당위성에만 집중하였던 결과이다. 그래서 평가는 크게 다르다. '가능'과 '불가능'을 생각했던 이들에게는 300여 명이 참석한 승려결의대회가 초라한 실패로 기억될 것이다. 이름을 바꾼 것도 비겁한 짓이다. 그러나 당위성만을 가지고 일해왔던 사람들에게는 이번 승려대회는 성공이며 다음과 같은 의미가 있다.

1. 〈PD수첩〉 방영 이후로 300여 명이 넘는 승려들이 길바닥에서 대국민 참회를 하였다. 조계종에도 양심 있는 승려들이 있고 자정의 의지가 있다는 것을 보여주었다.

2. 승려들이 징계를 두려워하지 않고 자신의 목소리를 내었다. 승가의 개혁은 하고 싶은 말을 눈치 안 보고 할 수 있는 용기에서 출발

한다.

3. 승가공동체를 회복하자는 이번 승려결의대회는 승려들이 자신의 권리를 확인하고 결의한 역사적인 날이다.

4. 조직과 권력이 있어야 개혁이 가능하다는 고정관념에서 벗어나 광화문 촛불혁명처럼 민초들이 뜻을 모으고 행동에 나선다면 개혁이 가능하다는 희망을 보여주었다.

병원에서

생각해보니 병원에 입원해본 지가 30년쯤 되는 것 같다. 이번 입원은 몸이 아파서가 아니라 우정총국 마당 텐트에서 단식을 마치고 보식차 병원에 온 것이다. 며칠 더 버틸 기운이 있었지만 10일이나 되는 추석 연휴와 새로운 전략 모색의 필요성이 제기되어 15일 만에 단식을 중지하고 단식장을 철수하였다. 병원에 입원했지만 특별히 아픈 데가 없는 환자이다 보니 뒹굴뒹굴 누워 있다가 때맞춰 나오는 미음과 죽을 먹으면 된다. 같이 단식을 회향한 비구니 스님들과 이야기를 나누고 사람들도 가끔 찾아오니 무료하지도 않다. 단식을 하고 난 훈장으로 보기 흉했던 아랫배도 들어가고 얼굴도 수행자답게 수척해지니 나로서는 일석삼조다. 내 입장에서는 엄격하고 정성 어린 외호를 받는 즐거운 단식이었고 점점 늘어나는 몸무게에 브레이크를 건 적시타 같은 단식이었다. 그러나 단식을 끝내는 회향식에서 나는 울고 말았다. 왜일까?

병원 침대에 누워서 나는 왜 눈물을 보여야 했는가 하고 스스로에게 물었다. 다시 맛난 음식을 먹게 되어 감격스러워서? 분명 그 이유도 없지는 않겠지만 지나간 시간이 일시에 떠올랐기 때문이다. 길에서 보낸 시간들, 외쳤던 목소리, 함께했던 사람들이 떠오르더니 갑자기 목이 메고 눈물이 났다. 스스로도 당황스러웠다. 직선제운동과 적폐 청산운동을 하며 눈물이 많아지고 욕이 늘었다. 나같이 이성적인 인간이 감성적으로 변하였다. 오로지 불교를 사랑하는 마음 때문에 길거리에 나서게 된 불자님들을 보면 그냥 눈물이 난다. 그런 선량한 불자들을 외부세력, 독선적이고 편견에 사로잡힌 정치세력, 종단 비하세력, 불만세력이라고 총무원으로부터 우리는 끊임없이 매도당하고 폄하당하였다. 조계사 종무원과 신도들, 총무원 호법부 직원들과의 마찰과 몸싸움, 1인시위 하는 사람을 경멸하는 눈빛, 그럴수록 더 강해지고 더 굳건해지는 불자들, 그분들을 보며 느낀 고마움과 미안함이 걸핏하면 눈물을 보이게 하였다. 불교를 사랑한 죄뿐인 이 선량한 불자들에게 그동안 종단의 집행부와 〈불교신문〉 등이 보여온 반응은, 우리 종단이 왜 개혁되지 않으면 안 되는지 다시 깨우치게 한다.

호법부는 촛불법회에 참석하지 말라고 문자를 보내고 은사와 사형사제를 이용해서 징계한다고 위협하고 수차례 등원공고를 보냈다. 회향식에 참석한 대중들은 누구나 그러한 일들을 당하였고 누구나 그 사실을 알고 있었기에 같이 울먹였을 것이다.

그러나 한편으로 이렇게 우리가 이만큼까지 왔다는 성취의 눈물도 있었다고 본다. 특별한 지도자가 없이 서로서로 마음을 내고 의견을 모으고 때로는 서로 싸우며 어영부영, 얼렁뚱땅, 우왕좌왕 여기까지 달려온 우리가 스스로 대견해서 흘린 눈물이기도 하다.

또한 가슴이 따뜻한 사람들, 정의로운 사람들, 나를 위해서 내가족을 위해서 나선 것이 아닌 불교공동체 회복이라는 큰 목적을 가지고 나선 사람들을 만나서, 그들의 눈부신 활동에 고마워서 흘린 눈물이기도 하다. 우리는 그때도 옳고 지금도 옳고 앞으로도 옳다. 우리는 공심을 가지고 원력을 가지고 불자로서 당당하게 살고 싶은 소박한 사람들이기 때문이다. 초하루 기도에 참석하여 우리 가족 축원문 읽어줄 때 잠시 만족해하는 그런 불자들이 아니다. 스님들이 말썽을 일으켜 문제가 생겼을 때, 종단이 사회의 지탄을 받을 때, 불교가 사회적인 역할을 하지 못하여 불자로서 당당하게 살아가기가 부끄러울 때, 스님들도 패배감에 젖어 "내가 나선들 되겠나" 하고 침묵하고 있을 때 "이건 아니다"라고 나선 불자들이다. 우리는 부처님처럼 길에서 사람을 만났고, 길에서 길을 만났고, 그리고 길에서 도반을 만났다. 길에서 한 뼘이나 훌쩍 커버린 사람들, 그 기쁨이 우리의 눈물에 몇 프로는 포함되어 있을 것이라고 생각한다.

출가를 미루어 달라

 조계종에 출가하려는 후배들이여! 출가를 미루어 달라. 출가한 지 34년째 되는 선배로서 후배들에게 이런 말을 하게되어 참으로 미안하다. 그러나 이런 말을 할 수밖에 없는 사정이 있다.

 그대들이 출가한다면 최소 다섯 가지의 장애(khila)가 없어야 한다. 마음의 삭막함 경(M16)에서 부처님은 출가자는 "스승(sattha)에 대한 의심이 없어야 하고, 가르침(dhamma)에 대한 의심이 없어야 하고, 승가(saṅgha)에 대한 의심이 없어야 하고, 공부법(sikkhāya)에 대한 의심이 없어야 하고, 도반(sabrahmacārī)에 대한 의심이 없어야 한다"고 말한다. 재가불자로 남아 신행 생활하는데도 이러한 조건이 필요할 것인데 하물며 청정한 승가에 들어와사는 출가자에게 있어서랴! 눈여겨보아야 할 것은 개인적으로 수행을 아무리 잘하려고 해도 승가에 대한 비난이 쏟아진다면, 그래서 승가에 대한 의심이 생긴다면 개인의 수행도 어렵다는 것이다.

 2013년 8월 21일 조계사 옆에서 총무원장의 거액 상습도박에 대해 기자회견을 하려던 적광스님은 호법부 소속 승려들에게 총무원 건물 지하 1층으로 끌려가 죽지 않을 만큼 폭행당했다. 판결문에는 적광스님이 호법부 직원들로부터 얼굴과 가슴, 팔, 엉덩이, 허벅지 부위 등을 맞아서 퍼렇게 멍이 들고 발가락 골절상을 입었다고 명시되어 있다. 그러나 천만 원 벌금형을 받은 당시의 호법부 승려는 그 이후로 종회의원, 주지 등에 임명되는 등 승승장구하고 있으며, 적광스님은 정신병원에 입원하여 약 없이는 잠을 이루지 못하는 고통을 겪고 있다. 이렇게 비판하는 말을 한다고 선량한 승려를 두들겨 패서 정신병원에 입원하게 하는 무법천지의 종단에 어떻게 그대들을 들어오라고 할 수 있겠는가? 출가를 미루어 달라.

대낮에 적광스님을 폭행해 놓고도 〈불교신문〉은 몇 번이나 폭행은 없었다는 기사를 내보냈다. 나는 거짓말하는 〈불교신문〉에 화가 나서 SNS에 거짓말하는 쓰레기 신문, 불자를 농락하는 기레기들이라고 비판하였다. 〈불교신문〉은 나를 두 번이나 사회법에 고소하였고 다행히 검찰은 건전한 비판은 허용된다며 '혐의 없음'이라는 결론을 내렸다. 나의 비판이 정당하다는 사회법의 판단이 있었음에도 종단은 "사회법에 따른 결과와는 별개로 발언의 위법성을 종단에서 자율적으로 판단할 수 있다"며 나에게 공권정지 3년의 징계를 내렸다.

종교집단이라는 미명하에 사회법을 무시하는 반면 절도죄로 실형을 받은 승려를 주지로 임명한 본사 주지를 고발한 사건은 몇 년째 뭉개고 있다. 종단이 징계한 명진스님, 도정스님 등도 사회법에서 징계를 무효화하라는 판결을 받아 부당한 징계라는 것이 확인되었다. 하지만 여전히 사과도 없고 복권도 시키지 않고 있다. 자기편은 어떠한 죄를 지었어도 봐주고, 비판하는 승려는 사회법에서 무죄라는 판결을 받아도 징계하는 이런 종단에 어떻게 그대들에게 출가하라 하겠는가?

적광스님을 폭행하게 한 전 총무원장은 2019년 겨울에 봉암사 결사 정신을 잇는다며 위례신도시에 천막을 치고 동안거를 하였다. 안거하는 내용은 기괴하게도 석 달 동안 머리를 안 깎고, 목욕 안 하고, 말 안 하는 것인데 이것을 불교계 신문들은 새로운 수행이라고 칭송했다. 천막이 무허가 건물이고 자연을 훼손했다는 시민들의 고발과 진정이 쌓여 가는데도 아랑곳하지 않았다. 무지한 불자들은 소리 높여 다라니 기도를 하고 매주 음악회를 하고 수륙제를 하고 천막 가까이에 가서 "아무개 스님! 힘내셔요"라고 응원했다. 이러한 모습은 우리나라에 불교가 전래된 이래 최초로 보게 되는 희한한 풍경이었다.

천막 선방 옆에 인위적으로 시끌벅적한 시장바닥을 만들어 놓고 요란스럽게 안거를 하는 것에 대한 비난이 일자 몇몇 불교학자들을 동원하여 안거를 옹호하는 세미나를 열었다. 어느 학자는 "명상(Meditation)과 엔터테인먼트(Entertainment)를 결합한 '메디테인먼트(Meditainment)'며 일종의 '프레임 시프트(frame shift)'로서 시대의 흐름에 맞춘 안거"라고 옹호하였다. 출가자는 물론 멀쩡한 학자들까지 미쳐버리게 만드는 이러한 종단에 그대가 출가한다면 나는 그대의 정신건강을 장담할 수 없다.

천막선원이 해제하는 날에는 종정이 찾아와 주장자를 들고 "금일 대중은 아홉 분의 진면목을 아시겠습니까?", "이제부터 광도중생에 매진합시다"라며 내용도 없는 고행을 칭찬하고, 교육원장이라는 스님은 안거를 마친 승려들을 아라한이라고 칭송하였다. 석 달간의 안거 과정은 영화로 만들어져 극장에 걸렸고 그들은 머리를 기른 채 영화 시사회에 다녔다. 이렇게 종단의 어른이라는 분들이 부처님의 가르침을 훼손하고 안거를 안거 쇼로 타락시켜도 종단의 어른 선배 누구도 호통쳐서 말리지 않는다. 이런 종단에 차마 출가를 권할 수가 없다. 출가를 미루어 달라.

천막결사의 여세를 몰아 다시 대구 동화사에서 서울 봉은사까지 국난극복 불교중흥을 위한 걷기를 하고 있다. 코로나 사태로 기존 행사가 모두 취소되는 상황인데도 백 명이 넘는 사람들을 모아 걷기를 하는 것이 어떻게 국난극복이 되며 어떻게 불교중흥이 되는지 알 수 없다. 상월선원 안거 쇼에도 법어를 내린 종정 스님은 이번 걷기에도 참석하여 법어를 내리는 등 쇼를 부추기고 있다. 말로는 스스로가 부처님 혜명을 이은 79대 법손이라는 분이 해운정사 도량에 자신의 석상을 만들어 놓은 것도 모자라 당신의 고향 남해에 생가터를 복원한다고 절을 짓고 있으니 수행 쇼를 돕는 것은 특별한 것이 아닐 것이다. 이러한 종단을 두고 어떻게 그대들에게 출가하라고 말할 수 있겠는가? 출가를 미루어 달라.

그대들이 사는 세상에는 소유의 자유, 발언의 자유가 있지만 승가는 종법으로 사유재산을 금지하고 사후에 모든 재산을 종단에 기증한다는 유서를 쓰게 한다. 그러나 막상 출가해보면 개인이 가사를 사야 하고, 승복을 사야 하고, 발우를 사야 하고, 병원비를 스스로 마련해야 한다. 바른말을 하면 종단으로부터 고소를 당하고 징계를 당한다. 총무원장 직선제 요구를 하며 조계사 앞에서 단식을 한 원로 설조스님은 제적을 당하였고 가짜 선거법을 태우는 퍼포먼스를 한 효림스님과 단식을 한 비구니 석안스님도 제적을 당하였다. 그런데 같은 날 절도죄로 8개월간 복역하고 나온 승려는 공권정지 3개월이라는 가벼운 징계를 받았다. 종법에는 "절도죄로 실형을 받은 이는 멸빈에 처한다"라고 되어 있지만 무거운 죄를 지은 자에게는 가벼운 처벌을 하고, 건전한 비판을 하고 평화로운 단식을 한 승려에게는 승적을 정지시키는 무거운 징계를 내린 것이다. 힘없는 자는 억압받고, 바른 소리를 하면 억울한 일을 당할 수밖에 없는 조계종. 이렇게 조계종의 승려들이 억울한 일을 당하고, 하고 싶은 말을 하지 못하는 환경에서 살고 있는데 어떻게 그대들에게 출가를 권하겠는가? 출가를 잠시 미루어 달라.

그대들이 사는 세상에는 남녀가 평등하고 동등한 권리를 지니는데 여기 승가에서는 비구니(여성)는 많은 차별을 받고 있다. 중요한 소임을 선출할 때 선거권, 피선거권이 주어지지 않고 수입이 좋은 대부분의 사찰은 비구(남성)들이 독차지하고 있다.

승가공동체의 결정은 대중공의에 따라야 하고 모든 보시물은 평등하게 분배되어야 하며 구성원의 발언권은 평등하게 주어져야 한다. 종단에 들어와도 가르쳐주지 않는 승가의 의미와 운영원리에 먼저 눈을 떠라. 그렇게 하지 못하면 영원히 권승들의 노예로 살아가게 된다. 출가하지 않고 재가 신자로서 살아간다면 건강한 승가를 옹호하고 권승들을 비판하는 꼬삼비의 불자들로 남아 있어 달라.

만약 이 모든 상황을 알면서도 출가를 하게 되었다면 '아닌 건 아
니다', '옳은 건 옳다'라고 말할 수 있는 용기를 갖추고 하라. 그렇지
않다면 그대들도 출가하자마자 권승들에게 이용만 당하는 처지가
될 것이고, 그대들도 같은 콩나물시루에 콩나물이라고 지탄을 받을
것이다. 승려들이 사회인들의 지탄을 받는 이러한 상황에서 그대들
이 진정 부처님의 출가자가 되려 한다면 청정한 승가를 복원하겠다
는 원력을 가지고 출가하라. 이곳이 청정한 곳인 줄 알고 출가한다
면 끝없이 번민의 밤을 보내게 되리라. 그렇다면 아예 출가하지 말
라. 승가를 살리는 것이 나를 살리는 것이고 나를 살리는 것이 사회
를 맑히는 것이라는 원력이 없다면 출가하지 말라.

희망을 말하는
입술

조계종단에 희망을 접고 한숨 쉬는 도반들이나, 스님이 그렇게 글을 쓴다고 해서 종단은 변하지 않는다는 충고를 해주는 선배 스님이나, 몸조심하라고 염려해주는 후배 스님에게 내가 몇 번인가 했던 말을 다시 적는다.

조계종은 희망이 없다고 말하는 사람에게 나는 묻는다. 조계종은 희망이 없는데 그대에게는 희망이 있을까? 종단이 썩어서 버려야 한다면 그렇게 버려지는 종단에 그대는 없는가?

출가한 지 이십 년 삼십 년 된 이들이 구경꾼으로 살아가면서 무책임한 말을 내뱉고 있다. 나는 말한다. 지금 종단이 이렇게 된 이유는 언제나 구경꾼으로 살아온, 입으로는 지혜와 자비를 말하면서 항상 자신의 이익과 안일만을 챙겨온 당신 때문이다.

연기의 법칙은, 관계성의 법칙은 부처님의 입술과 경전에만 있는 게 아니다. 지금 여기 숨 쉬는 이 순간, 세상과 나와의 관계가 온전해야 숨 한번 제대로 쉬는 것인데… 제대로 "내 탓이요!"라고 성찰할 줄 모른다.

나는 그대들이 버려야 한다는 조계종의 희망을 말한다. 말할 것이다.

종단은 그 자체로 '사부대중 공동체'이면서 '현전승가'이다.

부처님 법을 아는 사람이라면 '사부대중 공동체'를 버리자는 말이고 '승가'를 버리자는 말을 할 수가 없다. 그것은 내가 나를 버리자는 말이다.

자살하겠다는 말이다.

사람들마다 생각하는 대안과 제안이 있겠으나 내가 승려들에게 말하는 희망의 조건은 다음 네 가지다.

첫째, 국제정세와 사회현상과 불교를 정확하게 파악하고 판단하자. 그러기 위해서는 참선수행만 해서는 안 된다. 독서도 하고 토론도 해서 편협한 시각을 벗어나야 한다. 현재는 각기 다른 불교관과 입장 때문에 종단문제에 대한 파악과 진단부터 어긋나고 있다.

둘째, 자기의 생각을 정리하고 간추려서 A4용지 3~5장 정도의 종이에 옮기자. 말은 누구나 하지만 글을 쓰는 능력은 훈련이 필요하다. 편안하게 침묵하는 능력, 조리 있게 말하는 능력, 논리적인 글쓰기 능력이 부족한 것이 지금 종단이 망해가는 이유다.

셋째, 자신의 글을 써놓고도 감히 발표하지 못하는 경우가 있다. 종단으로부터 징계가 두려워서, 자신의 글에 자신감이 없어서, 또는 은사 사형 도반들이 말리고 걱정해서 글을 발표하지 못한다. 교계 신문에서 실어주지 않으면 자신의 SNS 계정에 발표하면 된다. 의미 있고 어리석음을 깨우쳐주는 용기 있는 글이면 발이 없어도 천리를 가기 마련이다.

넷째, 글을 발표하더라도 아무런 호응이 없거나, 외부로부터 압력이나 위협이 가해지거나, 악의적인 댓글에 충격을 받아서 글쓰기를 중단하는 경우가 있다. 세상이 글 하나에 바뀌지 않는다. 용기를 낸 만치, 한 발자국 나아간 만치 변화한다. 나는 혼자가 아니다. 혼자일 수가 없다. 오래도록 글을 쓰려면 글쓰기가 수행이면서, 생활이면서, 농담이어야 한다.

이상 네 가지를 갖추어 글 쓰는 사람이 나타나면 즉시 희망이 된다. 글로써 자기의 불교관과 사회관을 밝히는 사람이 네 명 정도만 있어도 종단은 변화한다.

네 사람은 승가를 구성하기 위한 최소한의 인원이다. 나는 네 명이 없어서 종단이 망하고 있다고 본다. 승가에서 네 명, 재가에서 네 명이면 더욱 좋다. 글은 시간을 초월하여 백 년, 천 년을 통과한다. 글은 바람처럼 허공을 헤매다가 누군가의 가슴으로 스며든다.

공심으로 살지 못하고 늘 무사안일한 길만 찾는 이들은 유명해지고 감투가 높아질수록 초라해질 것이다. 자신을 속이며 사는 길은 없기 때문이다. 설사 자신을 속여도 대중을 속일 수는 없기 때문이다.

공심으로 글 쓰는 사람 네 명만 있다면 종단에 희망이 없다고 말하지 말자. 종단을 포기하자는 것은 나를 포기하자는 말이다. "종단이 더 망하게 둬…", "더 망해야 돼…"라고 말하는 사람은 지금 자신을 구렁텅이에 밀어 떨어뜨리고 있다. 세상의 이치를 알지 못하는 눈먼 자들이 지금 그렇게 큰소리치고 있다. 아무도, 누구도 비판적인 글을 쓰는 사람을 보호해주지 않는다고? 우리가 애초에 누가 나를 보호해주는 조건으로 출가했느냐고 묻고 싶다. 그러나 걱정 마시라. 징계를 당해도 대한민국 헌법이 보호해준다. 징계당한 영담스님도 도정스님도 진우스님도 승소하여 복권되었다. 해고당한 조계종 노조 종무원들도 승소하여 복권되었다.

지금은 헌법을 무시하고 종단 마음대로 할 수 없는 시대다. 2022년 전국승려대회를 앞두고 설문조사를 하여 승려 63%가 승려대회 개최를 반대한다는 결과를 얻었다. 대중 공의를 확인하는 데는 불과 몇 시간밖에 걸리지 않았다. 대중 공의를 무시하고 개최한 승려대회는 그 의미를 잃었다. 그 누구도 대중 공의를 무시할 수 없다. 그동안 권승은 대중 공의를 모으지 않으려고 갖은 노력을 해왔지만 이제 현대문명 기기를 사용하여 혼자서라도 언제든 대중 공의를 물을 수 있다.

종단과 승가의 희망을 만드는 데는 많은 사람이 필요하지 않다. 네 명이면 된다. 네 명이 안 되면 세 명, 세 명이 안 되면 두 명이어도 된다. 혼자서도 가능하다. 그럼에도 불구하고 이런 글을 쓰는 이유는 혹시나 하는 마음이며, 승려들에게 용기를 전하기 위해서다. 국민이나 재가불자들이 승가의 문제를 지적하고 나서면 간섭이라 말하며 반발하겠지만, 출가자인 내가 나서서 지적하면 자정 노력이 되기 때문이다. 종단이 대중 공의를 바탕으로 민주적으로 운영되면 그만큼 우리 사회가 건강해지고, 그 혜택은 지치고 힘든 약자들에게 돌아간다. 대한불교 조계종은 단순히 하나의 종파가 아니라 우리 불교의 역사이고 온 국민이 누려야 할 공공자산이기 때문이다.

쓰러진 불상을 세우는 일보다
중요한 일들

　　　　　요즈음 조계종에는 총무원장이 두 명인 것 같다. 강남 총무원장으로 불리는 자승은 불교중흥을 기치로 인도불교 성지를 43일간 걸었고 매일 모든 불교계 방송에서 그들의 하루하루 동정을 내보낸 바 있다. 회향식이 끝난 지 40일이 지난 오늘까지 모 신문사는 '상월결사, 붓다의 길을 걷다'라는 박스 기사를 걸어 놓고 있다. 그 충성심이 대단하다. 이것을 충성심이라고 표현한 것은 일반 사람들의 상식으로는 도저히 이해가 안 되기 때문이다. 안국동 총무원장 진우스님은 '미래천년 천년을 세우다'라는 기치로 열암곡 마애부처님을 세우는 일에 열심이다. 그는 불상을 세우는 일이 '불교중흥'이요 '우리 모두의 본성을 회복하는 일'이라고 설명한다. 둘은 참으로 닮아 보인다.

　그들은 자신들이 하는 일이 모두 불교중흥이라고 말하지만 그것에 동의하는 불자와 국민은 없다. 불상을 세우는 일이 한국불교를 세우는 일이라는 인과관계가 어떻게 성립하나? 불상을 세우는 일이 어떻게 우리 본성을 회복하는 일이 되나? 지금 한국불교를 세우는 일은 승가의 의미를 잘 이해하여 제대로 삼귀의를 하는 것이다. "거룩한 스님들께 귀의합니다"라고 삼귀의를 하는 승가는 세계불교를 통틀어 조계종밖에 없다. 한국불교를 세우는 일은 모든 불자가 읽고 공부하도록 만든 『불교성전』을 제대로 만드는 것이다. 『불교성전』에 대하여 백장선원 대중들이 160여 곳을 지적했지만, 종단은 보여주기식 불사에 열중할 뿐 바른 견해를 세우는 『불교성전』에 대한 지적을 진지하게 고민하지 않는다. 지금 한국불교를 세우는 일은 급변하는 사회 속에서 한국불교는 지금 무엇을 해야 하는지 대중의 지혜를 모으는 일이다.

조계종은 최근 1994년 종단개혁의 이유가 되었던 탈종자, 멸빈자 서의현을 동화사 방장으로 만들었다. 중앙종회가 종법을 고치고 인준해 주었으며 전국의 선원수좌들과 종도들이 침묵으로 동의한 결과다. 서의현이 방장이 됨으로써 승가의 청정성이 무너졌으며 이제 승려들에게 계를 지키며 청정하게 살라는 말을 할 수 없게 되었다. 이런 일을 집단으로 서슴없이 저지르고 경주 열암곡 불상을 일으켜 세우는 것으로 천년의 불교를 중흥하겠다니 어이없다.

조계종의 전통사찰 선암사가 최근 태고종에 영구히 넘어갔다. 율장정신으로 보면 승가의 공유재산인 천년고찰이 결혼하는 것이 합법화된 태고종에 소유권이 넘어간 것은 매우 부당한 일이다. 어떻게 독신 전통의 승가에서 천 년 동안 관리하던 공유물을 결혼하는 종단에 빼앗길 수 있는가? 이 일에 대하여 종단 책임자 중에 누구도 종도들에게 설명하고 책임지는 이가 없다. 이 문제 하나만으로도 현재 조계종 집행부 전체가 책임을 지고 물러나야 하는 것이 아닌가?

조계종은 2010년 7월 15일 오후 2시 '재향군인상조회'와 업무협약을 체결하였다. 천도재와 49재 등 평소에 상조회가 하는 일을 일상적으로 행하던 거대 종단 조계종에서 자체적으로 상조회 하나 설립하지 못하고 군인들이 운영하는 상조회에 불자들을 가입하게 만든 것이다. 조계종 신도가 재향군인상조회에 가입할 때 그 가입금의 일부가 조계종 승려노후복지기금으로 활용된다고 선전하여 신심 있는 불자들이 너도나도 가입하게 만들었다. 그 후 재향군인상조회는 내부 횡령 등으로 부도가 났고 이것을 기독교 목사가 운영하는 보람상조(최홍철 목사)에서 인수하였다. 원행스님이 총무원장을 하던 2020년 12월 재향군인상조회는 '보람재향상조'로 상호가 변경되었고 조계종은 다시 기독교 상조회가 된 보람재향상조와 업무협약 체결을 한다. 사실상 조계종 집행부는 불자들이 목사가 운영하는 상조회에 들어간 것을 방치하고 인정해준 것이다. 조계종은 보람재향상조와 종단 차원에서 업무협약한 사실과 업무협약의 내용을 3년째 비밀로 하고 있다.

불자들은 도로명주소법으로 인해 전국의 불교지명들이 사라졌다는 사실을 기억하고 있다. 그렇지만 도로명주소법으로 전국 사찰의 이름이 들어가는 도로명주소를 만들 수가 있다. 도로명을 붙일 때 그 지역의 역사성을 가장 중요시하기 때문이다. 최근에 잘못된 도로명주소가 사찰 이름이 들어가는 도로명으로 바뀐 사례들이 있다. 서산 천장사는 '고요동 1길 93-98'에서 '천장사길 100'으로 변경되었고, 지리산 백장암도 '천왕봉로 447-76'에서 '백장암길 66'으로 변경되었다. 지리산 대원사도 '평촌유평로 453'에서 '대원사길 455'로 변경되었다. 그런데 아직도 조계종립선원인 봉암사는 '원북길 33'이고 영천 은해사도 '청통로 951-313'이고, 대둔산 태고사는 '청림동로 440'이고 남원 승련사는 '요천로 2675-90'로, 천년고찰이 사찰의 이름이 들어간 도로명주소를 갖지 못하고 있다. 이러한 고찰들은 지금이라도 절차를 밟으면 쉽게 도로명주소를 변경할 수 있다. 조계종단은 지금이라도 도로명주소 변경 절차를 각 사찰에 안내하기를 바란다.

지금 종단이 한가하게 쓰러진 불상 하나 세우는 일에 '미래천년 천년을 세우다'라며 호들갑 떨 때가 아니다. 쓰러진 불상을 세우는 일보다 중요하고 시급한 일이 산적해 있다. 더 이상 보여주기식 쇼를 하지 말고 무엇이 한국불교 천년을 세우는 일인지, 무엇이 불교 중흥의 길인지, 대중들의 지혜를 모아야 한다. 한국불교 천년은 그만두고 당장 20년, 10년을 전망하고 대비하는 공개 토론장을 만드는 것이 시급하다. 급변하는 문명의 흐름 속에서 불교계가 어떻게 대응하고 적응해야 하는지 지혜를 모아야 한다. 천년은 그만두고 백 년도 그만두고, 당장 10년 후에 불교가 어떻게 살아남을 수 있을지 대책을 세우라.

시비(是非)를 내려놓는 게
불교가 아니다

오래전부터 인연이 있는 보살님이 〈오마이뉴스TV〉에 도정스님이 나와서 시국법회에 대해 이야기하는 걸 보고 나에게 전화를 걸었다. 도정스님이 나와서 '허정스님'이라는 이름을 말하기에 스님도 이런 일을 하고 있는지 궁금해서 전화를 했다는 것이다. 그리고는 "수행자는 시비를 놓고 조용히 공부해야 한다. 정치에 참여하여 번거롭게 살지 말고 일신(一身) 편안하게 사는 게 좋다"는 충고를 하였다.

전화를 마치고 생각해보니 시비를 놓고 혹은 시비분별을 하지 말라는 이야기는 그동안 많이 듣던 말이다. 마치 불자들은 그것이 요긴한 수행의 방법이라고 생각하는 듯하다. 그런데 시비를 내려놓는 게 불교일까? 탐진치를 내려놓는 게 불교일까? 나는 '시비를 내려놓으라'는 말이 승려들과 불자들을 멍청하게 만들고 의기소침하게 만들고 있다고 생각한다. '시비를 내려놓으라'는 말은 불교를 오해하게 만들고 있다.

부처님은 신구의(身口意)로 짓는 우리의 모든 행위를 옳고(是) 그른 것(非)으로 나누어 설명한다. 바른 견해와 삿된 견해, 바른 사유와 삿된 사유, 바른 정진과 삿된 정진, 바른 행위와 삿된 행위 등 팔정도를 온통 바른 것과 그른 것으로 설명한다. 부처님은 우리가 살아가면서 신구의(身口意)로 짓는 삼업(三業) 중에서 바른 견해가 가장 앞선다고 말한다. 왜냐하면 바른 견해가 있어야 삿된 견해를 삿된 견해라고 알고 바른 견해를 바른 견해라고 파악할 수 있기 때문이다. 그래야 바른 행위와 삿된 행위, 바른말과 삿된 말을 분간할 수 있다는 것이다. 그리고 바른 행위와 바른말은 홀로 생겨나는 것이 아니라 항상 바른 견해, 바른 정진, 바른 알아차림과 함께 나타나고 그것들을 기반으로 한다고 설명한다.

이처럼 부처님은 출가자에게나 재가자에게나 항상 옳고(是) 그름(非)을 잘 구분하고 파악하라고 가르치시는 분이다. 부처님은 왜 시비를 내려놓지 못하는가? 부처님은 무엇을 하기 위해 바른 것과 삿된 것을 지속적으로 말하고 있나? 탐욕과 성냄과 어리석음을 내려놓기 위함이다. 그러므로 옳고 그름을 내려놓으라는 것은 부처님 가르침과 거리가 멀다.

불교를 오해하고 있으면서 마치 자신이 불교를 제대로 알고 있는 듯이 남에게 충고하는 이들이 많다. 그들은 자신이 불교를 제대로 이해하고 있다고 믿으며 거침없이 충고한다. 승려가 정치에 참여하는 일도 무조건 나쁘게 본다. 그러면서도 정작 자신은 선호하는 정치인이 뚜렷하다. 이러한 이중적인 자신의 태도를 이상하게 보지 않는다. 이런 부류들은 대부분 객관적인 사실 판단도 못 하면서 가짜뉴스에 현혹된다.

인간이 사회 속에서 살아가는 동안, 한 나라의 국민으로 사는 동안 정치를 떠날 수 없고 정치적이지 않을 수 없다. 더구나 국민이 주인이 되는 민주공화국에서 정치참여는 필수다. 경전에서 부처님이 왕의 이야기를 하지 말고 잡담하지 말라고 말하는 것과 차원이 다르다. 오히려 부처님이 자주 모여 토론하고 정기적으로 모여 대소사를 결정하는 한 그 나라는 쇠망하지 않고 그 승가는 쇠망하지 않는다는 말씀과 맞닿아 있다. 승가의 운영도 대중 전체가 참여해서 절차에 맞게 대소사를 결정한다. 승가의 운영이나 나라의 운영이 다를 바가 없다. "많은 이들의 이익을 위하고 많은 이들의 행복을 위하고 세상을 연민하여 길을 떠나라"는 부처님의 전도 선언은 사회정치에도 적용되고 승가 운영에도 적용된다.

그래서 헌법이든 종헌종법이든 승려들이 투표에 참여하는 것을 막지 않는다. 후보자로 나선 정치인의 정책을 보고 그 사람이 살아온 내력을 보고 투표하는 것이 왜 나쁜가? 바른 사회를 이루고 자유와 평화가 유지되는 건강한 사회를 만들기 위해서 투표하는 과정도 즐기고 결과도 즐기는 게 민주주의다.

정작 종교인이 하지 말아야 할 일은 종교권력과 정치권력이 결탁해서 서로의 이득을 챙기는 것이다. 깨어 있지 못하고 바르게 판단하지 못하면서 학연, 지연, 혈연, 사대주의에 집착하여 무조건 자기편을 지지하고 상대편을 비난하는 것이다. 이것은 소수의 이익을 위해서 사회구성원이 희생하고 불행해지는 일이다. 불자들은 바른 정치참여와 삿된 정치참여를 구분하는 안목이 필요하다. 이러한 시비를 구분하지도 못하면서 무조건 종교인이 정치 참여해서는 안 된다고 말하거나 무조건 시비를 내려놓으라고 말하는 것은 설득력이 없다. 비유하자면 자신은 땅에 발을 딛고 있으면서 상대방에게는 땅에서 1m쯤 떠 있으라고 요구하는 것과 같다.

　그런 잘못된 견해를 가지고 있으면서 자신의 말을 거룩한 충고로 여기는 불자들이 많다. 불교를 잘못 이해한 폐해가 우리 주위에 넘쳐흐른다. 스님들과 불자들이 '시비(是非)를 내려놓으라'는 허황한 말에서 탈출하자. 더구나 우리 조계종은 관람료 문제를 종교 차별, 불교 탄압이라며 대선을 앞둔 시점에서 승려대회를 개최하여 특정 후보를 유리하게 만든 과오가 있다. 그것은 종단이 저지른 일이고 나는 상관없다고 말할 것인가? 수행자들이 침묵으로 동조하고 수행이란 이름으로 방조한 일이 아니던가? 천주교, 기독교, 교수, 학생, 노동자 등 사회구성원들이 일어나 나라가 위태롭고 망하게 생겼다고 각 단체의 입장에서 시비(是非)를 논하고 있다. 우리 불교계도 늦게나마 2023년 5월 20일 서울에서 열리는 '시국법회 야단법석'에서 시비(是非)를 논한다. 민주사회의 구성원으로서 부처님 제자로서 법답게, 국민이 지켜보는 앞에서 시비(是非)를 논해 보자.

2장

스님네가
오해하고 있는 것들

스마트폰과 목탁이
괴로움이다?

부처님이 괴로움(dukkha)이라는 것을 중심으로 당신의 가르침(사성제)을 설하신 것은 매우 중요한 의미가 있다. 괴로움은 생각이나 관념이 아니다. 2600년 전이나 지금이나 인간이 겪어야 하는, 있는 그대로의 사실이다. 부처님이 수행법을 설명할 때도 마찬가지다. "그는 알아차리면서 숨을 들이쉬고, 알아차리면서 숨을 내쉰다. 길게 숨을 들이쉴 때는 '길게 숨을 들이쉰다'고 바르게 알고, 짧게 숨을 들이쉴 때는 '짧게 숨을 들이쉰다'고 바르게 안다"라고 있는 그대로의 사실을 관찰하라고 설한다. 관찰의 대상인 호흡이나 느낌이나 일으킨 마음은 지금 여기에서 관찰해야 할 생명현상이지 믿음을 필요로 하는 단어와 대상이 아니다.

그런데 괴로움을 믿음의 영역으로 떨어뜨리는 설명이 있다. 『초기불교 이해』 95~96쪽에서 각묵스님은 "평온한 것이나 모든 형성된 것은 생멸의 현상에 지배되기 때문에 괴로움일 수밖에 없다."고 해석한다. 오래전에 각묵스님은 '초기불전 연구원' 카페의 문답 게시판에서 아래와 같이 답글을 올린 적이 있다.

"고성제와 제행개고의 고는 단순한 고통(그것이 육체적이든 정신적이든) 즉 pain 혹은 괴로운 느낌(苦受)만을 뜻하는 것은 아니라는 것입니다. 그래서 서양 학자들이나 남방 학자들 가운데는 근원적인 괴로움이라는 의미에서 unsatisfactoriness(불만족성)로 옮기기도 합니다. 고성제와 일체개고의 dukkha(苦)의 내용은 일체 유위법을 뜻합니다. 그러므로 물질도 苦라는 것입니다. 저 밖에 객관적으로 존재한다고 여겨지는 물질이 어떻게 고냐, 그리고 감각접촉이나 집중, 마음챙김, 정진, 자애, 연민 등등의 여러 심리현상들도 그 자체는 고와 관계없는 것이 아니냐는 식으로 의문을 가질 수 있습니다. 일상적인 어법에서 고라는 것은 상당히 주관적인 사실을 뜻하고 있기 때문입니다. 그러나 고성제와 제행개고의 고는 단순한 고통을 뜻하는 것이 아니라고 받아들이셔야 합니다. 이것은 불교의 통찰지가 아니고서는 받아들이기 어려운 가르침입니다."

이러한 각묵스님의 견해가 최근 〈초기불교TV〉 동영상을 보니 바뀌지 않았음을 알 수 있다. 그 동영상에서 각묵스님은 구체적으로 "스마트폰과 목탁이 괴로움이다"라고 말하고 있는 것이다. 이러한 행고의 설명은 "스스로 보아 알 수 있고, 시간이 걸리지 않고, 와서 보라는 것이고, 향상으로 인도하고, 지자들이 각자 알아야 하는 것"이라는 부처님의 가르침을 알 수 없는 믿음의 영역으로 떨어뜨린다. 부처님은 괴로움경(S45:165) 등에서 괴로움(dukkha)을 세 가지로 설한다.

"비구들이여, 세 가지 괴로움(三苦)이 있다. 어떠한 것이 세 가지인가? 고통의 괴로움(苦苦, Dukkhadukkhatā), 형성의 괴로움(行苦, saṅkhāradukkhatā), 변화의 괴로움(壞苦, vipariṇāmadukkhatā)이 있다. 비구들이여, 이러한 것이 세 가지 괴로움이다. 비구들이여, 이러한 세 가지 괴로움을 잘 알고 두루 알고 소멸시키기 위해 팔정도를 닦아야 한다." 각묵스님이 오해하고 있는 부분은 행고(行苦)의 설명이다.

『청정도론』 X Ⅵ:35에서는 세 가지 괴로움을 다음과 같이 설명한다.

"① 육체적이고 정신적인 괴로운 느낌은 고유성질로서도, 이름에 따라서도 괴롭기 때문에 고통스러운 괴로움(苦苦)이라 한다. ② 즐거운 느낌은 그것이 변할 때 괴로운 느낌이 일어날 원인이 되기 때문에 변화에 기인한 괴로움(壞苦)이라 한다. ③ 평온한 느낌과 나머지 삼계에 속하는 형성된 것들(saṅkhāra)은 일어나고 사라짐에 압박되기 때문에 형성된 괴로움(行苦)이라 한다."

각묵스님이 "모든 형성된 것은 생멸의 현상에 지배되기 때문에 괴로움일 수밖에 없다"고 행고를 이해하는 것이 "스마트폰과 목탁이 괴로움이다"라는 근거가 된다. 그러나 경에서는 고고(苦苦), 행고(行苦), 괴고(壞苦)의 순서로 나타나기에 행고가 고고와 괴고보다 더 넓은 의미가 있다고 보기도 힘들고, 청정도론에서는 근심(soka), 육체적 고통(dukkha), 정신적 고통(domanassa)을 고고(苦

苦)라고 설명하고, 늙음(jarā), 탄식(parideva), 절망(upāyāsa)을 행
고(行苦)라고 설명하고 있다.

　부처님은 경전에서나 유정물에게 괴로움(dukkha)이 있다는 설
명을 하였고 무생물에 괴로움(dukkha)이 있다는 설명을 한 적이
없다. 로히땃사경(A4:45)에서 "나는 인식과 마음을 더불은 이 한
길 몸뚱이 안에서 세상과 세상의 일어남과 세상의 소멸과 세상의
소멸로 인도하는 도 닦음을 천명하노라"라고 말한다. 상식적으로
인식과 마음을 가진(sasaññimhi samanake) 유정물에게 괴로움이
있는 것이지 인식이 없고 마음이 없는 무정물에게는 괴로움은 없
고 갈애도 없다.

　주석서에서도 "세상이란 괴로움의 진리이며, 세상의 일어남이
란 괴로움의 일어남의 진리이며, 세상의 소멸이란 괴로움의 소멸
의 진리이며, 세상의 소멸로 이르는 도 닦음이란 괴로움의 소멸로
인도하는 진리이다. 그리고 붓다는 도반이여, 나는 이러한 네 가
지 진리를 풀이나 나무토막 등에서 천명하지 않는다. 사대(四大)
로 이루어진 바로 이 몸에서 천명한다"고 설명한다. 부처님은 정
확하게 풀(tina)이나 나무토막(kaṭṭha) 같은 무정물에게 괴로움이
있다고 설하지 않는다. 괴로움을 일으키는 갈애가 있다고 설명하
지 않는다.

　외도의 주장경(A3:61)에도 "비구들이여, 나는 느낌을 느끼는 자
에게(Vediyamānassa) '이것이 괴로움이다'라고 천명하고, '이것이
괴로움의 일어남이다'라고 천명하고, '이것이 괴로움의 소멸이다'
라고 천명하고, '이것이 괴로움의 소멸로 인도하는 도 닦음이다'라

고 천명한다"고 되어 있다.

　이렇듯이 부처님은 목탁 같은 무정물이 고통이라고 한 번도 이야기한 적이 없다. 오히려 그렇게 오해할까 봐 여러 곳에서 인식과 마음을 가진(sasaññimhi samanake), 느낌을 느끼는 자에게(Vediyamānassa) 괴로움과 괴로움의 원인을 설명한다고 말하고 있고, 풀(tina)이나 나무토막(kaṭṭha) 같은 무정물에게 괴로움이 있다고 설하지 않는다고 단언한다. 각묵스님은 청정도론의 "삼계에 속하는 형성된 것들"을 잘못 해석하여 "스마트폰과 목탁이 괴로움이다"라고 말한다. 이것이 사실이라면 목탁이 스스로 괴로워하고 스스로 갈애를 일으켜야 한다. 목탁이 스스로 괴로워하고 스스로 갈애를 일으킬 수 있는가?

　마치 "일체의 형성된 것은 괴로움이다(sabbe samkhara dukkha)"라는 말을 한문으로 일체개고(一切皆苦)로 번역해 놓고 "삼라만상이 괴로움이다"라고 말하는 것과 같은 오류를 범하고 있다. 여기서 일체(一切)는 오온(pañcakkhandha)을 의미한다고 주석서에서 한결같이 설명한다. 경전에서나 주석서에서나 무생물에게 괴로움(dukkha)이 있다는 표현은 한 번도 찾을 수 없다. 이렇게 행고(行苦)를 설명해 놓고 사람들이 이해하기 어려울 것이라고 예상했는지, 다시 "부처님의 깊은 지혜에서 나온 말씀이니 그냥 믿으라"고 한다. 상식적이지 않은 이야기를 하면서 믿으라는 태도는 전혀 불교적이지 않다. '설마, 각묵스님이 실수했으려나' 하는 믿음 때문에 사람들은 '목탁도 괴로움이다'라는 비불교적인 주장에 반박하지 못하고 있다. 각묵스님은 니까야를 번역하여 한국불교에 새로운 바람을 일으킨 분이고 앞으로도 그 영향력이 커지고 있는 분이기에, 이러한 주장은 서둘러 철회되어야 할 것이다.

기복불교를
옹호하다

불교는 기복(祈福)의 종교가 아니라 깨달음의 종교라는 주장이 있다. 그리고 불교는 기복의 종교가 아니라 작복(作福)의 종교라는 주장이 있다. 과연 그럴까? 복(福)이란 무엇인가? 인간이 행복하기 위해서 필요한 것이 복이다. 빠알리어 뿐냐(puñña)는 복, 복덕, 공덕으로 번역된다. 모든 종교가 같은 행복을 추구한다면 그것을 얻기 위한 복, 복덕, 공덕도 같겠지만, 불교의 행복은 다른 종교에서 설명하는 행복과 다르다. 여기에서 불교의 기복이 다른 것들과 차별성을 가진다. 부처님은 성도 후 녹야원으로 가서 다섯 비구를 제도하고서 재가자인 야사와 야사의 친구들에게 다음과 같은 세 가지 행복을 설하신다.

"부처님은 보시에 대한 이야기(dānakathaṁ), 계행에 대한 이야기(sīlakathaṁ), 하늘나라에 대한 이야기(saggakathaṁ), 감각적 쾌락에 대한 욕망(kāmānaṁ)의 위험(ādīnavaṁ)과 욕망의 여읨(nekkhamme)에 대한 이익(ānisaṁsaṁ)을 설명했다. 그리고 그들에게 유연한 마음(muducitte), 열린 마음(vinīvaraṇacitte)이 생겨난 것

을 알자, 모든 부처님들에게 핵심이 되는 가르침인 괴로움과 괴로움의
발생과 괴로움의 소멸과 괴로움의 소멸에 이르는 길을 설했다.”

불교에서는 보시(報施)하고 도덕적인(持戒) 생활을 하는 것을
‘금생의 행복’이라 하고, 죽어서는 하늘나라에 태어난다(生天)는
것을 ‘내생의 행복’이라 한다. 그리고 감각적 쾌락에 대한 욕망의
위험과 타락을 잘 알아 사성제를 이해하여 열반을 실현하는 것은
마지막 ‘궁극적인 행복’이다. 이러한 ‘금생의 행복’, ‘내생의 행복’,
‘궁극적인 행복’을 위하여 공덕(功德)을 구하는 것이 불교의 기복
(祈福)이다. 금생의 행복과 내생의 행복은 유루(有漏)복이고 궁극적
인 행복은 무루(無漏)복이라 한다. 부처님 이전에도 하늘나라에 가
는 가르침들이 있어왔고 하늘나라에 가기 위한 복을 지어왔다. 즉,
주문을 외거나 강물에 목욕하거나 동물 희생제, 고행, 불의 숭배
등을 통해서 천상에 난다고 믿었던 것이다. 그러나 불교에서는 하
늘나라에 가는 방법이 다르다. 불교의 기복은 바른 견해가 바탕이
되어야 한다. 불자에게 바른 견해가 없다면 공덕을 짓는 것이 어렵
다. 부처님은 바른 견해의 중요성을 이렇게 강조한다.

“비구들이여, 이것 이외에 다른 어떤 법에 의해서도 아직 일어나지 않
은 선법(善法)들이 일어나고, 또 이미 일어난 선법(善法)들은 증장하고
충만해지는 것을 나는 보지 못하나니, 그것은 바로 바른 견해(正見)이
다.”

여기에서 선법(善法)이란 행위자에게 유루의 행복과 무루의 행복을 가져오는 모든 법들이다. 불자가 되는 삼귀의도 바른 견해가 있어야 가능하고, 보시(報施)하고 도덕적인(持戒) 생활을 하는 것도, 그리고 죽어서는 하늘나라에 태어난다(生天)는 것도 바른 견해가 있어야 가능하다. 그런데 이 바른 견해도 두 종류가 있다. 마흔가지 경(M117)에서 유루(有漏) 정견과 무루(無漏) 정견을 설명한다.

> "비구들이여, 그러면 어떤 것이 바른 견해인가? 비구들이여, 나는 바른 견해는 두 가지라고 말한다. 비구들이여, 번뇌에 물들 수 있고 공덕의 편(puññabhāgiyā)에 있고 재생의 근거를 가져오는 바른 견해가 있고, 번뇌에 물들지 않고 출세간의 것인 성스러운 바른 견해가 있다. 어떤 것이 번뇌에 물들 수 있고 공덕의 편에 있으며 재생의 근거를 가져오는 바른 견해인가? 보시도 있고 공물도 있고 제사(헌공)도 있다. 선행과 악행에 대한 결실도 있고 과보도 있다. 이 세상도 있고 저세상도 있다. 어머니도 있고 아버지도 있고 화생하는 중생도 있다. 이 세상과 저세상을 스스로 지혜로 알고 실현하여 선언하는, 덕스럽고 바른 도를 구족한 사문바라문들도 있다고 아는 것이다."

번뇌와 함께하는 유루(有漏) 정견 다섯 가지를 정리하면 인과를 이해하고 믿는 마음이다. 눈여겨볼 것은 유루(有漏) 정견이 공덕의 편(puññabhāgiyā)에 있다는 표현이다. 공덕의 편(福分)에 있다는 것은 바른 견해를 갖는 것 자체가 공덕(功德)이라는 말이다. 이것이 불교의 기복이 가지는 특징이다. 외도의 기복은 바른 견해를 바탕으로 하지 않기에 허황한 기복, 삿된 작복이라 한다. 생명을 죽이고 주지 않은 것을 가지고 삿된 음행을 하고, 거짓말하고 그릇된 견해를 가지고 있으면서 천상에 나기를 기도하는 이야기가 나온다. 부처님은 이들의 기도는 마치 "큰 바윗덩이를 깊은 물속에 던져놓고 수많은 군중이 '떠올라라. 떠올라라'하는 것과 같다"고 말한다.(S42:6) 허황한 기복, 삿된 작복은 인과를 무시하고 요행을 바란다. 시험공부를 안 했으면서 높은 성적 내기를 바라고, 갑자기 로또에 당첨되어 부자가 되기를 바라는 것 등이다.

불교의 보시는 무엇을 보시하느냐에 따라 공덕이 달라지지만 같은 보시라도 누구에게 보시하느냐에 따라 공덕이 달라진다. 웰라마경(A9:20)에 의하면 부처님은 과거 전생에 웰라마라는 바라문이었는데 공덕(功德)을 쌓기 위해 보시를 하였지만 커다란 공덕을 얻을 수는 없었다. 부처님이 세상에 나오기 전에는 예류과에서 아라한과를 이룬 성인이 없었기 때문이다. 웰라마는 겨우 탐욕을 여읜 수행자나 일반 범부나 축생에게 보시하는 것이 전부였다. 그러나 부처님이 나타나 세상에 여러 성인이 출현하고 비구·비구니 승가가 나타나면서 그들에 대한 보시는 이전과는 비교할 수 없는 커다란 공덕을 가져오게 되었다. 부처님은 자신조차 일개 개인으로 자처하면서 개인에 대한 보시보다 승가에 대한 보시가 훨씬 공덕이 크다고 설명한다. 그러니까 같은 사과 하나를 보시하더라도 부처님께 보시하는 것보다 승가에 보시하는 것이 더 큰 공덕이 된다는 것이다. 부처님은 개인에 대한 보시 열네 가지와 승가에 대한 보시 두 가지를 설한다.

"아난다여, 그런데 열네 가지 개인을 위한 보시가 있다. ① 여래아라한 정등각 ② 벽지불 ③ 아라한 ④ 아라한과의 실현을 닦는 자 ⑤ 불환자 ⑥ 불환과의 실현을 닦는 자 ⑦ 일래자 ⑧ 일래과의 실현을 닦는 자 ⑨ 예류자 ⑩ 예류과의 실현을 닦는 자 ⑪ 감각적 욕망들에 대해 탐욕을 여읜 이교도 ⑫ 행실이 바른 범부 ⑬ 행실이 나쁜 범부 ⑭ 축생에게 보시하는 것이 열네 가지 개인을 위한 보시이다. (…) 아난다여, 그런데 두 가지 승가를 위한 보시가 있다. 부처님을 상수로 하는 비구와 비구니 두 승가에 보시하는 것이 첫 번째 승가를 위한 보시이다. 여래가 완전한 열반에 들고 나서 비구와 비구니 두 승가에 보시하는 것이 두 번째 승가를 위한 보시이다. 아난다여, 개인에게 하는 보시가 승가에게 하는 보시보다 그 과보가 더 크다고 나는 절대 말하지 않는다."(M142)

불교의 보시는 천상에 가는 유루 공덕을 짓는 것에서 출발하지만 무루 공덕을 짓는 수행으로 이어지는 특징이 있다. 인간의 업(業)은 신구의(身口意) 삼업으로 짓게 되는데, 보시도 마찬가지로 신구의(身口意)를 통하여 보시하게 된다. 불교의 보시는 탁발 나온 스님들께 음식을 보시하는 것에서부터 승원을 건립하여 보시하고, 재물을 보시하고, 부처님의 게송을 들려주는 보시까지 다양하다. 그런데 '보시의 공덕'보다 잠깐이라도 '삼귀의'를 하는 수행의 공덕이 더 크다. 삼귀의를 하는 공덕은 다른 종교에서는 볼 수 없는 불교에서 말하는 특별한 공덕으로 불교적인 기복이 어떠한가를 잘 보여주고 있다. 마음속으로 삼귀의한 것만으로 천상에 태어난 이야기를 들어보자.

법구경 제2번 게송의 인연담에는 마음으로 삼귀의를 하고서 천상에 태어난 이야기가 전한다. 부처님 당시 사왓티에 인색한 브라만이 살았다. 그는 얼마나 인색한지 아무리 작은 물건이라도 남에게 주지 않았고, 무엇이든지 일단 자기 손에 들어오면 다시는 내보내는 법이 없었다. 그에게는 맛타꾼달리라는 아들이 하나 있었는데, 열여섯 살이 되던 해 그는 그만 황달에 걸리고 말았다. 이때 구두쇠는 아들을 의사에게 데려가면 치료비가 나갈까 아까워서 자신이 배워서 치료하고자 했으나 아들의 병은 더욱 깊어졌다. 아들을 집에 두었다가 죽게 되면 아들을 조문 온 사람들에게 자기가 재산이 많다는 것이 알려질까 봐 아들을 문밖의 정자에 내놓았다. 아들이 죽게 되면 그 정자에서 바로 화장을 해버릴 셈이었다. 그때 부처님은 맛타꾼달리가 누워 있는 곳을 지나고 있었다. 맛타꾼달리는 부처님께 말했다.

> "부처님! 저는 구두쇠 아버지 때문에 그동안 부처님을 뵙지 못했습니다. 그래서 부처님께 공양을 올리지도 못했고, 또 부처님의 설법을 듣지도 못했습니다. 저는 지금 손가락 하나 움직이기에도 힘이 듭니다. 지금 제가 할 수 있는 일이라고는 부처님과 담마와 상가에 마음을 다하여 귀의하는 것밖에는 없습니다."

부처님께서는 소년의 간절한 표정을 바라보고 "맛타꾼달리야,

너는 그것만으로 네가 할 일을 충분히 한 것이니라"라고 말씀하신 뒤 그 자리를 떠났다. 소년 맛타꾼달리는 부처님과 부처님의 제자들이 시야에서 점점 멀어져 가는 것을 바라보며 믿음을 지닌 채 죽었다. 그는 죽자마자 곧바로 마치 깊은 잠에서 깨어난 사람처럼 맑은 정신을 지닌 채 도리천에 태어났다.

소년 맛타꾼달리는 죽기 직전에 누운 자세에서 부처님을 뵙고 "부처님과 담마와 상가에 귀의합니다"라고 마음으로 말하였고 그 공덕으로 도리천에 태어났다. 이 이야기는 불교에서는 몸으로 짓는 업이나 말로 짓는 업보다 뜻으로 짓는 업이 더 중요하다는 것을 보여준다. 또한 물건을 보시하는 공덕도 좋지만 부처님과 담마와 상가에 귀의하는 공덕은 말할 수 없이 크다는 것을 보여준다. 이것이 기복과 작복이 하나로 만나는 지점이다. 이러한 점이 다른 종교인들이 이해하기 어려운 불교의 기복이다. 즉, 불교의 기복은 보시하고, 계를 지키는 것도 중요하지만 맛타꾼달리처럼 한 생각을 일으킨 것이 더 큰 공덕이 될 수 있다. 불자들의 행위는 어떠한 의도에서 누구에게 보시하는가가 중요하다. 돈이 없어도 얼마든지 보시가 가능하다는 무재칠시(無財七施)의 가르침이 불가에서 중요하게 전해져 오는 이유다.

무재칠시의 첫째 화안시(和顏施)는 얼굴에 화색을 띠고 부드럽게 미소(微笑) 짓는 것이다. 둘째 언시(言施)는 사랑의 말, 칭찬의 말, 위로의 말, 부드러운 말을 하는 것이다. 셋째 심시(心施)는 마음의 문을 열고 따뜻한 마음을 주는 것이다. 넷째 안시(眼施)는 사랑을 담은 눈빛, 부드러운 눈빛으로 베푸는 것이다. 다섯째 신시(身

施)는 무거운 짐을 들어주는 등 다른 이를 몸으로 도와주는 것이다. 여섯째 좌시(坐施)는 자기의 자리를 내주어 양보하는 것이요, 일곱째 찰시(察施)는 굳이 묻지 않고 상대의 속을 헤아려 알아서 도와주는 것이다.

이러한 무재칠시와 더불어 불자가 법당에 빈손으로 오거나 과일을 가져와서 마음속으로 삼귀의(三歸依)를 하면서 절을 한다면 그 공덕은 매우 크다고 볼 수 있다. 매일 사시예불 때 불자들이 다 같이 '자애경'이나 '보배경' 등을 독송하며 모든 생명의 안락과 행복을 기원하는 것은 매우 큰 공덕이 될 것이다. 부처님이나 승가에 과일을 올리거나 복전함에 시주하면서 "제가 보시한 공덕으로 사업이 잘되고 병이 낫기를 바랍니다"라고 기원하는 것은 바른 기복이며 작복이다. 이러한 보시는 삼귀의를 한 불자가 바른 견해를 가지고 하는 행위이기 때문이다.

바른 견해가 바탕이 된 기복은 적극 권장해야 한다. 그리고 보시공덕보다 삼귀의를 하고 무상을 닦고 자애를 닦는 잠깐의 수행이 더 큰 공덕을 가져온다는 것도 알려주어야 한다. 귀의 공덕과 수행 공덕은 무루 정견을 갖도록 이끌고 구경의 행복으로 이끌기 때문이다. 불교의 기복은 바른 견해를 바탕으로 신구의(身口意)를 통하여 유루 공덕과 무루 공덕을 기원하거나 짓는 것이다. 무엇을 원하느냐에 따라서 기복(祈福)은 깨달음까지 연결된다. 불교의 기복은 '금생의 행복', '내생의 행복', '궁극적인 행복'을 위한 모든 유루복과 무루복을 바라고 짓는 것이며 의업을 중요시하기에 기복과 작복은 하나의 지점에서 만난다.

책상에 앉아 상상으로 쓴 『불교성전』

2022년 하안거(夏安居) 기간에 지리산 백장암 선원 대중은 『불교성전』을 가지고 공부를 하게 되었다. 백장암에서는 "세존이시여, 저희는 사이좋게 화합하여 물과 우유가 잘 섞이듯이 서로를 우정 어린 눈으로 보면서 지냅니다. 저희는 닷새마다 밤을 지새워 법담으로 탁마하며 방일하지 않고 지냅니다."(M31)라는 선배 스님들의 전통을 이어받아 6년 전부터 일주일에 1회 법담 탁마하는 시간을 갖고 있다. 이번 하안거에 참여한 대중 스님들이 총 10회에 걸쳐 『불교성전』을 읽고 토론하며 감수를 한 결과 150여 곳의 문제점을 찾아내었다. 인용된 경전을 일일이 대조한다면 이 수치는 더 늘어날 것이다.

종단본 『불교성전』은 1972년 동국역경원에서 발간한 이후 50년 만이라 한다. 책이 나온 지 한 달 뒤 '불교성전을 비평하다 1, 2'를 〈불교닷컴〉에 기고하였지만 종단에서는 아무런 반응이 없었다. 종단본 『불교성전』은 다음과 같은 문제점을 안고 있다. 책의 목차가 내용이 중복될 수밖에 없는 구조이고, 경(經)을 인용하면서 기존의 잘못된 번역을 그대로 싣고 있으며, 소제목과 내용이 어긋나는 곳이 있다. 또한 내용이 상반되는 경을 인용하고 있으며, 어려운 단어에 대한 주석이 없고, 편찬 취지와 '일러두기'가 현시대와 맞지 않는다. 이상 여섯 가지 문제점에 대해서 하나하나 짚어보자.

1) 책의 목차가 내용이 중복될 수밖에 없도록 구성되어 있다.

이 책은 총 4장으로 되어 있다. 제1장 '거룩한 부처님'은 부처님 생애를 다루고 있다. 탄생과 출가부터 시간 순서로 전개되다가 제2장 '위대한 가르침'에서 사건의 전개 순서가 어긋난다. 바이샬리 전염병 퇴치사건(120쪽)을 앙굴리말라 사건(118쪽) 뒤에 배치하고, 아누룻다가 눈이 멀게 된 이야기(128쪽)를 데와닷따 반역사건(125쪽) 뒤에 배치하고 있어 사건의 발생순서가 맞지 않는다. 책의 뒤쪽에 '불교사 연표'에는 순서대로 정리를 잘해 놓았건만 정작 본문에서는 순서가 어긋난다. 성도 후 초기에 설한 경전인 '무아경'과 불타오름경으로도 알려진 '연소경'을 싣지 않았다는 것도 문제다. 이솝우화 같은 본생담과 미륵부처님 이야기는 미륵 사찰인 금산사 출신 총무원장 스님의 요구에 의해서 추가된 것이라고 한다. 공적인 『불교성전』이 권력을 가진 개인의 의견에 좌우되었다는 것 자체가 큰 문제다.

제2장 '위대한 가르침'은 사성제(고집도멸의 순서)를 기준으로 부처님의 가르침을 소개하고 있다. 고성제를 설명하는 '만족스럽지 못한 현실'이라는 단원에 상견과 단견을 떠나 중간에서 설하는 '나체수행자 깟싸빠', '라훌라를 교계한경', '밀린다왕문경', '금강경'

을 소개하는 것이 적절치 않다. 이곳에서는 끼사고따미 일화, 55년 동안 똥을 먹었던 잠부까 비구 등의 사연이 소개되었으면 좋았을 것이다.

제3장 '보살의 길'은 260쪽이나 차지하는 분량으로 '육바라밀'의 순서로 소개하고 있다. 제1장 전생담과 미륵불 이야기가 내용이 겹치고 제2장 위대한 가르침과도 내용이 많이 겹친다. 바른 견해는 지혜 바라밀, 바른 삼매는 선정 바라밀, 바른 정진은 정진 바라밀과 대응되어 팔정도와 육바라밀의 내용이 겹치고 있다. '지계 바라밀'에 해당되는 내용에 "나를 바로 세우기"라고 제목을 붙이는 것 등은 어정쩡하다. '믿음'과 '발원'이라는 항목을 추가하여 여덟 단원으로 설명하려니 육바라밀의 이름을 붙이지 못하고 있다.

제4장 '불국토 구현'에는 천도재를 지내는 이유 등 정토신앙을 설명하다가 다시 부처님 가르침, 어록, 천수경, 발원문 등을 소개하고 있다. 너무도 다양한 종류를 소개하고 있어서 부처님의 가르침과 상반되는 내용도 있고 부분적으로 인용된 경들은 산만한 느낌이다. 부처님의 가르침뿐만 아니라 인도, 중국, 한국스님들 어록, 발원문 등을 소개하고 있어 '불교성전'이 아니라 '불조(佛祖)성전'이 되었다.

2) 경(經)을 인용하면서 기존의 잘못된 번역을 그대로 싣고 있다.

니까야를 인용하든 아함경을 인용하든 기존의 번역이 잘못된 곳이 없는지 확인하는 것은 편찬자들의 의무요, 『불교성전』을 만드는 기본 자세이다. 『불교성전』을 감수하면서 150곳을 지적하였는데 지적된 곳은 거의 잘못 번역된 경전을 그대로 가져다 쓴 경우였다. 니까야를 번역한 번역자들과 한문 경전을 우리말로 번역한 '동국역경원'의 실수를 그대로 답습하고 있는 것이다. 이것으로 편찬자들이 불성실하고 무성의하게 책을 만들었다는 사실과 감수자들이 감수를 전혀 하지 않았다는 사실이 드러났다. 예를 들어 79쪽에 "니련선하 강변에서 숲이 우거진 산을 바라보다 평평하고 깨끗한 곳을 발견했다. 그곳에는 보리수 한 그루가 높이 자라나 있었는데 가지와 잎들이 무성하고 고운 빛깔의 꽃이 만발하였다"라고 묘사하고 있는데 니련선하 강변에서 보리수 아래로 나아가면서 볼 수 있는 '숲이 우거진 산'은 없다. 또한 보리수나무는 무화과에 속하는 식물로서 '고운 빛깔의 꽃이 만발할 수' 없다. 편찬자들은 『불교성전』을 책상에 앉아서 상상으로 쓴 것이다.

90쪽에서는 '요컨대 존재 그 자체가 괴로움이다'라고 표현하고 170쪽에는 '요컨대 취착하는 다섯 가지 무더기 자체가 괴로움이다'라고 표현하며 177쪽에서는 '다섯 무더기로 성하는 괴로움이다'라고 표현하고 있다. 같은 책에서 '오취온고'를 이렇게 다르게 표현하는 것은 너무 성의가 없다. 더구나 177쪽에서 여덟 가지 괴로움이 있다고 말해놓고서는 일곱 가지만 말하고 있다. 고등학생도 이해하기 쉬운 『불교성전』을 편찬하자는 본래의 취지와 너무 멀다.

186쪽에 밀린다왕문경을 인용하면서 "소리의 울림, 들숨 날숨, 괴로움과 즐거움, 선악(善惡)이 합해서 사람이 되는 것이다"라고 표현하고 있다. 하지만 이것의 정확한 표현은 "이처럼 대왕이여 머리털, 몸의 털, 손톱, 살갗, 살, 힘줄, 뼈, 뼛골, 콩팥, 염통, 간장, 늑막, 지라, 폐, 창자, 창자막, 위, 똥, 담즙, 담, 고름, 피, 땀, 굳기름, 눈물, 기름, 침, 콧물, 관절액, 오줌, 뇌, 핏줄, 뼈의 부분들과 색, 수, 상, 행, 식을 조건으로 '나가세나'라는 '일반적인 명칭'이나 이름이 생기는 것이다"이다. "괴로움과 즐거움, 선악(善惡)이 합해서 사람이 되는 것"이라는 표현은 부처님 가르침이 아니라 육사외도 중에 '빠꾸다 깟짜야나'의 칠 요소설에 가깝다.

113쪽에는 '부처님을 상수로 하는 비구 승가에 공양한다면'이라는 번역을 '세존 앞에서 승가에 공양한다면'으로 잘못 번역한 것을 인용하고 있고 229쪽에는 안세고가 번역한 팔정도경을 인용하면서 "무엇이 팔정도를 행하는 것인가? 첫째는 바른 견해이니 보시 공덕을 믿고, 예의를 믿으며, 사당에서 재사(齋祠)하는 것을 믿고, 선하거나 악한 행동에 따라 동일한 과보를 불러온다는 것을 믿으며, 부모를 믿고, 천하도인을 믿으며 (…) 자신이 성취한 일을 곧바로 모두에게 알려 설하는 것이 바른 견해이다"라고 소개하고 있다. 문장 자체가 이해되지 않는다. 어떻게 예의를 믿고, 사당에서 재사(齋祠)하는 것을 믿고, 자신이 성취한 일을 곧바로 모두에게 알리는 것이 바른 견해라고 설명할 수 있는가?

3) 소제목과 내용이 어긋나는 곳이 있다.

예를 들어 『불교성전』 75쪽에 '설산수도상(雪山修道相)'은 마치 싯다르타가 히말라야 설산에서 6년 수행한 것처럼 오해하게 만든다. 224쪽에서 '강물에서 목욕한들 오염된 업이 씻어지랴'라는 제목을 달고 옷감의 비유 경(M7)을 인용하였지만 정작 강물에 목욕하는 이야기가 나오지 않는다. 286쪽에 '믿음의 복은 헤아릴 수 없다'는 '보시의 복은 헤아릴 수 없다'로 바꾸어야 할 것이다. 295쪽에는 '개인보다 승가에 보시하는 공덕이 더 크다'라는 제목이 붙었지만, 인용된 경에는 개인에 대한 보시를 소개하지 않고 있다. 325쪽에는 범망경 10중대계와 48계를 소개하고 있는데, 경구죄 8조 '이승성문의 교법과 이교도의 사견(邪見)으로 만든 학설을 배우는 것은 죄가 된다(背大向小戒 若佛子 心背大乘 常住經律言非佛說 而受持 二乘聲聞 外道惡見 一切禁戒邪見經律者 犯輕垢罪)'는 내용이다. 『불교성전』에는 이승성문(二乘聲聞)을 빼고 '대승이 아닌 외도의 사견을 가르치지 말라'고만 제목을 달아 놓았다. 이승성문을 외도(外道)와 동등하게 취급하는 내용임에도 이 사실을 숨기려고 제목을 이렇게 다는 것은 솔직하지 못하다.

4) 내용이 상반되거나 다른 경을 동시에 인용하고 있다.

이것은 편찬 취지에서부터 드러난다. "종단본 불교성전은 각 주제별로 초기 경전 대승경전 선어록 등을 망라하여 하나의 주제 안에서 여러 불교의 전통의 교리를 한눈에 볼 수 있는 장점을 가지고 있다"라고 편찬 취지를 드러내고 있는데, 불교역사 속에서 나타났던 여러 가지 경전을 사상의 맥락과 표현 방법을 고려하지 않고 한데 모아 놓은 것은 결정적인 실수다. 150쪽에는 "미륵보살의 이름을 듣고 합장하고 공경하는 마음을 품기만 해도 50겁 동안 지은 모든 죄업을 다 소멸한다"고 하고, "일념으로 미륵보살을 부르십시오. 이렇게 관하는 사람은 도솔천의 천인 한 사람이나 연꽃 한 송이라도 보게 될 것이요, 마침내 1천2백 겁 동안 지은 죄업을 다 소멸하게 될 것이요, 미륵보살의 이름을 듣고 합장하고 공경하는 마음을 품기만 해도 50겁 동안 지은 모든 죄업을 다 소멸할 것이다."라고 한다. 222쪽 "촌장이여, 어떤 사람이 큰 바윗덩이를 깊은 물속으로 던진다고 합시다. 수많은 군중이 그곳으로 모여들어 기도를 올리고 찬미가를 암송하고 합장한 채 그 주위를 돌고 예배하면서 '올라오소서, 떠오르소서, 큰 바윗덩이시여. 밖으로 나오소서'라고 간청한다고 합시다. 그런다고 그 바윗덩이가 떠오르겠소?"라는 가르침처럼, 부처님도 자신이 지어놓은 업력은 어쩌지 못하기에 부처님은 석가족이 멸망하는 것을 보아야 했고, 제자인 목갈라나 존자와 뿐나 존자와 앙굴리말라 존자도 불법을 포교하다가 맞아 죽었다. 이렇게 업(業)이 쉽게 소멸된다면 석가모니 부처님도 석가족을 보호하기 위해 앙상한 나무 아래에 앉아 있을 것이 아니라 일념으로 미륵보살을 불렀어야 하지 않나?

49쪽에 포악한 가리왕이 인욕수행자의 두 손을 자를 때 인욕수행자는 범부였지만 마음이 흔들리지 않았다고 하는데 금강경에서는 인욕선인이 아상, 인상, 중생상, 수자상이 없는 성인이었기에 화를 내지 않았다고 나온다. 또한 305쪽에 우바새계경을 인용하면서 "보시받는 자가 보시의 결과로 목숨, 육체, 힘, 편안함, 언변을 얻는다"고 말하고 '음식경'을 인용하면서 "보시자는 수명, 아름다움, 행복, 힘, 영감(靈感)을 보시하는 것이다"라고 설명한다. 아함경과 니까야의 번역이 다르면 하나만 인용하든가 아니면 같은 단어로 통일하든가 해야 하는데 이 책의 편집자들은 다른 번역을 그대로 인용하여 놓았다. 기획위원과 편찬위원들은 이렇게 경전을 모아 놓고도 여기에서 발생하는 모순점에 대해선 아무런 인식도 하지 못했나?

독자의 입장에서 청소년도 이해하기 쉽고 감동적인 『불교성전』을 만들어야 하는데 이 책은 철저히 공급자의 입장에서 많은 경전을 토막토막 잘라 모아 놓았을 뿐이다. 현명한 상인이라면 소비자가 원하는 상품을 팔아야 하는데 공급자의 창고에 있는 모든 재고 상품을 다 모아 팔고 있는 격이다. 파는 상품이 하자가 있는지 유통기한이 지났는지 확인하지도 않고.

5) 어려운 단어에 대한 주석이 없다.

565쪽에는 "목련은 천안(天眼)으로써 자신의 돌아가신 어머니께서 마리지세계(摩利支世界)에 태어났다"고 하는데 '마리지세계'에 대한 설명이 없고 643쪽에는 "한 번 생겨나는 것이건 두 번 생겨나는 것이건"에 대한 설명이 없다. 494쪽에는 "저 바라문은 제화갈 부처님이었고 토끼는 나였으며 원숭이는 사리불이었고"라고 나오는데 제화갈(提和竭) 부처님이 누구인지 설명이 없다. 136쪽에서 '사람의 이익과 행복을 위하고 세상을 가엾게 여기시어 일 겁을 더 머물러 주소서'라고 말할 때 '일 겁'을 머문다는 것이 무슨 의미인지 설명하지 않고 있다. 424쪽에는 '수바경'을 인용해 놓고 '사문과경'을 인용하였다고 적고 있다.

6) 책의 편찬 취지와 '일러두기'가 시대에 맞지 않다.

『불교성전』'일러두기'에는 "초기 경전과 대승경전의 용어가 상이한 경우 구마라즙본의 한자음을 사용한다. 단 통용되는 인명이나 지명은 익숙한 용어를 사용한다"라고 되어 있다. 그러한 기준으로 용감하게도 '아누룻다'를 '아나율'로, '난디야'를 '난제'로, '낌빌라'를 '금비'로 '뿐나'를 '부루나'로 '수나빠란따'를 '수로나'로 바꾸어 결과적으로 니까야를 한문 경전으로 만들어 놓았다. 니까야에 등장하는 짬빠, 숩삐야, 나꿀리빠따, 알라깝빠, 웨타디빠, 빠와 같은 이름들은 바꾸지 못했다. 결과적으로는 구마라즙의 한자음 발음과 영어 발음, 빠알리어 발음이 혼재된 책을 만든 것이다. 그리하여 사리뿟다의 동생 쭌다와 대장장이 아들 쭌다(cunda)를 모두 춘다로 표현하여 혼란을 주고 있다. 138쪽 쭌다는 대장장이 아들 쭌다이고 정신경(D29)과 지워 없앰 경(M8)에 나타나는 쭌다는 사리뿟다의 동생으로, 쭌다 혹은 마하쭌다로 불린다. 『불교성전』색인에는 3명의 춘다가 보이는데 같은 춘다로 오해하게 되어 있다.

2021년 종단본 『불교성전』이야말로 조계종의 수준이며 종단의 얼굴이다. 일반 책들은 출판사에서 출판하는 것으로 끝나지만 『불교성전』을 부처님 전에 봉정하는 의식을 거행한 이유는 무엇이며 많은 불자들이 『불교성전』편찬에 성금을 보낸 이유는 무엇인가? 오직 부처님의 바른 가르침이 정확하고 명료하게 전달되기를 바라는 염원이다. 진정으로 부처님 가르침을 따르는 제자라면 『불교성전』에 오자 하나가 발견되어도 송구스러워하고 반성해야 할 것이다. 제일 먼저『불교성전』기획위원(법인스님, 덕문스님, 원철스님, 정덕스님, 박영동, 김상영, 이미령)과 전문위원(원묵스님, 휴담스님, 도문스님, 이진영, 권기찬)들이 자신들의 과오를 통감하고 재편찬에 나서주기를 바란다. 불교성전 상임위원회(범해스님, 혜국스님, 종호스님, 경우스님, 법원스님, 금곡스님, 삼혜스님, 서봉스님, 정인스님, 본각스님, 해주스님, 이중표)와 감수를 맡은 무비스님, 지안스님, 혜거스님도 사태의 심각성을 깨닫고 양심의 소리를 내주길 바란다.

원불교의 경우 2021년 7월에『원불교전서』개정증보판을 냈으나 적잖은 오류로 이의가 제기되자 전량 회수해 폐기하고 경전의 편찬자들이 총사퇴하였다. 대한민국의 최대 불교종단인 대한불교조계종은『불교성전』에 대한 문제가 제기된 지 1년 5개월이 지난 시점에도 기획위원, 편찬위원 등 누구 하나 사과하지 않고 있다 (이미령 님만이 기고문에 댓글로 사과를 하였음). 불법을 포교하기 위해 세워진 종단이고 그렇게 종단을 운영하기 위해 선출된 총무원장, 포교원장이라면 이렇게 무대응으로 일관할 수는 없다. 이러한 시점에서 지리산 백장선원 대중들과 '온라인 불자회' 대중에 의해서 150여 군데의 오류가 지적되었다. 포교원장 범해스님이 재편찬의 결단을 내려주시기를 바란다.『불교성전』편찬에 성금을 보낸 분들, 50년 만에 발간된 종단본『불교성전』을 가지고 불교를 공부하려는 재가자들, 호기심을 갖고 불교를 공부하려는 비불자들, 그리고 스님들에게 더 이상 죄를 짓지 말기 바란다. 조계종의 얼굴인 종단본『불교성전』의 잘못된 점을 알고서도 고치지 않는다면 부처님과 종도들과 국민들에게 씻을 수 없는 죄를 짓게 될 것이다.

네 맘대로
범하고 열고 막아라?

조선시대부터 오늘날까지 이 땅에서 발심출가한 이
들이 제일 먼저 배워야 했던 말씀이 있다. 부처님 말씀도 아니고
율장의 조항도 아니다. 초심자들을 경책하는 '초발심 자경문'이다.
이 책은 한 권이 아니라 지눌의 『계초심학인문(誡初心學人文)』, 원
효의 『발심수행장(發心修行章)』, 그리고 야운의 『자경문(自警文)』
으로 편집되었다. 그중에서 지눌스님의 『계초심학인문』은 출가자
가 가장 먼저 배우게 된다.

> "대저 초발심자는(夫初心之人) 모름지기 악한 벗을 멀리 여의고(須遠
> 離惡友)
> 현명하고 어진 이를 가까이 하여(親近賢善) 오계, 십계 등을 받아서(受
> 五戒十戒等),
> 지키고 범하고 열고 막는 것을 잘 알아야 하느니라.(善知持犯開遮)"

우리는 이제까지 위와 같은 보조스님의 『계초심학인문』 첫 구
절을 보조스님의 창작이라고 알고 있었다. 그런데 보조스님의 가

르침은 우빨리존자의 게송을 인용한 것이다. 우빨리존자는 부처님 당시에 계율을 담당하는 율사였다. 처음으로 출가하는 이들에게 항상 하던 가르침이 장로게(Thag3.11)에 다음과 같이 나타난다.

> 신심으로 세속을 여의고 갓 출가한 초심자는, 성실하고 청정한 삶을 살아가는 선량한 벗하고만 사귀어야 한다.[*]
> 신심으로 세속을 여의고 갓 출가한 초심자이고, 승가에 머무는 현명한 수행자는 계율을 배워야 한다.[**]
> 신심으로 세속을 여의고 갓 출가한 초심자는 '해야 할 일과 하지 말아야 할 일(Kappākappesu)'을 잘 분간하여 혼란 없이 지내야 한다.[***]

장로게에 나타나는 우빨리존자의 세 가지 게송을 『계초심학인문』의 문장과 비교해보자. 첫 번째 우빨리존자의 게송은 '대저 처음 마음을 낸 초발심자는 모름지기 악한 벗을 멀리 여의고'와 같다. 두 번째 게송은 '현명하고 어진 벗을 가까이하여 오계 십계 등을 받아서'와 같다. 부처님 당시에는 20세 이상이면 출가하자마자 비구계를 받았으므로 거의 모든 비구는 초심자이다. 마지막 게송은 '지키고 범하고 열고 막는 것을 잘 알아야 하느니라'와 대응

---

[*] Saddhāya abhinikkhamma, navapabbajito navo;
Mitte bhajeyya kalyāṇe, suddhājīve atandite.
[**] Saddhāya abhinikkhamma, navapabbajito navo;
Saṃghasmiṃ viharaṃ bhikkhu, sikkhetha vinayaṃ budho.
[***] Saddhāya abhinikkhamma,navapabbajito navo;
Kappākappesu kusalo, careyya apurakkhato"ti.

한다.

우빨리존자의 게송과 『계초심학인문』의 다른 점은 '신심으로 세속을 여의고 갓 출가한 초심자'가 3개의 게송에서 등장하고 있지만 지눌스님은 '처음 마음을 낸 초발심자'라는 번역 하나로 간략하게 표현하고 있다. '성실하고 청정한 삶을 살아가는 선량한 벗하고만 사귀어야 한다'는 두 번째 게송은 수원리악우(須遠離惡友)를 첨가하여 친근현선(親近賢善)하라고 더욱 자세하게 해석했다. '해야 할 일과 하지 말아야 할 일을 잘 분간하여 혼란없이 지내야 한다.'는 우빨리존자의 가르침을 보조스님은 '지키고 범하고 열고 막는 것을 잘 알아야 하느니라(善知持犯開遮)'라고 풀고 있다.

우빨리존자가 '해야 할 일과 하지 말아야 할 일'을 구분해서 행동하라는 것을 지눌스님은 "어떤 행동이 계를 지키는 것이고(持), 어떤 행동이 계를 어기는 것이며(犯), 정해진 계율 가운데에서도 어떤 행동이 허용되고(開), 어떤 행동이 금지되는 것(遮)인지를 잘 알아야 한다"라고 해석하였는데 이것은 보조스님이 학습 계율에 해박한 지식을 갖고 있었기 때문일 것이다.

그런데 옛적부터 근래에 이르기까지 출가자들은 선지지범개차(善知持犯開遮)를 이렇게 자세하게 배우지 못하고 막연히 '오계 십계 등 계를 받아서, 지키고 범하고 열고 막는 것을 잘 알아야 하느니라'라고 배웠다. 우빨리존자가 정확하게 표현한 율(vinaya)을 보조스님은 오계 십계 등(等)이라고 표현하여 등(等)이라는 단어에 250가지 비구계와 348가지 비구니계를 포함하고 있다. 그러나 문제는 보조스님의 등(等)이라는 표현이 근래의 스님들에게 비구계와 비구니계로 이해되지 않았다는 것이다. 그래서 우빨리존자의 의도와는 매우 다르게 계를 받은 후에는 시시때때로 상황에 따라 주관적으로 지키고(持) 범하고(犯) 열고(開) 막으라(遮)는 의미로 가르치고 배우게 되었다.

스님들은 이 문장을 설명할 때 사슴과 사냥꾼의 비유를 들곤 했다. 부처님이 보살로서 바라밀행을 하며 수행자로 살고 있을 때 사냥꾼에 쫓기는 사슴이 부처님의 움막으로 뛰어 들어왔다. 사슴은 보살에게 몸을 숨겨달라고 사정했다. 곧이어 사냥꾼이 들이닥쳐서 사슴을 보지 못했냐고 물었을 때 보살은 사슴을 살리기 위하여 저쪽으로 갔다고 거짓말을 하였다. 지금도 많은 스님들이 거짓말은 해서는 안 되는 것이지만(持) 생명을 살리기 위해서는 거짓말을 해도 된다는 것이 범하고(犯) 여는(開) 의미라고 가르친다. 유튜브를 통해서 초발심자경문을 강의하고 있는 스님들의 동영상을 찾아보아도 모두 방편적으로 수행자가 지키고(持) 범하고(犯) 열고(開) 막는(遮) 것이라고 가르치고 있다.

한번은 30년 넘게 홀로 토굴에서 수행하시는 노스님께 지범개차(持犯開遮)의 의미를 물은 적이 있다. 그 스님은 한참을 망설이시면서 "나도 이 대목에 막혀서 여러 해를 고민해왔어요"라며 명확하게 이해되지 않았던 고충을 토로하셨다. 이 스님에게는 그나마 진지하게 고민해온 흔적이 느껴져서 가슴 뭉클했다. 어떤 스님은 선지지범개차(善知持犯開遮)를 배우면서 불교의 자유분방함과 호방함을 느꼈다고 고백한다. 무조건 계를 지키라고 가르쳤으면 답답했을 텐데 그대가 알아서 지키고(持) 범하고(犯) 열고(開) 막으라

(遮)고 가르치니 기분이 통쾌했다는 것이다.

상황이 이렇다 보니 조계종 스님들이 계율을 철저하게 지켜야 한다는 생각이 엷어지게 되었다. 우빨리존자와 지눌스님의 가르침이 제대로 전승되지 않았다는 것은 종단적으로나 개인적으로나 참으로 불행한 일이다. 지눌스님의 가르침은 율장을 먼저 공부해야 『계초심학인문』이 이해가 되는 가르침이다. 우리 종단은 초심자에게 율장을 가르치지 않고 초발심자경문만을 가르치니 지범개차가 엉뚱하게 해석되고 말았던 것이다. 그 계율의 변천사인 열고(開) 막는(遮) 법을 율장에서 신발에 대한 계율로 설명해보자.

앙가국의 소나 꼴리위사(Sona Kolivisa)라는 장자가 빔비사라왕의 초청으로 마가다국에 왔다가 부처님의 설법을 듣고 출가하게 되었다. 그런데 그는 태어날 때부터 손과 발이 부드러워 맨발로 행선(行禪)할 때 땅바닥이 피범벅이 되곤 하였다. 부처님은 이것을 보고 소나 비구에게 신발을 신도록 권유하였지만 소나 비구는 혼자만 신발을 신는 것을 부끄럽게 여겨 모든 비구에게 신발을 신도록 허락한다면 자기도 신발을 신겠다고 말했다. 부처님은 모든 비구에게 한 겹의 안창을 댄 신발을 허락(持戒)하였다. 소나 꼴리위사 이전에는 신발을 신는 것이 범계(犯戒)였지만 신발이 허용된 이후로는 여러 겹 안창을 대는 등 사치스럽게 신발을 신는 것만이 범계(犯戒)가 되었다. 그 뒤에 여섯 무리의 비구들이 다양한 신발을 신자 다양한 색깔 장식을 한 신발을 못 신게 하였고(遮戒) 다시 아프거나 대변 보거나 등의 특별한 용무에는 허용(開戒)하였다. 이렇듯 지범개차(持犯開遮)는 율이 제정되고 난 후에 상황에 따라, 사람에 따라 허용되는 것과 허용이 되지 않는 것이 지속적으로 변화되는 과정을 이해하는 것이다.

持: 비구들이여, 한 겹의 안창을 댄 신발을 허용한다.

犯: 비구들이여, 두 겹의 안창을 댄 신발을 신어서도 안 되고, 세 겹의 안창을 댄 신발도 신어서도 안 되고, 여러 겹의 안창을 댄 신발을 신어서도 안 된다. 신는다면, 악작죄(dukkaṭa)*가 된다.

遮: 비구들이여, 푸른색 신발, 노란색 신발, 붉은색 신발, 진홍색 신발, 낙엽색 신발을 신지 말라. 신는다면, 악작죄가 된다.

遮: 비구들이여, 푸른색 테두리, 노란색 테두리, 붉은색 테두리, 진홍색 테두리, 낙엽색 테두리 신발을 신지 말라. 신는다면, 악작죄가 된다.

遮: 비구들이여, 무릎까지 덮는 신발을 신지 말라. 정강이까지 덮는 신발을 신지 말라. 면으로 채운 신발을 신지 말라. 자고새의 날개와 같은 신발을 신지 말라. 신는다면, 악작죄가 된다.

遮: 비구들이여, 양의 뿔로 첨단을 장식한 신발, 산양의 뿔로 첨

---

* ① 바라이죄(pārājika, 波羅夷罪): 이 죄를 범하면 승단에서 축출된다. ② 승잔죄(saṅghādisesa, 僧殘罪): 이 죄를 범하면 대중공사를 통해 그 죄를 숨긴 날 수만큼 별도의 곳에서 지내고, 20인 승가 앞에서 원상회복의 절차를 거쳐야 한다. ③ 조죄(thullaccaya, 粗罪): 이 죄를 범하면 죄를 명백히 실토하여 그 죄목에 해당되는 처벌을 받는다. ④ 단타죄(pācittiya, 單墮罪): 해당 물품을 압수하고 참회하는 것으로 용서된다. ⑤ 회과죄(pāṭidesanīya, 悔過罪): 실토하는 것으로 벗어나게 된다. ⑥ 악작죄(dukkaṭa, 惡作罪): 75가지 사소한 학습계율(sekhiya)을 범한 경우로 뉘우치고 참회하는 것으로 벗어나게 된다.

단을 장식한 신발, 전갈의 꼬리로 꾸민 신발, 공작새 꼬리의 깃털로 엮은 신발, 알록달록한 신발을 신지 말라. 신는다면, 악작죄가 된다.

遮: 비구들이여, 사자 가죽으로 장식한 신발, 호랑이 가죽으로 장식한 신발, 표범 가죽으로 장식한 신발, 영양 가죽으로 장식한 신발, 수달 가죽으로 장식한 신발, 고양이 가죽으로 장식한 신발, 다람쥐 가죽으로 장식한 신발, 올빼미 가죽으로 장식한 신발을 신지 말라. 신는다면, 악작죄가 된다.

開: 비구들이여, 여러 겹으로 안창을 깐 헌 신발은 신는 것을 허용한다.

遮: 그러나 여러 겹으로 안창을 깐 새 신발은 신어서는 안 된다. 신는다면, 악작죄가 된다.

遮: 비구들이여, 은사나 은사와 같은 자나 계사나 계사와 같은 자가 신발도 없이 경행할 때에 신발을 신고 경행해서는 안 된다. 경행하면, 악작죄가 된다.

遮: 승원 안에서 신발을 신는다면 안 된다. 신는다면, 악작죄가 된다.

開: 비구들이여, 발이 아프고, 발을 다치고, 발 굳은살 병이 있는 자는 승원에서 신발을 신는 것을 허용한다.

開: 비구들이여, 승원 안에서 신발을 신고 횃불·등불·지팡이를 지니는 것을 허용한다.

遮: 비구들이여, 나무 신발을 신어서는 안 된다. 신는다면, 악작죄가 된다.

遮: 비구들이여, 야자수 나뭇잎으로 만든 신발을 신지 말라, 신는다면, 악작죄가 된다.

遮: 비구들이여, 대나무잎으로 만든 신발을 신지 말라, 신는다면, 악작죄가 된다.

遮: 비구들이여, 풀 신발을 신지 말라. 문자풀 신발, 밥바자풀 신발, 힌딸라풀 신발, 까말라풀 신발, 양모 신발, 금 신발, 은 신발, 진주 신발, 묘안석 신발, 수정 신발, 청동 신발, 유리 신발, 주석 신발, 납 신발, 구리 신발을 신지 말라. 신는다면 악작죄가 된다. 어떠한 신발도 전해 받으면, 신어서는 안 된다. 신는다면, 악작죄가 된다.

開: 비구들이여, 고정되어 전용할 수 없는 세 가지 신발, 대변용 신발, 소변용 신발, 세정용 신발을 허용한다.

이렇듯이 신발을 신도록 계율이 정해지면 시간이 지남에 따라서 수많은 개차(開遮)법이 뒤따라 정해진다. 이러한 구체적인 사실들을 알려면 율장을 읽어야 한다. 율장을 모르고 지범개차(持犯開遮)를 해석하려니 주관적인 해석 밖에 나오지 않는다. 이 밖에도 극심한 기근이 들어 도저히 걸식을 할 수 없을 때 비구들이 승원 안에서 손수 끓여 먹을 수 있도록 허락하고, 상황이 좋아지면 다시 금지하는 일시적인 개차(開遮)법도 있었다.

불교는 영원한 것을 찾는
종교인가?

각 사찰의 행자실에 붙어 있었던 유명한 게송, 행자들이 저녁마다 합창하는 게송을 소개한다.

"신심(信心)으로써 욕락(欲樂)을 버리고 일찍이 발심(發心)한 젊은 출가자(出家者)들은 '영원한 것과 영원하지 않은 것'을 똑똑히 분간하면서 걸어가야 할 길만을 고고(孤高)하게 걸어서 가라."

이 사미율의에 나오는 이 게송도 우빨리존자의 3번째 게송 "신심으로 세속을 여의고 갓 출가한 초심자는 '해야 할 일과 하지 말아야 할 일'을 잘 분간하여 혼란 없이 지내야 한다"를 번역한 것이다. '해야 할 일과 하지 말아야 할 일(Kappākappesu)'을 보조스님은 지키고(持) 범하고(犯) 열고(開) 막으라(遮)고 번역하였고 『사미율의』에는 '영원한 것과 영원하지 않은 것'으로 엉뚱하게 번역하였다.

'영원한 것과 영원하지 않은 것'이라고 번역한 것은 깝빠(kappa)를 겁(劫)으로 오해했기 때문이다. 율장에서는 어떠한 행위가 율에 맞으면 까빠띠(kappati, 合法, suitable)이고 율에 맞지 않으면 나까빠띠(nakappati, 非法, not suitable)라고 판단한다. 예를 들면 금은을 받는 것은 허용된다(kappati), 금은을 받는 것은 허용되지 않는다(nakappati)라고 표현한다. 까빠띠(kappati)는 합당하다, 적합하다, 허용된다는 뜻이고 까빠띠의 명사형은 합당, 적합, 허용이라는 깝빠(kappa)이다.

그런데 공교롭게도 겁(劫, kappa)이라는 단어도 깝빠라고 발음되다 보니 번역에 혼란이 생긴 것이다. 이 게송이 우빨리존자의 제3번 게송이라는 것을 알고 번역했다면 깝빠(kappa)를 겁(kappa)이라고 번역하지는 않았을 것이다. 겁으로 번역하면 여러 가지 면에서 적합하지 않다. 겁이라는 용어가 엄청나게 긴 시간을 뜻하는 용어이기는 하지만 동시에 겁은 1겁, 2겁, 10겁 등으로 나누어지는 시간의 단위이다. 나누어지는 시간의 단위를 영원이라고 번역하는 것은 타당하지 않다. 깝빠(kappa)와 아깝빠(akappa)를 '영원한 것'과 '영원하지 않은 것'으로 해석하면 마치 불교가 영원한 무엇을 찾는 종교인 듯 착각하게 된다. 영원한 것을 찾으라는 식의 표현은 초기 경전에 전혀 등장하지 않는다. 초기 경전에서 '영원'이라는 말은 영원한 것은 없다는 것을 가르쳐주기 위해서 사용되는 것이 대부분이다.

> "왓차여, 몸을 깨닫지 못하고, 느낌을 깨닫지 못하고, 인식을 깨닫지
> 못하고, 심리 현상들을 깨닫지 못하고, 식(識)을 깨닫지 못하고, 식(識)
> 의 일어남을 깨닫지 못하고, 식(識)의 소멸을 깨닫지 못하고, 식(識)의
> 소멸로 인도하는 도 닦음을 깨닫지 못하기 때문에 이 세상에는 '세상

은 영원(nicca)하다'라는 견해가 생긴다."(S33:16)

"그때 범천 바까에게 이와 같은 나쁜 견해가 생겼다. '이것이야말로 항상(nicca)하고 이것이야말로 견고(dhuva)하고 이것이야말로 영원 (sassata)하고 이것이야말로 완전(kevala)하고 이것이야말로 불변의 법이다.'"(S6:4)

　경전에서 설명되는 항상(nicca), 견고(dhuva), 영원(sassata), 완전(kevala), 불변법(acavanadhamma) 등은 부처님께서 극단인 견해라고 거부하셨던 상견(sassataditthi, 常見)의 동의어들이다. 경전에서 영원이라는 말이 등장하는 이유는 부처님 시대에 만연해 있던 상견들을 논파하기 위하여 사용되는 것일 뿐이다. 무아(無我)를 가르치는 부처님의 제자였던 우빨리존자가 '영원한 것을 찾아가라'고 젊은 출가자들에게 가르칠 수는 없을 것이다. 더군다나 이제 갓 출가한 초심자들에게 주는 글이라는 것을 알면 더욱 그렇게 번역하지는 못할 것이다. 이러한 잘못된 번역과 대승불교의 영향으로 몇몇 출가자들은 영원한 것을 찾는 것이 불교 수행이라고 오해를 하게 되었다. 어떤 이는 깝빠(kappa)와 아깝빠(akappa)를 '해야 할 일과 하지 말아야 할 일'이라고 번역하는 것보다 '영원한 것과 영원하지 않은 것'이라고 해석하는 것이 더 감동적이라며 잘못된 번역을 고수하기도 한다. 하루빨리 잘못된 번역이라는 것을 알아서 더 이상 '영원한 것을 찾는 것'이 불교 수행의 목표라고 착각하는 일이 없었으면 좋겠다.

집안의 허물을
드러내지 말라?

"손님을 만나서 이야기를 나눌 때에는 절집 안의 허물을 드러내지 말고(對客言談不得揚於家醜) 다만 절집 안의 불사를 찬탄할지언정 고방에 나아가서 여러 가지 일을 보고 듣고 하여 스스로 의혹을 내지 말라"고 하였다. 많은 스님들이 절집 안의 허물을 드러내는 것을 극도로 혐오한다. 보살 십중대계에도 사부대중의 허물을 말하지 말라(說四衆過戒)와 삼보를 비방하지 말라(謗三寶戒)는 계가 있다. 이러한 조항이 보수적인 스님들의 머리를 지배하고 있다. 조계사 앞 길가에서 좌선시위를 할 때 지나가는 어른 스님들이 들려준 충고도 이것이고, 호계의원들로부터 징계를 받을 때 가장 큰 죄도 이것이었다.

승가 안에서 발생하는 문제들을 해결할 능력도 없고, 해결할 의욕도 없으면서 문제를 외부에 드러내지 말라고 가르치는 것이 옳을까? 제대로 된 집단이라면 집단의 구성원이 문제 제기하는 것이 받아들여지고 논의되어야 할 것이다. 문제 제기하는 것과 허물을 말하는 것과 비방하는 것을 구분하지도 않고 문제 제기하는 사람을 해종 행위자라고 매도하고 징계하는 것이 현재 종단의 현실이다. 자정능력이 없으면서 무조건 집안의 추한 것을 드날리지 말라는 말은 독재자들의 발언과 같다. 율장에서는 스승이라도 잘못된 생각이나 언행을 한다면 제자가 충고를 하여 바로잡아야 한다고 가르친다. 이것도 종단에서 율을 가르치지 않고 초발심만 가르쳐서 나타난 폐단일 것이다.

절집의 허물을 밖으로 드러내면 안 된다는 고정관념은 그 범위를 확대하여 조계종 문제를 보도하는 MBC까지 불교 파괴세력이라 몰아세운다. 마치 세상을 조계종법으로 다스리려고 하는 듯하다. 믿어서 구원받아야 할 절대적 존재가 없는 불교에서는 무엇이 그른 것이고 옳은 것인가를 파악하는 일이 불교의 첫걸음인 정견(正見)을 세우는 일이다. 문제를 제기하는 스님들의 이야기에 귀 기울이는 것은 화합승가의 기본이다. 요즈음은 종단의 구성원들이 내부에서 허물을 드러내지 않아도 스마트폰 등 정보화된 기기를 통해 모든 것이 세상에 알려질 수밖에 없다. 손바닥으로 하늘을 가리듯이 '집안의 허물을 드러내지 말라'는 것만을 되풀이하고 그것을 이유로 스님들을 징계하는 것은 헌법의 조항에 위배된다.

문제는 언론에 알려진 일도, 자기편이면 죄를 지었어도 징계하지 않는다는 점이다. 적광스님이 폭행당했다는 판결문이 나왔고, 명진스님의 제적 근거가 되는 〈불교신문〉의 기사가 거짓으로 판결이 났음에도(〈불교신문〉은 명진스님에게 천만 원의 배상금을 내고 정정보도를 하였다) 명진스님을 복권시키지 않고 있다. 사찰의 범종, 북, 운판, 법당종 등을 몰래 팔아서 절도죄로 8개월간 유성교도소에 복역하고 나온 승려는 공권정지 3개월이라는 가벼운 징계를 받앉다. 종법에는 "절도죄로 실형을 받은 이는 멸빈에 처한다"라고 되어 있음에도. 이렇게 형평에 맞지 않는 징계를 하는 것을 과연 종교집단이라 할 수 있을까? 징계를 당한 당사자들에게 종단이 얼마나 폭력적이고 야만적으로 느껴질 것인가?

2022년 8월 4일 봉은사 앞에서 승려들에 의한 폭행사건이 발생했다. 1인시위를 하던 박정규 종무원*은 병원에 입원했는데, 온몸에 멍이 들고 이가 빠졌다. 봉은사 회주는 상월결사를 이끄는 자승이고, 상월선원 주지가 봉은사 주지 원명이다. 봉은사 앞에서 발생한 승려들의 폭행에 대해서 당연히 사과를 해야 할 자승과 원명스님은 넉 달이 지나도록 사과를 하지 않고 있다. 봉은사에 근무하는 승려들의 폭력에 대해서 봉은사 회주스님이나 주지스님이 사과하지 않고 있으면서 한편으로는 불교중흥을 위해 걷기를 하고 상월결사를 한다고 말하고 있다. 자중하고 참회해야 할 당사자들이 결사를 한다며 온갖 매스컴에 등장하는 것은 누가 봐도 우스운 일이다.

2022년 1월에는 비구 허정과 도정의 이름으로 '장발을 하고 다니는 자승에 대한 고발장', '박정규 종무원을 해고(직권남용)한 승려들에 대한 고발장', '나눔의 집 비상근 상임이사의 공금 부당수령(원행스님)에 대한 고발장', '승려대회 때 인원동원이 없었다는 사설을 쓴 불교신문 기자에 대한 고발장'을 호법부에 제출했는데 지금까지 조사도 징계도 하지 않고 있다. 자신들이 마음에 드는 사건

---

* 2022년 2월 해고되었던 박정규 종무원은 5월 서울지방노동위원회와 10월 중앙노동위원회에서 '부당해고' 판단을 받았고 2022년 11월 1일 자로 복직되었다.

은 번개같이 조사하여 징계하고, 자신들의 마음에 들지 않는 사건은 몇 년이 지나도록 조사를 하지 않는 호법부, 늘 힘없는 자는 억압받고, 바른 소리를 하면 억울한 일을 당할 수밖에 없는 조계종, 이렇게 열거한 사례만 보더라도 현재의 조계종이 얼마나 정의롭지 못한지 알 수 있다.

목숨 바쳐 귀의한다?

        우리가 조석으로 예불할 때 예불문에는 지심귀명례(至心歸命禮)가 일곱 번 나오기 때문에 칠정례라고 한다. 칠정례의 내용을 요약하면 결국 '삼보에 대한 귀의'이다. 불자들은 아침저녁으로 삼귀의를 반복하고 있는 것이다. 지심귀명례를 '목숨 바쳐 귀의한다'고 해석한다. 삼귀의란 세상의 다른 것에 의지하지 않고 붓다라는 스승과 가르침과 승가를 의지하여 살아가겠다는 약속이다. 어떻게 삼귀의를 하는가? 하는 대답이 지심귀명례(至心歸命禮)이다. 부처님 당시에 수많은 제자들은 지심귀명례를 어떻게 하였을까? 초기 경전을 보면 부처님의 설법을 듣고 난 재가자가 다음과 같은 감동을 표현하는 문장이 자주 등장한다.

"경이롭습니다. 고따마존자시여, 경이롭습니다. 고따마존자시여. 마치 넘어진 자를 일으켜 세우듯, 덮여 있는 것을 걷어내 보이듯, 방향을 잃어버린 자에게 길을 가르쳐주듯, 눈 있는 자는 형상을 보라고 어둠 속에 등불을 비춰주듯, 고따마존자는 이와 같이 여러 가지 방법으로 법을 설해주셨습니다. 그러므로 이제 고따마존자께 귀의합니다. 가르침

에 귀의합니다. 비구 상가에 귀의합니다. 고따마존자께서는 저를 재
가 신자로 받아주십시오. 오늘부터(ajjatagge) 목숨이 붙어 있는 날까
지(pāṇupetaṃ) 귀의하옵니다."

이것은 부처님과 만난 사람들이 부처님의 설법을 듣고 감동하
여 재가 신자가 되겠다는 허락을 구하는 내용이다. 삼귀의는 설
법의 내용을 이해하고 감동한 후에 나타나는 것을 알 수 있다. 즉,
'귀의법'이 선행되고 나서 '오늘부터 목숨이 붙어 있는 날까지 귀
의하옵니다'라는 고백이 뒤따른다. '목숨 바쳐 귀의한다'와 '오늘
부터 목숨이 붙어 있는 날까지 귀의하옵니다'는 표현과 느낌이 많
이 다르다.

'목숨 바쳐 귀의한다'는 과격하다. 도대체 어디에 목숨을 바친다
는 이야기일까? 부처님, 가르침 또는 승가에 목숨을 바친다는 뜻
일까? 부처님의 가르침을 만났으면 기쁜 마음으로 성실하게 수행
하면 될 것이지 왜 갑자기 목숨을 바친다고 결심할까? 불교가 입
교하는 사람들에게 목숨 바칠 것을 강요하는 단체라도 된다는 말
인가? '목숨 바쳐 귀의한다'는 '오늘부터 목숨이 붙어 있는 날까지
귀의하옵니다'라는 것을 잘못 번역한 것이라고 생각한다. 한문 경
전에는 귀명불법중(歸命佛法眾), 일심귀명불(一心歸命佛)로 번역하
였는데 귀명(歸命)을 '목숨 바쳐서'라고 해석한 것이다. 원문의 뜻
을 살리자면 귀명은 '목숨이 붙어 있는 한'으로 해석해야 한다. 다
른 이유는 우리가 부처님이나 보살들의 명호를 호명하는 방식으로
삼귀의를 하기 때문이다. 그러나 남방불교 불자들은 삼보의 내용

을 음미하는 삼귀의를 한다.

> "이런 이유로 그분 세존께서는 아라한(應供)이시며, 완전히 깨달은 분(正等覺)이시며, 영지와 실천을 구족한 분(明行足)이시며, 피안으로 잘 가신 분(善逝)이시며, 세간을 잘 알고 계신 분(世間解)이시며, 가장 높은 분(無上士)이시며, 사람을 잘 길들이는 분(調御丈夫)이시며, 하늘과 인간의 스승(天人師)이시며, 깨달은 분(佛)이시며, 세존(世尊)이시다, 라고 부처님께 흔들림 없는 청정한 믿음을 지닌다."

> "법은 세존에 의해서 잘 설해졌고, 스스로 보아 알 수 있고, 시간이 걸리지 않고, 와서 보라는 것이고, 향상으로 인도하고, 지자들이 각자 알아야 하는 것이다, 라고 법에 흔들림 없는 청정한 믿음을 지닌다."

> "세존의 제자들의 승가는 도를 잘 닦고, 세존의 세자들의 승가는 바르게 도를 닦고, 세존의 제자들의 승가는 참되게 도를 닦고, 세존의 제자들의 승가는 합당하게 도를 닦으니, 곧 네 쌍의 인간들이요(四雙) 여덟 단계에 있는 사람들(八輩)이시다. 이러한 세존의 제자들의 승가는 공양받아 마땅하고, 선사받아 마땅하고, 보시받아 마땅하고, 합장받아 마땅하며, 세상의 위 없는 복밭(福田)이시다, 라고 승가에 흔들림 없는 청정한 믿음을 지닌다."(A9:27)

삼귀의는 불자가 되는 기준이며 공덕의 근원이며 예류과를 얻기 위한 구성요소로 설명된다. 이 예류도에 이르기 위해서는 목숨을 바치는 결연함보다 이성적이고 고요하며 깨어 있는 마음이 요구된다. 그러하기에 "이런 이유로 그분 세존께서는 아라한(應供)이시며, 완전히 깨달은 분(正等覺)이시며…"라며 부처님의 구체적인 지혜와 자비를 음미하는 방식의 귀의를 하는 것이다. 반면에 우리는 대지문수사리보살, 대행보현보살, 석가모니불, 관세음보살, 지장보살처럼 이름을 반복하는 염불을 한다. 기복으로 흐를 수 있는 경향이 농후하다. 부처님과 가르침과 승가의 내용을 이해함으로부터 비롯되는 잔잔한 기쁨과 살아 있는 동안 수행을 멈추지 않겠다는 다짐이 자연스럽게 '오늘부터 목숨이 붙어 있는 날까지 귀의하옵니다'라는 고백이다. 반면에 '목숨 바쳐 귀의한다'에는 이러한 이해보다는 감성이 더 강하게 작용한다. 부처님의 가르침을 설명하는 내용에서 "지자(智者)들이 각자 알아야 하는 것이다"라고 하니까 다시 지자란 보통 사람은 아닐 것이다, 라는 생각을 할 수 있다. 경에서 설명하는 지자(viññū)는 "검은 황소는 흰 황소의 족쇄가 아니고 흰 황소는 검은 황소의 족쇄가 아니고 이 둘은 하나의 멍에나 기구에 묶여 있을 뿐이다"(S41:1)라는 설명을 이해하는 정도의 사람이다. 즉 '지자'는 상식적인 분간 능력을 가진 사람이다. 이런 상식적인 사람부터 점점 지혜가 깊은 아라한까지를 지자(智者)라고 부르게 된다.

장님 코끼리 만지기 비유를
조심하라

 전체 혹은 실상을 알지 못하고 부분에 집착하여 싸우는 것을 '장님 코끼리 만지기'라고 말한다. 맹인모상(盲人摸象)이라는 고사성어로 알려져 있다. 이 비유는 부분에 집착하는 사람들을 깨우치기 위해서 빈번하게 사용되는 유명한 비유이다. 하지만 장님이라는 존재를 경시하는 비유가 되기도 하고 한편으로는 사람의 한계를 제한하는 근기론으로 오해되는 비유가 되기도 한다.

 장님의 코끼리 만지기 비유는 우다나(Ud6.4)에 자세한 내용이 나온다. 부처님 당시 여섯 명의 스승들로 대표되는 육사외도들이 자신들의 사상이 진리라고 주장하고 있었다. 이들은 '이러한 것이 진리이고 이러한 것은 진리가 아니다'라고 견해에 집착하여 싸웠다. 부처님이 보시기에 육사외도의 견해들은 사실이 아니고 허황된 것이었다. 그들은 각자가 자신들의 주장만 옳다고 하니 논쟁은 끝날 수 없었다. 이들의 싸움을 비유하기 위해서 부처님은 하나의 이야기를 들려준다.

 옛날 어떤 왕이 사왓티에서 장님들을 모이게 하고 그들에게 코끼리를 보여주었다. 왕의 신하는 어떤 장님에게는 코끼리의 머리를 만지게 했고 어떤 자에게는 코끼리의 귀, 상아, 코, 다리, 꼬리 등 각각 다른 부분을 만지게 했다. 각자 다른 곳을 만진 장님들은 코끼리를 물항아리, 키질하는 바구니, 쟁기, 쟁기 막대, 기둥, 절구, 곤봉, 빗자루 같은 것이라고 말한다. 각자 다른 부위를 만지게 하였기에 하나의 코끼리를 만지고도 서로 다른 주장을 하게 된 것이다. 왕은 이들의 싸움을 보며 즐거워했다. 이것은 애초부터 왕의 놀이를 위한 연출이었던 것이다.

처음부터 코끼리를 마음대로 만지게 하였다면 그들은 각 부분의 다름을 파악하고 하나의 주장만을 하지 않았을 것이다. 비록 장님이라 하더라도 코끼리 전체를 더듬고 나서 추론하면 실제 코끼리에 가까운 코끼리 모양을 그려낼 수 있다. 이 비유는 장님에 방점이 찍히는 것이 아니라 코끼리의 한 부분만 만지게 했다는 것에 방점이 찍혀야 한다. 이 대목이 육사외도들 사이에 타협 불가능함을 보여주기 때문이다. 강제로 코끼리의 부분만을 만지게 하였다는 것을 모르고 장님들이 자신이 만진 부위에 집착하여 싸웠다는 것만을 부각하면 이것은 장님에 대한 나쁜 선입견을 키우게 된다. 이 비유는 맹목적인 믿음을 가진 자들이 싸울 수밖에 없는 구조를 비유한 것이다.

이러한 비유가 요즘 마구잡이로 사용되는 것을 보게 된다. 하나의 예는 이성적이고 합리적인 불자들에게 사용하는 경우이다. 모든 불자를 장님으로 비유하고는, 깨닫기 전까지는 한 부분에만 집착하며 싸우는 존재라는 식으로 말한다. 불자들은 점진적으로 지혜가 깊어져 간다. 부처님은 자신의 가르침이 점차 깊어지는 바다와 같고, 수행은 점차 깊어지고 성숙하는 것이라고 설했다. 깨닫지 못했다고 해서 모두 싸우는 장님으로 비유한다면 점진적인 수행 과정을 무시하게 된다. 이 비유는 '너는 아무리 노력해도 안 돼'라는 근기론으로 옮겨가서 절망의 바이러스를 퍼뜨리기도 한다. 조심할 일이다.

다른 하나는 이 비유를 화쟁사상으로 설명하는 경우이다. 조계종에서는 화쟁을 다른 곳에서는 발견할 수 없는 만병통치약으로 생각하거나 부처님이 설한 유무중도나 연기법과 같은 것이라고 생각하는 사람도 있다. 이것은 화쟁도 중도도 연기법도 이해하지 못한 결과이다. 원효스님이 살던 시대에는 소승경전, 대승경전이 순서를 가리지 않고 수입되다 보니 경전마다 다양한 사상이 나타났고 그것을 해설하는 학자들 간에 이론이 생겨났다. 모두가 부처님의 말씀이라고 생각하여 그 차이점을 이해하고 회통할 필요성이 있었다. 『열반종요』에서 원효는 구체적으로 불성(佛性)에 대한 여섯 가지 이견을 소개하며 그것들의 화쟁을 장님 코끼리 만지기 비유로 이뤄내고 있다.

> "육사(六師, 진제삼장, 양무제 등 여섯 명의 스승)의 주장(所說)은 비록 불성의 실체에는 모두가 미진하나, 각기 그 부문에서 설명한다면 모두가 그 뜻에 부합된다고 할 수가 있겠다. 경에서 마치 장님들의 코끼리에 대한 설명이 비록 그 실체를 적중하지는 못하였으나 코끼리를 설명하지 않은 것은 아니듯이, 불성을 설명한 것도 그와 같아서 육사의 주장 그대로도 아니고 그 여섯 가지를 벗어난 것도 아님을 알아야 할 것이

다."(由是義故 六師所說 雖皆未盡 佛性實體 隨門而說 各得其義 故下文
說 如彼盲人 各各說象 雖不得實 非不說象 說佛性者 亦復如是 不卽六法
不離六法 當知此中 六說亦爾)

여섯 명의 주장 중에 어느 한 주장도 불성에 대한 설명이 아닌
게 없으므로 옳지만(皆是), 어느 주장도 불성의 뜻을 전부 담아내
지 못하기 때문에 완전하지 않다(皆非)는 개시개비(皆是皆非)로 여
섯 사상가의 이론을 화쟁한다.

부처님의 장님 코끼리 만지기 비유는 장님들이 각각 다른 부위
만을 만지게 함으로써 다른 견해를 가질 수밖에 없듯이 각각 다른
외도의 견해들은 서로 싸울 수밖에 없는 구조를 비유한 것이다. 그
러나 원효의 장님 코끼리 만지기 비유는 다양한 주장이 결국은 같
은 부처님 말씀이라는 것으로 사용된다. 180도 다르게 비유를 사
용한 것이다. 부처님은 육사외도의 주장을 개시개비라고 인정했
나? 인정하였다면 부처님은 그들을 장님 코끼리 만지는 사람들이
라고 비유하지 않았을 것이고 육사외도의 사상을 제자들에게 배
우게 하였을 것이다.

개시개비의 원리로 대한민국에서 화쟁이 가능할까? 예를 들어
핵발전소를 운영하는 민간기업, 직원들, 환경단체, 여당, 야당, 지
역주민 등 여섯 가지 입장을 가진 단체들을 개시개비라고 말할 수
있을까? 부처님과 원효는 그래도 진리의 입장에서 문제를 바라보
고 있지만 핵발전소에 대한 문제는 진리의 문제가 아니라 단체의
이익, 시대의 흐름, 국민의 수준, 권력의 문제가 작용하는 욕망의

문제이다. 그러므로 다양한 문화, 가치, 사상, 계층들 간의 충돌을 개시개비라고 판단하는 것은 불가능하다. 원효의 개시개비는 부처님이 설한 것이라는 공통분모가 있는 교리적인 부분에나 소용될 뿐이다.

사실이 이러함에도 조계종 화쟁위원회는 사회갈등의 화쟁이 가능한 듯 말한다. 마치 연기법을 이것(A)과 저것(B)의 관계로 파악하여 A와 B에 어떤 것이든 대입하는 것으로 공존공생이 가능하다고 주장하는 것처럼 개시개비를 설명한다. 과도한 사명감으로 중재자 역할을 하려고 하지만 개시개비로 사회갈등을 화쟁하려는 것은 어린아이 같은 순진한 시도이다. 어떤 입장이든 옳기도 하고 그르기도 하다는 개시개비(皆是皆非)는 바른 견해와 삿된 견해를 동등하게 취급하고 각계각층의 주장을 단순히 이분법적으로 평면화하는 무책임한 일을 저지른다. 지렁이나 달팽이나 고슴도치를 만지고 온 장님들의 주장도 모두 코끼리라고 인정하는 꼴이기에 모두가 불만족하게 된다.

이 시대에 진실로 화쟁을 원한다면 장님 코끼리 만지기 비유를 버려야 한다. 그것은 애초에 불통(不通)을 드러내기 위한 비유였다. 더군다나 종단에서 노동조합이 탄압을 받고, 죄 없는 스님들이 징계를 받고, 내부 직원들이 나눔의 집 이사들을 고발하여 문제가 발생했는데, 이러한 문제에는 눈감고, 사회문제를 찾아가서 화쟁하겠다는 화쟁위원회를 누가 봐도 신뢰하기 어렵다. 화쟁하기보다는 아프고 힘든 사람의 말을 경청하고 따뜻하게 공감하면 된다. 상대방이 무엇 때문에 괴로워하는지를 파악하여 그때그때 상황에 맞는 부처님의 가르침을 소개하고 적용하면 된다. 장님이 코끼리 만지는 비유를 현시대의 화쟁에 이용하는 것은 번지수를 잘못 찾은 것이다.

부처님 위에
무심도인(無心道人)이 있다?

사십이장경의 이본(異本)들을 대별하면 세 가지 계통이 있는 것으로 알려져 있다. 그 첫째로 고려대장경, 송(宋)대장경에 수록되어 있는 것인데, 그 내용과 성격으로 보아 가장 오래된 것으로 가섭마등(迦葉摩騰)과 축법란(竺法蘭)이 번역한 원형에 가깝다. 둘째는 명(明)대장경에 수록된 것으로, 고려대장경본 계통에 비해 증광(增廣)된 흔적이 현저하다. 셋째는 송대(宋代) 이후 선가(禪家)에서 유행한 것으로 앞의 두 계통본에 비해 현격하게 달라서 아마도 최후로 보정이 가해진 듯하다.

사십이장경은 그 내용이 간결하고 부피가 작아서 불교 입문서로서 우리나라 스님들이 오랫동안 신봉해온 친숙한 경전이다. 그러나 사십이장경의 내용에는 전혀 불교적이지 않은 가르침이 숨어 있다. 사십이장경 11장에서 부처님보다 높은 무심도인(無心道人)이 있다는 해석을 하게 할 만한 구절 때문이다.

대한불교 조계종 종정 진제스님이 계시는 해운정사 홈페이지에는 사십이장경을 인용하며 "부처님의 진리법에는 이렇게 소승의 경지, 대승의 경지, 부처님의 경지, 그리고 부처님의 경지 위에 다시 무심도인의 경지가 있는 것이다"라는 안내문을 걸어놓고 있다. 일반 불자들이 보면 받아들이기 어려운 내용인데 선방에 공양하면 큰 공덕이 있다는 근거로 제시되고 있다.

> "사십이장경(四十二章經)에 보면, (…) '사바세계의 모든 중생에게 공양(供養)을 베푸는 것보다 소승(小乘)의 진리를 깨달은 한 아라한(阿羅漢)에게 공양을 올리는 것이 (…) 일체의 아라한에게 공양 올리는 것보다 대승(大乘)의 진리를 깨달은 한 보살(菩薩)에게 공양을 올리는 것이 (…) 일체의 보살에게 공양 올리는 것보다 부처님의 경계를 깨달은 한 분에게 공양을 올리는 것이 더 수승한 복을 짓는 일이다. 그러나 일체의 제불(諸佛)에게 공양 올리는 것보다 무심(無心)의 경계를 수용한 한 분의 무심도인(無心道人)에게 공양을 올리는 것이 더없이 수승한 일이다'라는 말씀이 있다. 부처님의 진리법에는 이렇게 소승의 경지, 대승의 경지, 부처님의 경지, 그리고 부처님의 경지 위에 다시 무심도인의 경지가 있는 것이다."

정말 일체의 제불(諸佛)보다 더 수승한 무심도인(無心道人)의 경계가 있는 것일까? 일반인에게 널리 알려진 사십이장경은 두 가지 본이 있는데 하나는 사십이장경 11장에 무심도인 이야기를 하는 것이고 하나는 착한 이에게 보시하고 부모에게 효도를 말하는 것이다.

A본:
佛言。飯惡人百。不如飯一善人。飯善人千。不如飯一持五戒者。飯五戒者萬。不如飯一須陀洹。飯百萬須陀洹。不如飯一斯陀含。飯千萬斯陀含。不如飯一阿那含。飯一億阿那含。不如飯一阿羅漢。飯十億阿羅漢。不如飯一辟支佛。飯百億辟支佛。不如飯一三世諸佛。飯千億三世諸佛。不如飯一無念無住無修無證之者。

부처님께서 말씀하시되, "악인 백을 공양하는 것이 착한 사람 하나를 공양하는 것만 같지 못하고, 착한 사람 천을 공양하는 것이 5계 지키는 사람 하나를 공양하는 것만 같지 못하고, 5계 지키는 사람 만(萬)을 공양하는 것이 수다원 한 사람을 공양하는 것만 같지 못하고, 수다원 백만 사람을 공양하는 것이 사다함 한 사람을 공양하는 것만 같지 못하고, 사다함 천만 사람을 공양하는 것이 아나함 한 사람을 공양하는 것만 같지 못하고, 아나함 일억만 사람을 공양하는 것이 아라한 한 사람을 공양하는 것만 같지 못하고, 아라한 십억 사람을 공양하는 것이 벽지불 한 분을 공양하는 것만 같지 못하고, 벽지불 백억 분을 공양하는 것이 부처님 한 분을 공양하는 것만 같지 못하고, 천억의 삼세제불(諸佛)에게 공양 올리는 것보다 무념(無念), 무주(無住), 무수(無修), 무증한 자(無證之者)에게 공양을 올리는 것만 같지 못하다."

B본:

佛言 飯凡人百不如飯一善人, 飯善人千不如飯持五戒者一人, 飯持五戒者萬人不如飯一須陀洹, 飯須陀洹百萬不如飯一斯陀含, 飯斯陀含千萬不如飯一阿那含, 飯阿那含一億不如飯一阿羅漢, 飯阿羅漢十億不如飯辟支佛一人, 飯辟支佛百億不如以三尊之教度其一世二親, 教親千億不如飯一佛學願求佛, 欲濟眾生也。飯善人福最深重, 凡人事天地鬼神, 不如孝其親矣, 二親最神也。

"범인 백 사람을 공양하는 것이 한 명의 착한 사람을 공양하는 것만 못하고, 착한 사람 천 명을 공양하는 것이 5계를 지키는 한 사람을 공양하는 것만 못하며, 5계를 지키는 사람 만 명을 공양하는 것이 한 명의 수다원을 공양하는 것만 못하고, 수다원 백만 명을 공양하는 것이 한 명의 사다함을 공양하는 것만 못하며, 사다함 천만 명을 공양하는 것이 한 명의 아나함을 공양하는 것만 못하고, 아나함 1억 명을 공양하는 것이 한 명의 아라한을 공양하는 것만 못하며, 아라한 10억 명을 공양하는 것이 벽지불(辟支佛) 한 명을 공양하는 것만 못하고, 백억 명의 벽지불을 공양하는 것이 삼존(三尊)의 가르침으로 그 한 생애의 두 어버이를 제도하는 것만 못하며, 천억 명을 가르치는 것이 부처가 되기를 바라고 중생을 제도하려는 한 명의 불학(菩薩)에게 공양하는 것만 못하다. 착한 사람을 공양하는 복이 가장 깊고 소중하다. 범인들이 천지의 귀신을 섬기는 것은 그 어버이에게 효도하는 것만 못하니, 두 어버이가 가장 높은 신이다."

A본에는 "천억의 삼세제불(諸佛)에게 공양 올리는 것보다 무념(無念), 무주(無住), 무수(無修), 무증한 자(無證之者)에게 공양을 올리는 것만 같지 못하다"라고 나타난다. 반면에 B본은 "착한 사람을 섬기고 부모에게 효도하는 것이 가장 공덕이 크다"고 한다. A본에서 종정 스님이 말하는 부처님보다 높은 무심도인이 등장하고 있는 것이다. 상식적인 사람이라면 부처님보다 높은 무심도인을 인정하는 것이 불편할 것이다. 부처가 되기를 바라고 중생을 제도

하려는 한 명의 불학(보살)이라는 표현이 나오는 것으로 보아 후대에 편집된 것으로 보인다.

문제는 A본의 "천억의 삼세제불(諸佛)에게 공양 올리는 것보다 무념(無念), 무주(無住), 무수(無修), 무증(無證之者)한 자에게 공양을 올리는 것만 같지 못하다"는 말이다. 이 말은 선사 스님들에게 큰 영향을 주어 여래선(如來禪)보다 조사선(祖師禪)을 높은 경지로 두는 전통이 생겨난 것 아닌가 한다. 사십이장경이 중국에서 가장 먼저 번역된 경전이고 선불교는 그 뒤에 유행했기 때문이다. 선불교를 신봉하는 사람 중에는 지금도 부처를 능가하는 무심도인이 있다는 생각을 하는 사람이 있다. 사십이장경의 이 대목이 영향을 미쳤기 때문이라고 본다. 그러나 사십이장경 11장의 내용에 대응하는 웰라마경(A9:20)에서는 무심도인 같은 것은 등장하지 않는다. 처음에는 보시받는 대상에 따라 공덕의 차이가 있음을 설명하다가 나중에는 스스로의 수행 즉, 삼귀의하고 5계를 지키고 자애관을 닦고 무상관을 닦는 수행공덕이 보시공덕보다 수승함을 설명하고 있다. 보시에서 수행으로 나아가라는 것이 웰라마경의 취지인 것이다.

> "장자여, 웰라마 바라문이 큰 보시를 했지만 견해를 구족한 한 사람을 공양한다면, 이것은 그것보다 더 큰 결실이 있다. 견해를 구족한 백 명의 사람들을 공양하는 것보다 한 사람의 일래자를 공양한다면 (…) 백 명의 일래자를 공양하는 것보다 한 사람의 불환자를 공양한다면 (…) 백 명의 불환자를 공양하는 것보다 한 사람의 아라한을 공양한다

면 (…) 백 명의 아라한을 공양하는 것보다 한 사람의 벽지불을 공양한다면 (…) 백 명의 벽지불을 공양하는 것보다 한 사람의 여래·아라한·정등각을 공양한다면 (…) 부처님을 상수로 하는 비구 승가를 공양한다면 (…) 사방 승가를 위하여 승원을 짓는다면 (…) 청정한 마음으로 부처님과 법과 승가에 귀의한다면 (…) 청정한 마음으로 학습계목을 받아 지녀서 생명을 죽이는 것을 멀리 여의고, 주지 않은 것을 가지는 것을 멀리 여의고, 삿된 음행을 멀리 여의고, 거짓말을 멀리 여의고, 방일하는 근본이 되는 술과 중독성 물질을 멀리 여읜다면 (…) 소젖을 한번 짜는 동안만큼이라도 자애의 마음을 닦는다면 (…) 손가락을 튀기는 순간만큼이라도 무상이라는 인식을 닦는다면, 이것이 이전 것보다 더 큰 결실이 있다."(A9:20)

부처님은 처음 만나는 재가자들에게 시계천(施戒天) 예비법문을 하여 재가자들의 마음이 부드럽고 여유롭게 되면 4성제 등 높은 단계의 법을 설하셨다. 이것이 차제설법(次第說法) 혹은 대기설법(對機說法)이다. 사십이장경 11장의 내용이나 웰라마경의 내용도 이러한 차제설법의 내용이다. 무심도인을 인정하는 듯한 A본은 번역의 오류로 보인다. 웰라마경과 대응하는 한문 경전은 중아함 155번 수달다경이다. 이 경에서 부처님이 아직 깨닫지 못했을 때 보시한 것을 설명하고, 지금 깨닫고 나서는 어떤 보시가 더 수승한지 알게 되었고, 가장 큰 공덕은 스스로 삼보에 귀의하고 계를 받고 수행하여 부처가 되는 것임을 설명하고 있다. 보시 공덕보다 스스로 귀의하고 계를 지키는 것이 더 수승하다는 것이다.

若梵志隨藍行如是大施 及施滿閻浮場凡夫人食 施百須陀洹百斯
陀含 百阿那含百阿羅訶百辟支佛食 作房舍施四方比丘眾 若有
歡喜心歸命三尊佛法比丘眾及受戒者 此於彼施為最勝也。

만일 범지 수람이 이러한 큰 보시를 행하고, 또 염부제에 가득 찬 범부
들에게 밥을 보시하며, 백 명의 수다원, 백 명의 사다함, 백 명의 아나
함, 백 명의 아라한, 백 명의 벽지불에게 밥을 보시하고, 방사를 지어
사방승가에 보시하더라도, 만일 다시 어떤 이가 기뻐하는 마음으로 부
처님과 법과 비구승가에 귀의하고, 또 계를 지키면, 이것은 저 보시보
다 더 훌륭한 것이다.

수달다경과 웰라마경을 근거로 살펴보면 사십이장경 A본의 번
역이 잘못되었다는 것을 알 수 있다. 11장을 바르게 해석하려면 공
양(飯)한다는 단어가 없이 '부처님 천억 분을 공양하는 것이 무념,
무주, 무수, 무증한 사람만 못하다'라고 해석되어야 한다. 이렇게
번역하면 무심도인이 부처님보다 높은 경지가 되는 것이 아니라
스스로 수행을 통해 깨달음을 얻은 것이 진정한 공덕이라는 말이
되어 웰라마경과 수달다경과 부합하게 된다. 사십이장경을 해설한
성법스님은 "부처님은 삼세제불보다 더욱 존귀한 무념, 무주, 무
수, 무증한 분이 있다고 하셨다"라며 보시하는 자가 무공양의 공
양, 무공덕의 공덕의 마음으로 공양하는 것으로 해설하고 있다. 송
광사 강주를 지낸 스님도 "무념(無念) 등을 성취한 사람에게 공양
하는 것이 낫다는 말은 공양하는 자의 수행의 경지와 상관관계가

있다. 말하자면 부처님은 보는 사람의 경지에 따라 다르게 보인다
는 것이다"라며 공양하는 사람의 수준을 문제 삼는다. 이러한 해
석들은 도저히 이해되지 않는 구절 즉 잘못 번역된 구절을 보고 어
떻게 해서든 이해해보려는 노력이겠지만 불교를 혼란스럽게 하는
데 이바지해왔다.

부처님의 언어

부처님은 언어를 매우 세심하게 사용하신 분이다. 경을 읽을수록 그분의 언어사용에 탄복하게 된다. 부처님은 당신이 사용하는 언어를 이렇게 표현한다. "시작도 훌륭하고 중간도 훌륭하고 끝도 훌륭하고 의미와 표현을 구족한 법을 설하고 위 없이 완벽하고 지극히 청정한 범행을 드러낸다." 특히 의미(sātthaṃ)와 표현(sabyañjanaṃ)을 구족해야 한다는 것은 제자들에게 전도 선언할 때도 강조된다. 부처님은 말해야 하는 때를 잘 알아 "만일 사실이 아니고 옳지 않고 이익을 줄 수 없다고 여기면 여래는 그것을 설명하지 않는다. 현재가 사실이고 옳고 이익을 줄 수 있다 하더라도 여래는 바른 때를 알아서 설명한다." 이렇게 세심하게 언어를 사용하기에 부처님의 언어와 침묵은 설득력이 있고 생명력이 길다. 무엇보다도 지금 여기서 경험되지 않는 오해할 만한 표현을 사용하지 않는다. 지금 여기에서 탐진치(貪瞋癡)를 소멸시켜 나가는 방법으로 설법하지, 탐진치(貪瞋癡)가 소멸된 경지를 강조하지 않는다. 초기불교는 파사현정(破邪顯正)이라는 측면에서 교리가 설명되고 있다면 대승불교는 현정파사(顯正破邪)라는 입장에서 교리가 설명되고 있다. 파사현정(破邪顯正)은 있는 것을 하나하나 없애나가는 것이고 현정파사(顯正破邪)는 깨달음의 그 자리를 설명하는 즉각적인 방법이다.

부처님은 세상과 싸우지 않고 세상의 언어와 같은 언어를 사용한다. 어떤 천신이 부처님께 번뇌를 다한 아라한이 자만을 가지고 '나는 말을 한다'거나 '그들이 내게 말한다'라는 언어를 사용할 수 있느냐고 물었을 때 부처님은 다음과 같이 대답한다.

> "번뇌가 다한 아라한일지라도 '나는 말을 한다'거나 '그들이 내게 말한다' 그것은 세상에서 통용되는 언어(Loke samaññaṃ)를 능숙하게 잘 알아서 일상적인 어법으로 말을 하는 것이다."*

세상의 언어를 사용하면서도 언어에 걸리지 않고 궁극의 깨달음과 깨달음에 이르는 길을 자세하고 정확하게 설명한 것이 부처님의 언어이다. 부처님의 언어 표현방식은 '~이 없는 상태', '~가 사라진 상태'라는 부정하는 표현(아공), 긍정하는 표현, 전부 부정의 표현(법공)이 있다. 부처님이 가장 많이 사용하는 표현은 '~이 없는 상태', '~가 사라진 상태', '~를 벗어난 상태'라는 표현이다. '~이 없는 상태'에서 부정되는 것은 지금 여기서 말하는 자와 듣는 자가 알 수 있는 대상들이다. 감각적 욕망, 적의와 성냄, 나태함(懈

---

* "Yo hoti bhikkhu arahaṃ katāvī, Khīṇāsavo antimadehadhārī;
  Ahaṃ vadāmītipi so vadeyya, Mamaṃ vadantītipi so vadeyya;
  Loke samaññaṃ kusalo viditvā, Vohāramattena so vohareyyā˝ti.(Sl:25)

怠), 혼미함(惛沉), 들뜸, 의심이라는 다섯 가지 장애가 없는 것을 삼매라고 설명한다. 열 가지 족쇄 중에서 세 가지 족쇄가 사라진 것을 예류과, 다섯 가지 족쇄가 없는 상태를 불환과, 열 가지 족쇄가 없는 것을 아라한과로 설명한다. 다른 표현으로는 궁극의 열반을 탐진치가 없음이라고 설명한다. 이렇게 성인의 단계를 사향사과(四向四果)로 정확하게 나누고 그 상태를 정확하게 마음부수로 설명하는 분은 온 우주에서 부처님이 유일할 것이다.

수행의 단계를 '~이 없는 상태'로 표현하는 것은 스스로를 점검가능하게 해주고 남을 판단할 수도 있게 한다. 이러한 표현은 반야심경에서 오온에 자성이 공함을 보았다(照見五蘊自性皆空)는 표현과 천수경의 죄무자성종심기(罪無自性從心起)라는 표현, 선사들의 단진범정(但盡凡情) 별무성해(別無聖解), 단리망연 즉여여불(但離妄緣 卽如如佛)이라는 표현으로 이어져 왔다. 수행자가 아직 도달해보지 않은 어떤 상태를 제시하여 그 상태에 대한 주관적인 이미지를 만들게 하는 그런 언어사용이 아니다. 이렇게 손에 잡히는 언어, 누구나 이해할 수 있는 친절한 언어는 부처님의 언어가 가진 특징이다.

상윳따니까야에는 열반에 관한 동의어 33개가 등장한다. 끝경(S43:13)에서 구경경(S43:44)까지 33개의 경에서 "비구들이여, '무위'란 어떠한 것인가? 비구들이여, 탐욕이 소멸하고 성냄이 소멸하고 어리석음이 소멸하면 그것을 비구들이여, 무위라고 한다"라고 열반의 동의어가 서른세 번 나타난다. 그 단어들을 정리하면 1. 무위(無爲, Asankhata) 2. 종극(終極, anta) 3. 무루(無漏, anāsava)

4. 진리(眞理, sacca) 5. 피안(彼岸, pāra) 6. 극묘(極妙, nipuna) 7. 극난견(克難見, sududdasa) 8. 불노(不老, Ajaratta) 9. 견고(堅固, dhuva) 10. 조견(照見, apalokita) 11. 무견(無見, anidassana) 12. 무희론(無戱論, nippapa) 13. 적정(寂靜, santa) 14. 불사(不死, Amata) 15. 극묘(極妙, panīta) 16. 지복(至福, siva) 17. 안은(安穩, khema) 18. 애진(愛盡, tanhakkhayo) 19. 희유(稀有, acchariyaṃ) 20. 미증유(未曾有, abbhuta) 21. 무재(無災, Anītika) 22. 무재법(無災法, anītikadhamma) 23. 열반(涅槃, nibbāna) 24.무에(無恚, Abyāpajjho) 25. 이탐(離貪, virāgo) 26. 청정(淸淨, suddhi) 27. 해탈(解脫, mutti) 28. 무착(無着, anālayo) 29. 섬(嶋, Dīpo) 30. 동굴(洞窟, lena) 31. 피난처(避難處, tāna) 32. 귀의처(歸依處, sarana) 33. 구경(究竟, parayana)이다.

이 33개 단어 중에 진리(眞諦, saccam), 견고함(堅固, dhuva), 적정(寂淨, santa), 탁월함(勝妙, panita), 지복(至福, siva), 안온(安穩, khema), 청정(淸淨, suddhi), 귀의처(歸依處, sarana)는 열반을 표현하는 '긍정의 표현'이다. 대승불교와 선불교에서는 긍정적인 표현을 선호하였는데 상락아정(常樂我淨)이라는 대승열반경의 사덕(四德)이 그것이다. 섬(嶋, Dīpo)이나 동굴(洞窟, lena)은 비유인데 안전한 곳, 평안한 곳이라는 의미일 것이다. 이러한 표현들은 중생들에게 희망을 제시하고 용기를 주는 동시에 무엇인가 영원한 것이 있다는 착각을 일으키기 쉽다. 선종에서 사용하는 주인공(主人公), 한마음(一心)이나 상락아정(常樂我淨)이라는 대승열반경의 표현을 두고 불교가 힌두화되었다는 비판을 받는 것이 그런 상황일 것이다. 절대부정의 방식도 있다. 우다나(Ud8.1)에서도 절대부정 방식으로 열반을 표현하고 있다.

> "비구들이여, 이러한 세계가 있는데, 거기에는 땅도 없고, 물도 없고, 불도 없고, 바람도 없고, 공무변처도 없고, 식무변처도 없고, 무소유처도 없고, 비상비비상처도 없고, 이 세상도 없고, 저세상도 없고, 태양도 없고 달도 없다. 비구들이여, 거기에는 오는 것도 없고, 가는 것도 없고, 머무는 것도 없고, 죽는 것도 없고, 생겨나는 것도 없다고 나는 말한다. 그것은 의처(依處)를 여의고, 전생(轉生)을 여의고, 대상(對象)을 여읜다. 이것이야말로 괴로움의 끝이다."

이러한 절대부정의 방식은 선불교의 불립문자, 언어도단, 격외도리가 그것이고 반야심경에서 공성의 특징은(是諸法空相) 불생불멸(不生不滅) 무안이비설신의(無色無受想行識)라는 표현과 금강경의 응당 법을 취하지 말고 법 아님도 취하지 말라는 등의 표현이다. 이러한 입장 표현은 진리는 인간의 관념과 언어로 그려낼 수 없는 것이라는 입장이고 언어와 문자에 집착하지 않게 만든다. 그러나 이러한 표현은 다시 공(空)과 무(無)에 대한 집착을 초래하게 되어 불교역사를 돌아보면 이러한 표현을 잘못 이해한 나머지 악취공, 허무공으로 불교를 이해하는 이가 있었던 것도 사실이다. 그러므로 부정적인 표현, 긍정적인 표현 그리고 절대부정의 방식 중에서 '~이 없는 상태'라는 부정적인 표현이 가장 안전하고 언어가 가진 오해를 줄이는 표현이라고 할 수 있다. 부처님이 "나의 법은 스스로 보아 알 수 있고 시간이 걸리지 않고 와서 보라는 것이고 향상으로 인도하고 '지자들'이 각자 알아야 하는 것"(S41:1)이라고 당당히 말할 수 있었던 것은 '~이 없는 상태'라고 표현하는 것과 밀접한 관련이 있다고 본다. 여기서 '지자들(viññū)'은 일반적으로 '지혜로운 자'라고 번역하였는데 위뉴(viññū)는 분별력 있는, 이성적인, 상식 있는 자라는 뜻이다. 불교의 목표인 이고득락(離苦得樂), 파사현정(破邪顯正)이 모두 이러한 입장이다. 고통을 버리는 그 자리(離苦)가 즐거움이 얻어진 자리(得樂)요, 삿된 것이 버려진 그 자리(破邪)가 이미 바른 것이 드러난 자리(顯正)이기에 다시 즐거움을 찾거나 바른 것을 드러낼 필요가 없다.

이러한 세 가지 표현방식이 경지의 우열을 나타내는 것은 아니다. 역사 속에서 나타났던 아공, 법공의 표현방식은 단지 언어의 표현방식일 뿐이다. 부처님은 "세상에서 현자들이 없다(natthī)고 동의하는 것을 나도 역시 없다(natthī)고 말하고 세상에서 현자들이 있다(atthī)고 동의하는 것을 나도 역시 있다(atthī)고 말한다."*
아공법유(我空法有)의 법유(法有)는 무상하고 괴롭고 변하기 마련인 물질이 있음(有)을 말한다. 부처님은 무아경에서 '몸에는 자아가 없다(natthī)', 반야심경에서 '오온에는 자성(自性)이 공하다'라

---

* Yaṃ, bhikkhave, natthisammataṃ loke paṇḍitānaṃ, ahampi taṃ 'natthī'ti vadāmi. Yaṃ, bhikkhave, atthisammataṃ loke paṇḍitānaṃ, ahampi taṃ 'atthī'ti vadāmi. Kiñca, bhikkhave, natthisammataṃ loke paṇḍitānaṃ, yamahaṃ 'natthī'ti vadāmi? Rūpaṃ, bhikkhave, niccaṃ dhuvaṃ sassataṃ avipariṇāmadhammaṃ natthisammataṃ loke paṇḍitānaṃ; ahampi taṃ 'natthī'ti vadāmi.(S22:94)

는 아공의 표현으로 설명하기도 하고 우다나에서 보이듯이 절대부정을 통해서도 열반을 표현하고 있다. '탐진치의 소멸'이나 '탐진치의 자성(自性)이 공함을 보았다'거나 '탐진치가 본래 없다'라는 표현들은 표현만 다를 뿐 같은 내용이다.

반야심경의
특별한 구조

　　　　　불멸 후 오백 년이 흐른 즈음에 범어로 쓰인 반야심경은 그 구조와 내용에서 이 경이 왜 만들어졌고 어떤 경전인가를 잘 말해주고 있다. 현재 다음과 같은 7종의 한문 번역본이 전해지고 있다.

① 鳩摩羅什(5C)：摩訶 般若波羅蜜大明呪經
② 玄裝(649)：般若波羅蜜多心經
③ 法月(738)：普遍智藏 般若波羅蜜多心經
④ 般若, 利言(790)：般若波羅蜜多心經
⑤ 智慧輪(~859)：般若波羅蜜多心經
⑥ 法成：般若波羅蜜多心經(燉煌石室本)
⑦ 施護(982~)：佛說聖佛母 般若波羅蜜多經

이 각본들을 비교하여 반야심경의 구조를 살펴보겠다.
첫째, 7종의 한문 번역본이 전하는 설법 당시 모인 대중들의 숫자가 다르다. 법월(法月) 번역본에는 십만의 비구대중과 칠만칠천 명의 보살(與大比丘衆滿百千人 菩薩摩訶薩七萬七千人俱)이 운집했고, 시호(施護) 번역본에는 비구 천이백오십 명(千二百五十人俱)이 모였고, 기타 다른 세 개 본에는 숫자가 나타나지 않고, 다만 대비구와 보살들(與大比丘衆及菩薩衆俱)이 모였다고 나타난다. 이렇게 하나의 장소에 모인 대중의 숫자가 각본마다 큰 차이가 나는 것은 이 경이 역사적인 사실이 아니라 후대의 창작물이라는 것을 보여주는 증거이다. 아함경이나 니까야를 비교하면 간혹 전승자의 착오로 설법 장소가 바뀌는 경우는 있어도 대중의 숫자가 이렇게 크게 차이 나는 경우는 없다.

둘째, 반야심경은 역사적인 인물이 아닌 관세음보살이 실존했던 사리뿟따를 가르친다. 법성(法成) 번역본에는 사리뿟다가 반야바라밀을 수행하는 자는 응당 어떻게 배워야 합니까(復當云何修學)라고 묻자 관세음보살은 만약 선남자 선여인이 반야바라밀을 수행하려는 자는 응당 오온에 자성이 공하다는 것을 관찰하라(欲修行甚深般若波羅蜜多者 彼應如是觀察 五蘊體性皆空)고 대답한다. 사리뿟따는 지혜제일이라고 불리는 상수제자로 이미 조견오온자성개공(照見五蘊自性皆空)의 지혜를 갖춘 분이다. 지혜제일인 사리불이 묻고 관세음보살이 대답하는 형식은 관세음보살이 사리뿟따보다 한 수 위라는 것을 보여주려는 의도된 연출로 보인다. 심오한(gambhīrām) 반야바라밀이라는 표현과 비밀스런 법요(秘法要)라는 등의 표현도 관세음보살의 설법이 사리뿟따가 체득한 지혜보다 더 수승한 것임을 보여주려는 수단이다. 부처님이 드는 삼매의 이름도 각본마다 다르다. 부처님의 위신력으로 관세음보살이 설법하고 사리불이 질문한다는 설정은 사리뿟따에게 설법하는 것이 부처님의 뜻이었음을 드러내어 대사리불이 관세음보살에게 설법을 듣는다는 비난을 피해가려는 연출로 보인다. 사리뿟따에게는 단 한 번 질문하는 역할만 주어지고 경이 끝날 때까지 관세음보살 혼자서만 말하는 것은 대화의 형식을 위장한 일방적인 설교일 뿐이다.

셋째, 관세음보살이 '사리자여!'라고 부르는 것은 윗사람이 아랫사람을 부르는 형식이다. 후배들이 선배를 부를 때는 존자 사리뿟따(āyasmā sāriputta), 같은 제자들끼리 서로를 부를 때는 도반 사리뿟따(āvuso sāriputta)라고 나타난다. '사리자여!' 라고 부르는 것은 오직 부처님이 제자를 부르는 방식이다. 이 호칭만으로 관세음보살이 부처님과 동등한 위치라는 것을 상징하고 있고 또한 사리뿟따의 지혜가 관세음보살보다 낮다는 것을 암시한다.

넷째, 누가 설법을 요청했는가도 각본마다 다르다. 법월의 번역본에서는 관세음보살이 먼저 설법을 하겠다고 요청하고 사리불에게 법문한다. '세존이시여, 제가 이 모임 가운데서 모든 보살의 보변지장(普遍智藏)인 반야바라밀다의 핵심을 이야기하고자 하오니 세존께서는 제가 보살들을 위하여 비밀스러운 법요(秘法要)를 펴도록 허락하여주십시오.* 반야(般若)이언(利言)의 공동번역본, 지혜륜(智慧輪), 법성(法成), 시호(施護)의 번역본에서는 사리불이 부

---

* 爾時觀自在菩薩摩訶薩在彼敷坐 於其衆中卽從座起 詣世尊所 面向合掌曲躬恭敬 瞻仰尊顏而白佛言「世尊 我欲於此會中 說諸菩薩普遍智藏般若波羅蜜多心 唯願世 尊聽我所說 爲諸菩薩宣秘法要」

처님의 위신력으로 관세음보살에게 반야바라밀다행을 공부하고자 하는 사람은 어떻게 수행해야 합니까?*라고 질문한다. 구마라즙과 현장의 번역본은 관자재보살이라고 3인칭으로 불리다가 갑자기 보살이 '사리자여!'라고 대화체가 나타난다.

다섯째, 반야심경은 아공(我空)의 표현으로 시작했다가 후반부에 법공(法空)의 표현으로 끝난다. 처음부터 색즉시공공즉시색(色即是空空即是色) 수상행식역부여시(受想行識亦復如是)까지는 아공(我空)의 표현이고 시제법공상(是諸法空相)부터 무안이비설신의(無眼耳鼻舌身意) 무고집멸도(無苦集滅道) 무지역무득(無智亦無得)까지는 법공의 표현이다. 역사적으로 부처님이 열반하시고 오백 년이 흐른 즈음에는 설일체유부 등에서는 삼세실유(三世實有) 법체항유(法體恒有) 또는 아공법유(我空法有)를 주장하였다고 한다. 이렇게 법을 실체시하는 것을 반야심경에서는 법공(法空)의 표현으로 비판하고 있다. 구마라즙은 삼세실유를 비판하기 위하여 이 공성의 법에는 과거도 없고 미래도 없고 현재도 없다(是空法非過去非未來非現在)는 표현을 첨부하고 있다. 이런 점을 보면 구마라즙이 왜 자성(自性)을 빼고 오온개공이라고 번역했는지 알 수 있을 것 같다. 자성(自性)을 빼면 반야심경 전체가 완벽하게 법공(法空)의 표현이 되기 때문이다.

같은 시대에 유행했던 금강경에서도 아공법유(我空法有)를 비판하고 아공법공(我空法空)의 표현들이 유행한다. 이를테면 "모든 중

---

* 即時具壽舍利子 承佛威神 合掌恭敬 白觀世音自在菩薩摩訶薩言「聖者 若有欲學甚深般若波羅蜜多行 云何修行」

생이 만일 법상(法相)을 취하면 곧 아상, 인상, 중생상, 수자상에 집착하는 것이고 비법상(非法相)을 취해도 아상, 인상, 중생상, 수자상에 집착하는 것이다. 응당 법을 취하지 말고 법 아님도 취하지 말아야 한다." 이렇게 아공법공을 말하고 나서 법공의 표현들이 나타난다. '불국토를 장엄한다는 것은 장엄이 아닌 것을 이름하여 장엄이라 한다.'(莊嚴佛土者 卽非莊嚴 是名莊嚴) '부처님은 몸이 아닌 것을 이름하여 몸이 크다고 말한다.'(佛說非身 是名大身)와 같은 표현들이다.

여섯째, 반야심경은 반야바라밀 자체를 주문이라고 말하고 주문으로 마무리된다. 고지반야바라밀다(故知般若波羅蜜多) 시대신주(是大神呪) 시대명주(是大明呪) 시무상주(是無上呪) 시무등등주(是無等等呪)라고 표현하고 '아제아제바라아제 바라승아제모지사바하'도 주문처럼 번역하지 않고 남겨 놓았다. 이렇게 주문으로 비유하고 주문처럼 만들어 놓은 것은 반야심경이 만들어졌던 시대에 어떤 불교 수행이 유행했는지를 보여준다.

반야심경에서
공과 공성의 차이

　　현재까지 반야심경의 한역본은 일곱 개가 존재한다. 일곱 개 번역본 중에서 세 종류의 번역본(구마라즙, 현장, 반야와 이언)은 조견오온개공(照見五蘊皆空)으로 번역하였고 네 가지 번역본은 조견오온자성개공(照見五蘊自性皆空)으로 번역하였다. 원문 그대로 스와바하(svabhāva)를 자성(自性) 혹은 체성(體性)으로 번역한 것이다. 스와바와(svabhāva)는 'sva(스스로) + bhāva(존재)'의 합성어로 부처님 시대의 아트만과 같이 '스스로 존재하는 것', '단독적인 존재'라는 뜻이다. 조계종은 자성(自性)이라는 단어를 빼고 번역한 현장의 반야심경을 선택하여 일상생활에서 독송하고 있기에 오온이 공하다라고 해석한다. '오온이 공하다'는 표현이 이해가 잘 안 되므로 '공(空)하다'는 것은 아주 없다(無)는 뜻이 아니다, 공(空)은 비유(非有) 비무(非無)을 뜻한다는 등 어렵게 해석하고 있다. 오온의 자성(svabhāva)이 공하다(śūnya)라는 정상적인 문장을 오온이 공하다(śūnya)라고 비정상적으로 번역해 놓으니 발생하는 현상이다. 원문에 자성(svabhāva)이 공하다(śūnya)라고 되어 있다는 것을 안다면 반야심경이 어렵지 않게 이해될 것이다. 이러한 설명 방식은 '~이 없는 상태'라고 설명하는 무아경의 설법방식을 이어받은 것이다. 무아경(S22:59)에는 다음과 같이 비아(무아)를 표현하고 있다.

> "비구들이여, 몸은 자아(atta)가 아니다. 만일 몸이 자아라면 이 몸은 고통이 따르지 않을 것이다. 그리고 몸에 대해서 '나의 몸은 이와 같이 되기를. 나의 몸은 이와 같이 되지 않기를'이라고 하면 그대로 될 수 있을 것이다. 비구들이여, 그러나 몸은 자아가 아니기 때문에 몸에는 고통이 따른다. 그리고 몸에 대해서 '나의 몸은 이와 같이 되기를. 나의 몸은 이와 같이 되지 않기를'이라고 하더라도 그대로 되지 않는다 (…) 이것은 내 것이 아니요, 이것은 내가 아니며, 이것은 나의 자아가 아니다라고, 있는 그대로 바른 통찰지로 보아야 한다."*

초기 경에는 몸이나 느낌들이 나라면 내가 통제할 수 있어야 하는데 그것들을 통제할 수 없으므로 '몸은 자아가 아니다'라는 것이다. 부처님 당시에는 자아(atta)라는 용어로 실체를 부정하고 있다면 오백 년이 흐른 뒤 반야심경에서는 스와바하(自性)라는 용어로 실체를 부정하고 있다. 반야심경에는 무아경처럼 '~가 없는 상태'라는 아공(我空)의 표현이 전승하고 있음을 알 수 있다.

---

* "Rūpaṃ, bhikkhave, anattā. Rūpañca hidaṃ, bhikkhave, attā abhavissa, nayidaṃ rūpaṃ ābādhāya saṃvatteyya, labbhetha ca rūpe: 'evaṃ me rūpaṃ hotu, evaṃ me rūpaṃ mā ahosī'ti. Yasmā ca kho, bhikkhave, rūpaṃ anattā, tasmā rūpaṃ ābādhāya saṃvattati, na ca labbhati rūpe: 'evaṃ me rūpaṃ hotu, evaṃ me rūpaṃ mā ahosī'ti.(S22:59)

그런데 반야심경에서 명사 공성(suññatā)과 형용사 공(śūnya)을 다 같이 공(空)이라고 번역해 놓았다. 형용사 공(śūnya, P.suññā)은 '~이 공하다', '~이 비었다'는 뜻이다. 오온에 자성이 공함을 확실히 보았다가 그런 표현이다. 니까야에서도 형용사 공은 '이것은 자아나 자아에 속한 것이 공하다'*, '이 확고부동한 마음의 해탈은 탐욕이 공하고 성냄이 공하고 어리석음이 공하다'**라는 표현으로 나타난다. 초기경의 표현처럼 반야심경에서도 형용사 공(空)과 불공(不空)은 없다, 있다의 의미로 사용되고 있다. 소공경에서는 "그는 거기에 없는 것(na hoti)은 공하다(suññaṃ)고 관찰하고 거기에 남아 있는 것(avasiṭṭhaṃ)은 존재하므로 이것은 있다(atthī)라고 꿰뚫어 안다."***라고 설명한다. 있다(atthī), 없다(natthī)라는 일상적인 용어로 궁극의 목표와 수행과정을 설명하고 있다. 이것은 '세상에서 현자들이 없다(natthī)고 동의하는 것을 나도 역시 없다(natthī)고 말하고 세상에서 현자들이 있다(atthī)고 동의하는 것을 나도 역시 있다(atthī)고 말한다'고 말하는 꽃경(S22:94)의 표현과 같다.

부처님은 당신이 깨달은 심오한 법을 설명할 때 '있다' '없다'는 세상의 어법에 따르는 표현을 사용하였다. 이러한 유무의 표현은 상견(常見)과 단견(斷見)에 떨어지는 표현이 아니다. 동사 있다(atthī)와 없다(natthī)는 표현이 명사 있음(atthitā)과 없음(natthitā)

---

*   suññamidaṃ attena vā attaniyena vā'ti.(M43)
** Sā kho panākuppā cetovimutti suññā rāgena, suññā dosena, suññā mohena.(M43)
*** Iti yañhi kho tattha na hoti tena taṃ suññaṃ samanupassati, yaṃ pana tattha avasiṭṭhaṃ hoti taṃ 'santamidaṃ atthī'ti pajānāti.(M121)

으로 표현될 때 상견(常見)과 단견(斷見)의 표현이 된다. 동사가 명사가 되어 사용될 때 상견, 단견의 표현이 된다는 것은 깊이 음미해야 할 대목이다. 깟짜야나곳따경에서는 있음(atthitā)과 없음(natthitā)을 극복하여 중으로(majjhena) 법을 설한다고 나타난다. 이때의 있음과 없음은 존재성(存在性)과 비존재성(非存在性) 즉, 상견(常見)과 단견(斷見)의 뜻이다.

> "깟짜나여, 이 세상은 대부분 두 가지를 의지하고 있나니 그것은 있음(atthitā)과 없음(natthitā)이다. 깟짜나여, 세상의 일어남을 있는 그대로 바른 통찰지로 보는 자에게는 세상에 대해 없다는 관념이 존재하지 않는다. 깟짜나여, 세상의 소멸을 있는 그대로 바른 통찰지로 보는 자에게는 세상에 대해 있다는 관념이 존재하지 않는다"*

명사 있음(atthitā)은 본래부터 있음, 영원히 있음의 뜻이 되어 기독교의 절대신, 창조신 브라흐마 같은 존재를 인정하는 상견(常見)이 되고 명사 없음(natthitā)은 본래부터 없음, 영원히 없음의 뜻이 되어 단견(斷見)의 입장이 된다. 이러한 상견과 단견을 논파하고자 부처님은 연기의 순관과 역관을 설명하며 중으로(majjhena) 법을 설하시고 후대에 용수보살은 중론에서 깟짜나경을 인용하여

---

* "Dvayanissito khvāyaṃ, kaccāna, loko yebhuyyena—atthitañceva natthitañca. Lokasamudayaṃ kho, kaccāna, yathābhūtaṃ sammappaññāya passato yā loke natthitā sā na hoti. Lokanirodhaṃ kho, kaccāna, yathābhūtaṃ sammappaññāya passato yā loke atthitā sā na hoti.(S12:15)

유무중도를 설명한다. 유무중도를 통해서 논파되는 유무는 부처님이 사용하신 일상적인 어법의 있다, 없다가 아니다.

역사적으로 고행주의를 추구하는 것은 아트만과 브라흐마라는 상견(atthitā)을 믿는 이들이 추구했으며 쾌락주의는 단견(natthitā)을 가진 이들이 추구하였다. 인간의 행위는 그가 가진 세계관으로부터 나오기 때문이다. 부처님은 초전법륜경에서 다섯 비구에게 고락중도를 통해서 유무중도를 실천하라고 설명하고, 다른 곳에서는 유무중도를 통해서 고락중도를 실천하라고 가르친다.

공성의 경지, 열반의 경지는 다양하게 표현되는데 무위상윳따에는 33개의 열반의 동의어가 등장하고 우다나에서는 모든 것이 부정되는 표현으로 열반이 나타나고 있다. 모든 것을 부정하고 나서 '이것이야말로 괴로움의 끝'이라고 설명하는 것은 반야바라밀다를 의지하여 완전한 열반에 들어간다는 반야심경의 표현과 비슷하다. 반야심경은 아공의 표현으로 시작해서 법공의 설명으로 끝나는데 이러한 법공의 표현들을 보고 나서 어떤 이들은 반야심경이나 금강경이 초기경보다 더 뛰어난 것이라고 말하기도 한다. 사리뿟따가 관세음보살에게 질문하는 형식이 그런 착각을 부채질하였고 '소승의 경율을 배우지 마라'는 대승 범망경 등의 가르침이 그 고정관념을 갖게 만들었다.

그러나 '탐진치가 소멸했다'는 표현이나 '탐진치가 본래 없다'는 표현은 내용이 같은 것이다. 불멸 후 금강경이나 반야심경이 나타날 때에 아공으로 시작해서 법공의 표현방식이 나타나는 것은 그 당시 법상(法相)에 집착했던 병폐를 치유하기 위함이었다. 부처님

시대에는 아공(我空)만을 말해도 폐단이 없었지만 세월이 흘러 법상(法相)에 집착하는 무리가 생겨나 법공(法空)의 약이 요구되는 시대가 된 것이다. 반야심경은 부처님의 언어표현으로 아공을 설하고 시대의 병을 치료하기 위해서 법공을 설하는 것으로 천년의 불교 역사를 연결하고 있다. 구마라즙과 현장이 자성을 빼놓고 번역하는 바람에 본래의 취지가 어긋나고 많은 사람을 착각하게 만든 것은 정말 안타까운 일이다. 요즘처럼 2600년 불교 역사를 꿰뚫는 정보를 공유하는 시대에는 법공의 약은 필요치 않다. 우리가 계속 반야심경에서 강조하는 법공의 약을 복용한다는 것은 건강한 사람이 약을 먹는 것처럼 불필요하고 번거로운 일이다.

그렇다면 요즘 불자들에게 반야심경을 봉독하게 하는 대신에 무아경을 봉독하게 하는 것이 훨씬 장점이 많으리라고 본다. 반야심경에서는 느닷없이 조견오온개공(照見五蘊皆空)하여 일체고액을 떠났다고 끝나는데, 무아경은 왜 몸이 나의 것이 아니고 내가 아니고 나의 자아가 아닌지, 누구나 알아들을 수 있도록 친절하게 설명한다. 몸을 내 맘대로 할 수 없기 때문에, 느낌에 대한 통제권이 없기 때문에, 몸은 나의 것이 아니고 느낌은 내가 아니라고 설명한다. 무아경의 설명은 "스스로 보아 알 수 있고 시간이 걸리지 않는다"는 불법(佛法)의 특징과 잘 부합한다. 이러한 점 때문에 반야심경보다는 무아경을 봉독하는 것이 수행과 포교에 효과적일 것이라고 본다. 우리의 전통이라고 무조건 지키고 신봉할 것이 아니라, 불교 역사를 맥락적으로 이해하는 것이 필요하다.

대승 보살계의
문제

서로의 가치관이 매우 다른 부모가 어린아이를 키우고 있었다. 어머니는 성실하고 정직하게 살라고 가르치는 반면 아버지는 약육강식의 경쟁사회에서 살아남으려면 때로는 사기도 치고 거짓말도 해야 한다고 가르쳤다. 아이가 어떤 일을 했을 때 어머니가 기뻐하는 일이면 아버지가 슬퍼하고 아버지가 기뻐하는 일이면 어머니가 슬퍼하였다. 이러한 부모 밑에서 성장한 아이는 이중인격을 갖게 되었고 가치의 혼란을 겪게 되어 정상적인 생활을 할 수 없다. 급기야 그 아이는 정신분열증이라는 병명을 얻게 되었다. 이 아이처럼 조계종의 스님들은 정신적인 혼란을 겪고 있다. 그동안 계율을 자세하게 안 가르쳤기에 망정이지 제대로 계율을 가르쳤다면 종단의 승려들이 거의 정신분열증에 걸렸을 것이다. 사분율과 대승범망경의 불일치가 그만큼 심각하다는 이야기다.

종헌 제9조에는 "승려는 구족계와 보살계를 수지하고 수도 또는 교화에 전력하는 출가 독신자라야 한다."라며 사분율과 보살계를 수지하도록 되어 있다. 각 본사에서는 범망경으로 포살도 하고 있다.

그런데 범망경은 "이승(二乘)과 성문(聲聞)의 경과 율을 따르지 말라"는 조목이 있는 것처럼 세상에 나올 때부터 부처님 말씀이 아니라는 비판을 받았고 "불상·보살상을 지녀야 한다"는 조목처럼 불멸 후 500년이 지나서 편집된 것이란 것을 알 수 있다. 육식의 경우만을 보더라도 사분율 등에는 세 가지 경우를 제외하고 육식을 허용하고 있는 반면 범망경에서는 육식을 하는 것은 한량없는 죄를 짓는 일이니 고기를 먹지 말라고 경고한다. 범망경 경구죄 제16조에서 "만약 몸이나 팔이나 손가락을 태워서 모든 부처님께 공양하지 아니하면 보살이 아니다"라고 강조하며 소신공양을 장려하지만, 중도를 가르친 빠알리율이나 사분율에 소신공양을 장려하는 표현은 결코 나타나지 않는다. 또한 법사에게 "매일같이 세 때를 공양하되, 하루에 금 석 냥 값어치의 온갖 맛있는 음식을 차려 공양하고 앉는 상과 먹는 약 등을 법사에게 공양하며, 그 밖에 필요한 물건은 무엇이든 다 제공해야 한다"는 표현 등은 고따마붓다의 가르침이라고 볼 수가 없다. 사분율과 대승범망경을 동시에 수지하게 하는 것은 내용이 다른 두 개의 헌법을 가지게 하는 것처럼 모순된다. 승려들은 성격이 정반대인 부모를 둔 아이처럼 정신분열증에 걸리기 쉬운 환경에서 살고 있는 것이다.

보살계본은 불멸 후 500년이 지나서 만들어진 것이어서 율이 만들어지는 계기도 없고 계를 주는 구성원이나 참회 방법도 허술하다. 보살계를 보리수 아래서 정각을 이루고 설한다고 하면서 16 국왕들이 합장하고 대승계를 들었다고 나오는데, 이것은 역사적 사실과 거리가 멀다. 부처님이 빔비사라 왕을 만나서 죽림정사를 기증받는 것이 성도 2년 후의 일이고 꼬살라국의 빠세나디왕을 만나는 것은 3~4년 후의 일인데 어떻게 부처님이 성도(成道)한 날 16대국의 왕들이 보리수나무 아래 모일 수 있겠는가? 부처님은 보리수 아래서 설했다는 보살계에 어떻게 12부경이라는 단어가 나오고, 소승 대승이라는 단어와 경과 율, 불상과 보살상이라는 용어들이 나오는지 이해가 안 된다. 사부대중이 다 같이 받는 보살계인데, 사음(邪淫)이 아니라 모든 여성과 음행(淫行)하지 말라고 설명하는 것도 합당하지 않고, 절대 고기를 먹지 말라는 계율도 부처님의 가르침과 다르다.

제16조 "몸을 태우거나 팔을 태우거나 손가락을 태워 부처님께 공양하지 않으면 출가 보살이 아니다"라는 조항은 부처님 가르침이라고 볼 수 없는 괴이한 것이며 제6조, 제8조, 제15조, 제24조, 제34조에서 '이승과 소승의 경율을 배우면 죄가 된다'고 거듭 강조하는 것을 보면 보살계를 만든 자들이 얼마나 근본 가르침을 증오했는지 알 수 있다. 10중 대계를 범하면 불상과 보살상 앞에서 상서로움을 볼 때까지 참회해야 하는데 상서로움을 보지 못하면 금생이 다하도록 참회가 안 된다니 기가 막히다. 거짓말하거나 인색하거나 사부대중의 허물을 말하면 비구, 비구니의 신분을 잃게 된다는 것도 설득력이 없다. 사분율이나 빠알리율에 의하면 거짓말하거나 인색하거나 사부대중의 허물을 말하는 허물은 참회하면 되는 가벼운 범계(犯戒)이다. 보살계에서는 가벼운 계목을 무거운 계목으로 바꾸어 놓았다. 보살계는 안거(安居)법, 결계(結界), 자자(自恣), 멸쟁법(滅諍法) 등 승가 화합에 필요한 갈마방법, 대중공의를

모으는 방법이 설해져 있지 않아서 구성원들이 승가의 기능과 역할을 할 수 없다.

이렇게 보살계에는 부처님을 부정하는 계목과 지킬 수 없는 계목이 많아서 '앉아서 받고 서서 깨트려도 무량한 공덕이 있다'는 변명이 난무하게 되었고 결과적으로 계율경시 풍조를 낳게 되었다고 본다. 우리 종단이 1962년 종헌종법을 만들 때 절대로 양립할 수 없는 "사분율과 보살계를 함께 수지해야 한다"는 조항을 만든 것도 불가사의하고, 57년 동안이나 그 많은 율사 스님들이 사분율과 범망경 보살계를 같이 주는 수계식을 진행해온 것도 불가사의하고, 그 두 가지 계를 받아온 승려들이 모순되는 점을 지적하지 않은 것도 불가사의하다. 아마 주는 사람도 받는 사람도 정확하게 무엇을 주고받는지 몰랐기에 가능한 일이었다고 생각한다.

영화에도 극적인 반전 스토리가 있듯이 여기에도 반전이 있다. 상반된 가치관을 가진 부모 밑에서 자란 아이는 정신분열증에 걸리지 않았다. 아버지의 교훈을 물려받아 사기 치고 거짓말하며 사업에 성공했고, 어머니의 가르침대로 어려운 이웃에게 기부를 하고 재단을 만드는 등 도덕성을 갖춘 사업가의 이미지로 잘살고 있다. 조계종 스님들도 그렇다. 이질적인 두 가지 계를 받고 당황하기보다는 고기 먹고 싶을 때에는 사분율을 인용하고, 종단을 비판하는 승려들을 징계할 때는 종헌종법을 거론하면 된다. 대승비불설(心背大乘 常住經律言非佛說)을 말할 때는 보살계를 거론하고, 탁발하지 않을 때는 종헌종법을 거론하며 잘살고 있다. 세계를 돌아다녀 봐도 조계종처럼 스님 노릇 하기 좋은 곳은 없다. 종헌종법과 사분율과 보살계를 모두 받들고 환영하여 활기찬 출가 생활을 하고 있다. 이러한 이점 때문에 모순을 알고도 방관하는 게 아닐까 하는 생각도 하게 된다.

이것과 이것이라는
연기공식

　　　'이것이 있을 때 저것이 있다'는 연기공식은 대부
분 이것(是事)과 저것(彼事)으로 번역하고 있다. 원문에는 이것
(imasmiṃ)과 이것(idaṃ)으로 되어 있음에도 이것과 저것으로 번
역한 것은 동어반복을 피하여 혼란을 줄이려는 친절이 아닐까 한
다. 그러나 그 친절 때문에 연기를 이해하는 방식은 부처님의 마음
으로부터 멀어져 버렸다. 서울에서 목포를 가는데 경부고속도로에
진입한 격이다. 서해안고속도로를 타면 더 쉽게 다다를 수 있는데
말이다. 이것(是事)과 저것(彼事)으로 번역하면서 연기는 이것(A)과
저것(B)의 의존관계, 상보관계로 규정되게 되었다. '인식과 마음을
가진 이 몸 안에서 세상과 세상의 일어남과 세상의 소멸(A4:45)'을
관찰하는 연기법이 우주법계로 크고 넓게 퍼지게 된 것이다. 한문
만 이렇게 번역한 것이 아니라 한글과 영어번역도 '이것과 저것'으
로 번역하고 있다.

"When this exists, that is; due to the arising of this, that
arises. When this doesn't exist, that is not; due to the

cessation of this, that ceases."(Sujato bhikkhu)

"Thus when this exists, that comes to be; with the arising of this, that arises. When this does not exist, that does not come to be; with the cessation of this, that ceases."(Bodhi bhikkhu)

"이것이 있을 때 저것이 있다. 이것이 일어날 때 저것이 일어난다. 이것이 없을 때 저것이 없다. 이것이 소멸할 때 저것이 소멸한다."(초기불전연구원)

"이것이 있을 때 저것이 있게 되며 이것이 생겨남으로써 저것이 생겨난다. 이것이 없을 때 저것이 없어지며 이것이 사라짐으로써 저것이 사라진다."(전재성)

왜 부처님은 혼란스럽게 이것(Imasmiṃ)과 이것(idaṃ)이라는 지시대명사를 사용하셨을까? 그것에는 분명한 이유가 있다. 이것(Imasmiṃ)을 처소격으로 사용한 것은 이것이 있는 곳에는 반드시 즉각적으로 이것(idaṃ)이 있다는 것을 강조하기 위함이다. 즉, 무명이 있는 곳에는 반드시 즉각적으로 형성(行)이 있다는 것을 설명하기 위함이다. 태어남이 있는 곳에는 반드시 즉각적으로 늙고 죽음, 우울, 슬픔, 고통, 불쾌, 절망이 있다는 것을 설명하기 위함이다. 반대로 무명이 없는 곳에는 반드시 즉각적으로 형성이 없으며 태어남이 없는 곳에는 반드시 즉각적으로 늙고 죽음, 우울, 슬픔, 고통, 불쾌, 절망이 없다는 것을 설명하기 위함이다. 이것(무명)이 있는 곳에 반드시 즉각적으로 이것(형성)이 있다. 둘의 사이가 멀리 있고 단독으로 있는 것이 아니기에 연기공식에는 이것(Imasmiṃ)과 이것(idaṃ)이 함께 사용되고 있는 것이다.

한문 경전 중에는 부처님의 마음을 존중하여 이것(是事)과 이것(是事)으로 번역한 경전도 있다. 이것과 이것으로 번역하면 혼란이 예상됨에도 원문에 이것과 이것으로 되어 있기에 임의로 번역할 수가 없었던 것이다. 잡아함의 '생사유전경'에서는 시사유고시사유(是事有故是事有) 시사기고시사생(是事起故是事生)으로 나타나고 '상인경'에는 시사기고시사기(是事起故是事起)로 나타난다. 그러나 '이것'과 '이것'은 '이것'과 '저것'이라는 번역에 밀려서 그 흔적이 미미하다. 사람들이 '이것'과 '저것'으로 번역한 것을 훨씬 좋아했기 때문이다. 빠알리 원전에 "이것이 있을 때 이것이 있다"로 나타나고 있다.

imasmiṃ(이것이, 처격) sati(있을 때, 현재분사) idaṃ(이것이, 주격) hoti(있다).
Imassa(이것의, 소유격) uppādā(일어남으로부터, 탈격) idaṃ(이것이, 주격) uppajjati(일어난다).

Imasmiṃ(이것이) asati(없을 때) idaṃ(이것이) na hoti(없다).
Imassa(이것의) nirodhā(소멸함으로부터) idaṃ(이것이) nirujjhati(소

멸한다).

연기공식은 항상 12연기와 함께 설명된다. 이것과 이것은 12연기의 각지를 설명하고 있음을 알 수 있다. 연기공식이 12연기를 설명하기 위한 것임을 안다면 부처님이 '이것'과 '이것'이라는 용어를 사용하신 이유를 알 수 있다. 구태여 친절을 베풀어 '이것'과 '저것'으로 번역하지 않았을 것이다. 그런데 번역하는 이들이 이러한 문맥을 읽지 못하여 이것과 저것으로 의역하기 시작하였다.

연기공식과 12연기의 밀접한 관계를 보여주는 경이 보인다. 깨달음의 경 1(Ud1.1)은 "이것이 있을 때에 이것이 있다. 이것이 생겨나므로 이것이 생겨난다"는 게송 뒤에 12연기의 순관(順觀)이 설해진다. 깨달음의 경 2(Ud1.2)는 "이것이 없을 때 이것이 없고, 이것이 사라짐으로써 이것이 사라진다"는 게송 뒤에 12연기의 역관(逆觀)이 설해진다. 깨달음의 경 3(Ud1.3)은 "이처럼 이것이 있을 때 이것이 있고 이것이 생겨남으로 이것이 생겨난다. 이것이 없을 때 이것이 없고, 이것이 사라짐으로써 이것이 사라진다"는 게송 뒤에 12연기의 순관(順觀)과 역관(逆觀)이 설해지고 있다. 이것을 보면 연기공식과 12연기는 떼려야 뗄 수 없는 관계이며 12연기와 연기공식은 부처님이 보리수 아래서 처음 깨달음을 얻었을 때 읊은 것임을 알 수 있다.

일반적으로 '이것'은 가까이에 있는 것을 지칭하고 '저것'은 멀리에 있는 것을 지칭한다. 또한 이것과 이것은 같거나 비슷한 종류를 지시하거나 비교할 때 사용하고 이것과 저것은 다르거나 이질적인 것을 지시하거나 비교하는 경우에 사용된다. 그러나 12연기에서 무명과 행, 식의 명색 등의 순서는 법칙으로 정해져 있어서 각지는 a1-a2-a3-a4…a12의 관계로 순서가 바뀌지 않는다. 무명을 조건으로 행이 있다(avijjāpaccayā saṅkhārā)는 표현은 연기공식과 가까운 표현인 무명이 있을 때 행이 있다(avijjāya sati saṅkhārā honti)는 연기공식과 같은 표현으로도 나타난다. 12연기 각지의 관계 즉, 무명과 행의 연속성, 긴밀성, 즉각성, 인과성 등을 나타내기 위해서 부처님은 '이것'과 '이것'이라는 용어를 사용한 것이다.

연기공식이 변질된 구체적인 사례를 정리하자면 다음과 같다.

첫째, 이것(A)과 저것(B)으로 바뀌어 번역하는 바람에 연기공식이 12연기와 분리되고 연기의 순서가 무너졌다. 12연기에서는 식과 명색의 관계에서만 상호의존성이 성립하고 다른 각지에서는 성립하지 않는다. 즉 '무명이 있으므로 행이 있다'는 성립하지만 '행이 있으므로 무명이 있다'는 성립하지 않고 '생이 있으므로 노사가 있다'는 성립해도 '노사가 있으므로 생이 있다'는 성립하지 않는다.

둘째, 이것(A)과 이것(A1)이 A와 B의 관계로 바뀌고 나서는 어떤 경우에도 상호의존성이 성립하게 되었다. 연기법을 이것(A)과 저것(B)으로 번역해 놓으니 A와 B에 아무것이나 대입하여 마치 연기법이 세상만물의 존재원리, 모든 관계의 원리, 상호의존의 원리를 설명하는 것으로 연기를 이해하게 되었다. 그리하여 "'이것이 있기 때문에 저것이 있고 이것이 없기 때문에 저것이 없다'라는 연기법으로는 생물과 무생물을 가리지 않고 모든 존재의 발생과 소멸을 설명할 수 있다. 이것은 모든 불교교리의 사상적 이론적 근거가 된다"라고 이해하는 학자도 생기게 되었다.(호진스님, 『성지에서 쓴 편지』, 106쪽)

예를 들어 이것(A)과 저것(B)에 상호 대응되는 단어들 즉, 음극과 양극, 선과 악, 도둑과 경찰, 기독교와 불교, 미국과 한국 등 무엇이든 대응되는 것들의 관계를 설명하는 원리로 사용하게 되었다. 몇 해 전 발표된 아쇼카선언이라는 부제를 가진 '종교평화선언'에서는 "이것과 저것, 나와 남은 서로 별개의 존재가 아니라 연관된 존재이다. '저것'을 부정하는 것은 '이것' 또한 부정하는 것이요, 남을 부정하는 것은 곧 나 자신을 부정하는 것이 된다. 종교가 다른 것은 서로의 진리가 달라서가 아니라 진리를 표현하는 언어와 문법이 다를 뿐이다"라고 선언하였다. 다행히 여러 불교학자의 반대에 부딪혀서 발표되지 못하였지만 연기를 곡해한 최근 사례라고 볼 수 있다.

셋째, 이것(A)과 이것(A1)이 A와 B의 관계로 바뀌니 12연기 각지들이 가지는 조건성, 인과성, 긴밀성이라는 관계가 사라졌다. 12연기가 내면을 관찰하여 얻은 수행의 결과라는 사실이 망각되어 버렸다. 내면을 관찰하면서 관찰되는 것 중에 무엇이든지 이름을 붙여보라. 굳이 이름을 붙인다면 '이것'으로 관찰되지 '저것'으로 관찰되지는 않는다. 저것이라는 용어는 우리의 시선을 밖으로 향하게 하고 수행의 결과인 연기법을 우주생성의 이론으로 변질되게 한다. 연기공식에서 '이것'으로 돌아가는 것은 밖으로 향하는 시선을 안으로 거두어들이는 일이며 부처님의 마음을 헤아리는 일이다.

붓다는 왜
일체지자(一切知者)인가

　　　　　우연히 인터넷에서 마성스님의 '붓다는 전지자인가'라는 기고 글을 발견하였다. 붓다를 일체지자(一切知者) 혹은 전지자(全知者)로 이해하게 되면 붓다는 신과 다를 바 없게 되므로 '붓다는 일체지자(一切知者)가 아니다'라는 주장이었다. 이에 대하여 권오민 교수가 '어느 불교도의 '일체지'에 대한 이해를 보며'라는 제목으로 반박을 하였고, 마성스님이 댓글로 재반박을 하였는데 댓글이라 잘 읽어보는 이가 드물었다.

　권오민 교수의 반박에 대하여 마성스님은 "부파불교 시대에 형성된 십력이나 십팔불공법의 이론으로 역사적으로 실존했던 인간 붓다를 묘사한 부분을 비판하는 것은 그 잣대가 잘못되었다"라고 반박하고 "불타관(佛陀觀)이 다른 사람과는 토론이 성립되지 않는다"라며 토론이 끝났다. 필자는 마성스님의 주장에 동조하지 않기에 이 글을 쓴다. 마성스님은 "붓다는 자신이 스스로 일체지자가 아니다"라고 말했다는 증거를 왓차곳따 삼명경(M71)에서 찾고 있다. 그런데 이 경을 읽어봐도 붓다가 스스로 "나는 일체지자가 아니다"라고 말했다는 표현은 발견되지 않는다. 이 경은 붓다가 웨

살리에 머무실 때 아침 일찍 탁발을 나왔다가 탁발하기에는 이른 것 같아서 근처에 사는 유행자 처소를 찾아가는 것으로 시작된다. 그곳에서 왓차곳따라는 유행자가 붓다에게 묻는다.

"왓차곳따여, 사문 고따마는 일체를 아는 자이고, 일체를 보는 자이다. 그는 완전한 앎과 봄을 선언하여 '나는 걸을 때도 서 있을 때도 잠잘 때도 깨어 있을 때도 항상(satataṃ) 끊임없이(samitaṃ) 앎과 봄이 현전한다'라고 말하는 그들은 내가 말한 대로 말하는 자들이 아니다. 그들은 거짓으로 나를 헐뜯는 자이다."

위 문장은 붓다가 스스로 일체지자(一切知者)인 것을 부정하는 것이 아니라 '항상' '끊임없이' 앎과 봄이 현전한다는 일체지의 성격에 대한 부정이다. 밀린다왕문경에서는 왕에게 나가세나 비구가 이렇게 대답한다. '부처님은 일체지자(一切知者)입니다. 그러나 부처님에게 항상 끊임없이 앎과 봄이 현전해 있는 것은 아닙니다. 숙고하신 뒤, 알고 싶어하는 것을 아십니다.'*

붓다는 이어지는 문장에서 "사문 고따마는 세 가지 명지(明智)를 갖춘 자"라고 설명하는데 이것이 일체지의 내용이다. 붓다가 일체지자를 부정하지 않았다는 것은 깐나깟탈라경(M90)에서도 보인다. 빠세나디왕에게 "대왕이시여, '모든 것을 알고 모든 것을 보며 완전한 지와 견을 공언할 사문이나 바라문은 없다. 그런 것은 불가능하다고 사문 고따마가 말했다'라고 이렇게 말하는 그들은 내가 말했던 대로 말하는 자들이 아니고, 사실이 아닌 거짓으로 나

---

* mahārāja, bhagavā sabbaññū, na ca bhagavato satataṃ samitaṃ ñāṇadassanaṃ paccupaṭṭhitaṃ, āvajjitvā yadicchakaṃ jānātī.

를 헐뜯는 것이다"*라고 말하고 있기 때문이다. 이 문장에서는 니
간타들이 사용하는 항상(satataṃ) 끊임없이(samitaṃ)라는 단어들
이 등장하지 않는다. 붓다는 "대왕이여, 나는 '한 번에(sakideva) 모
든 것을 알고 모든 것을 보는 사문이나 바라문은 없다. 그런 경우
는 있을 수 없다'라고 말을 한 것을 기억하다**"라고 말한다. 이것
은 항상, 끊임없이, 동시에, 앎과 봄이 현전하는 그런 일체지는 없
다는 것이다. 그러나 붓다는 이 세상에 일체지자가 존재한다는 것
을 인정하고 있다.

제자들이 붓다를 일체지자라고 불렀다는 증거는 니까야와 아함
에서 공통적으로 보인다. 장로게에서 멜라지나(Thag.131) 비구는
부처님을 일체지자(sabbaññū)라고 부르고 있다.

> 스승께서 말씀하실 때 나는 그 가르침을 들었으니
> 일체지자인 불패의 님께 결코 의혹을 품은 적이 없네.(전재성 역)
> yadāhaṃ dhammamassosiṃ, bhāsamānassa satthuno.
> na kaṅkhamabhijānāmi, sabbaññūaparājite.

---

* "Ye te, mahārāja, evamāhaṃsu: 'samaṇo gotamo evamāha—natthi
so samaṇo vā brāhmaṇo vā yo sabbaññū sabbadassāvī aparisesaṃ
ñāṇadassanaṃ paṭijānissati, netaṃ ṭhānaṃ vijjatī'ti; na me te
vuttavādino, abbhācikkhanti ca pana maṃ te asatā abhūtenā"ti.
** "Evaṃ kho ahaṃ, mahārāja, abhijānāmi vācaṃ bhāsitā: 'natthi so
samaṇo vā brāhmaṇo vā yo sakideva sabbaṃ ñassati, sabbaṃ dakkhiti,
netaṃ ṭhānaṃ vijjatī'"ti.

아디뭇따(Thag722) 비구도 나의 스승은 일체지자(sabbaññū)이
며 일체를 보는 자(sabbadassāvī)라고 표현하고 있다.

> 일체를 아는 자, 일체를 보는 자 승리자가 나의 스승이니
> 크나큰 애민을 지닌 님이자 모든 세상의 치유자로서의 스승이다.
> (전재성 역)
> sabbaññū sabbadassāvī, jino ācariyo mama.
> mahākāruṇiko satthā, sabbalokatikicchako.

증일아함 고당품에서는 "지금 보리수 아래 금강좌에 앉아 일체
지를 얻음으로써 걸림 없는 지혜에 이르렀다(今於此樹下 坐於金剛
床 以獲一切智 逮無所礙慧)"고 나타나고 있다. 중아함 빈비사라왕영
불경에서도 "그렇다 가섭아, 그렇다 가섭아, 내게는 일체지가 있
지마는 너에게는 일체지가 없느니라(如是迦葉 如是迦葉 我有一切智
汝無一切智)"라고 붓다 스스로가 일체지자임을 인정하고 있다. 붓
다는 보리수 아래에서 무상정등각을 얻은 그때 일체지를 얻었으
며 부처님의 제자인 아라한은 일체지가 없음을 알 수 있다. 붓다가
일체지인 숙명통과 천안통 누진통을 사용하려 할 때는 마음을 그
쪽으로 향하게 하고 기울게 한다는 표현들이 등장한다. 밀린다왕
문경의 표현으로 숙소한 뒤(āvajjitvā) 알게 되는 것이다. 사문과경
(D2)에서 수행자가 숙명통을 사용하는 방법을 이렇게 설명한다.

"그는 이와 같이 마음이 삼매에 들고, 청정하고, 깨끗하고, 흠이 없

고, 오염원이 사라지고, 부드럽고, 안정되고, 흔들림이 없는 마음으로써 전생에 대해 기억하는 지혜(宿命通)로 마음을 향하게 하고 (abhinīharati) 기울게 하다(abhininnāmeti). 그는 여러 전생을 기억하다. 한 생…열 생…백 생, 천 생, 백천 생, 수많은 무너지는 겁, 수많은 이루어지는 겁, 수많은 무너지고 이루어지는 겁에 대해 기억하다. '어느 곳에서 이름은 이러했고, 가문은 이러했고, 이런 용모를 가졌고, 이런 음식을 먹었고, 즐거움과 괴로움의 경험은 이러했고, 목숨의 마침은 이러했고, 그곳에서 죽어 저곳에 태어나 거기에서의 이름은 이러했고, 가문은 이러했고, 음식은 이러했고, 즐거움과 괴로움의 경험은 이러했으며, 그와 같이 거기에서 죽어 다시 태어났다'고. 이러한 특징을 지닌, 내력을 지닌, 다종다양한 전생의 거처를 기억하다."

불자들이 일체지와 전지자를 혼동하는 것은 각종 사전에서 삽반뉴(sabbaññū)를 一切知者, 全知者, the Omniscient one 등으로 번역하였기 때문이다. 일체(sabba)는 一切(all), 全部(entire) 등의 뜻이 있기에 사전적인 의미로만 일체를 해석하여 일체지를 '삼라만상 모든 것을 아는 지혜'로 오해한다. 그리하여 니간타들의 주장처럼 일체지를 가진 사람은 모든 것을 항상 끊임없이 동시에 알 수 있다고 주장하거나, 핸드폰 설계도를 그릴 줄 알고, 코로나바이러스가 어떻게 생겨났는지도 알고, 모든 요리 레시피를 다 알아야 한다고 생각하는 이도 있다. 삽베 상카라 둑카(Sabbe saṅkhārā dukkhā)를 일체개고(一切皆苦)라고 번역해 놓으니 일부에서 마치 '모든 것은 괴롭다', '삼라만상은 괴롭다'라고 일체(sabba)를 이해하는 혼란이 벌어지고 있는 것처럼 말이다.

　이제까지 아함과 니까야를 살펴보았듯이 불멸 후 후대에 붓다를 신격화하여 일체지자(一切知者)라고 부르게 된 것이 아님을 확인하였다. 붓다가 부다가야에서 깨달음을 얻은 뒤 길에서 만난 우빠까 유행자에게 나는 삽바비부(sabbābhibhū)요 삽바위두(sabbavidū)라고 설명했는데 이것도 일체승자와 일체지자라고 번역되고 있다. 여기서도 스스로가 일체지자라고 지칭한 것이다. 처음 출가한 행자들이 외우고 예불 끝에 발원하던 '이산혜연선사발원문' 맨 끝에는 "유정들도 무정들도 일체종지(一切種智) 이루어지이다"라는 발원문이 들어 있다. 여기에서 말하는 일체종지(一切種智)가 일체지(sabbaññū)이다. 일체지를 부정한다면 그동안 대한불교조계종에 출가한 출가자들은 헛된 발원을 해왔다는 말이 될 것이다. 이제까지 살펴보았듯이 니까야와 아함경 그리고 축원문 등에서 일체지자라는 말이 사용되고 있음을 확인하였다. 붓다와 붓다의 제자들이 붓다를 일체지자라고 부르는 것은 초기불교든 부파불교든 대승불교든 공통적이다. 부처님이 일체지인 것을 인정하지 않으면 부처님이 설명하시는 육신통과 부처님과 제자들이 행한 다양한 기적도 인정하지 않으려 할 것이다. 요즘 점점 이런 사람들이 늘어 가고 있기에 일체지자에 대한 글을 적어보았다.

불설과 비불설
논쟁을 넘어서

부처님이 가신 지 2600년이 흐른 지금, 거의 모든 종류의 불교가 우리나라에 들어와 있다. 예전에는 여러 가지 경전을 체계적으로 이해해 보려고 다양한 시도를 했는데 그것이 부처님의 가르침(敎相)을 분류하여 해석하는 일(判釋)로서 교상판석(敎相判釋)의 전통이다. 중국의 교상판석은 천태종의 지의가 확립한 오시팔교(五時八敎)가 유명하고 우리나라에서는 신라시대의 원효(元曉)가 세운 사교판(四敎判)이 대표적이다. 사교판은 삼승별교(別敎)와 삼승통교(通敎), 일승분교(分敎)와 일승만교(滿敎)이다. 원효는 사교판을 넘어서 적극적으로 경전마다 상이한 점을 회통시키는 화쟁의 노력을 하였다.

최근에 우리나라 불교에도 초기 경전이 들어옴으로써 다시 한 번 화쟁의 필요성이 제기되고 있다. 우리나라 불자들이 혼란스러운 것은 니까야로 대표되는 초기 경전과 한문으로 전승된 대승경전의 충돌이다. 이것을 충돌이라고 표현한 것은 그만큼 이 두 불교는 표현과 내용에 있어서 이질적이고 배타적인 면이 있기 때문이다. 안거 기간이면 일주일마다 1회 정기적으로 토론하는 백장암선원에서는 그러한 충돌이 항상 일어나고 있다. 아무래도 연세가 있으신 분들은 대승불교 입장에서 토론을 하고, 젊은 승려들은 초기불교 입장에서 토론을 하게 된다. 안거 때마다 토론주제가 바뀌고 토론하는 사람이 교체되면서 반박과 재반박이 교차하는 팽팽한 긴장감은 7년째 이어지고 있다. 그나마 공양, 울력, 포살, 예불을 같이 하고, 다각실에서 자주 차를 마시며 일상 이야기를 많이 나누기에 토론 시간에 격앙된 분위기도 누그러지고 견해 차이도 점점 좁혀지고 있다.

토론 과정에서 견해 차이가 뚜렷하게 나는 것은 불설·비불설 문제이다. 2015년 〈법보신문〉에 연재된 불설·비불설 논쟁에서도 보았듯이 불설·비불설 논쟁은 끝이 나기 어렵다. 니까야가 스리랑카에서 문자화되었다는 기록은 있지만 그때 문자화된 패엽경이 지금 남아 있지 않다. 학자들은 니까야도 부파불교의 전승일 뿐이며 후대에 만들어진 빠알리 패엽경은 대승 산스크리트어 경전보다 늦다고 주장한다. 지금도 불설·비불설 토론이 시작되면 어김없이 이런 반박이 나오고 결론도 없이 많은 시간이 흐르고 만다.

그렇다면 이러한 불설·비불설 논쟁을 끝내는 방법은 없는가? 토론의 방향을 돌려 전승된 내용을 가지고 무엇이 불설에 가까운가 하는 것을 따지면 된다. 현재 빠알리 경전이 번역되고 한문 아함경이 번역되어 비교해보니 두 전통의 내용이 거의 같다는 결과가 나왔다고 한다. 이천 년 동안 떨어져 있던 경전이 같은 내용을 보이는 것은 니까야와 아함경이 본래 하나의 뿌리에서 출발했다는 것을 보여준다. 그런데 두 전통 중에서 서로 상반되는 내용이 있을 때 우리는 어느 전통을 따라야 하는가? 어느 전통이 더 믿을 만한가, 라는 문제도 내용 파악으로 가능하다. 언제 어떤 문자로 전승되었든 이제는 내용을 가지고 판단할 수 있다. 그러기 위해서는 각각 전통을 다 파악하고 비교하여 공통점과 차이점을 밝혀내는 노력이 있어야겠다. 여기서 나는 몇 가지만 비교해보려 한다.

먼저 니까야와 아함경의 차이를 살펴보자.

불멸 후 200년 뒤의 사람인 아쇼카왕(阿育王)의 일대기가 잡아함경에 나타나는데 니까야에는 아쇼카왕의 이야기가 없다. 아함경에서는 부처님은 마야부인의 오른쪽 옆구리로 태어나셨다고 전하지만 니까야에는 마야부인의 자궁에서 태어났다고 전한다. 아함경에는 부처님 당시에 우전왕에 의해서 불상이 만들어졌다고 나오는데 니까야에는 불상 이야기가 없다. 불멸 후 200년 뒤 아쇼카왕이 만든 석주, 수투파 등의 어떤 조형물에서도 부처님의 형상을 발견할 수 없다. 아함경에는 대승(大乘) 또는 소승(小乘) 보살마하살(菩薩摩訶薩)이라는 단어가 증일아함, 장아함, 잡아함에서 발견되는데 니까야에는 대승(大乘) 소승(小乘) 보살마하살(菩薩摩訶薩)이라는 단어가 한 번도 나오지 않는다. 아함경에서는 마하깟싸빠와 아난에게 불법을 부촉하였다고 나오는데 니까야에는 누구에게도 부촉하지 않은 것으로 나온다. 아함경에는 호흡을 관찰할 때 숫자를 하나에서 열까지 세라고 나오는데 니까야에는 그런 설명이 없다. 이것 말고도 많은 차이가 있을 것으로 예상된다.

율장을 비교해 보아도 빠알리 율장이 더 원형이라는 것을 알 수 있다. 빠알리 율장에서는 비구율이 227조, 비구니는 311조인데 한문 사분율에는 비구율이 250조, 비구니는 348조이다. 오분율에서는 비구율이 251조, 십송율에는 비구율이 263조, 근본설일체유부율에서는 비구율이 249조, 티베트역의 근본설일체유부율에서 258조로 되어 있다. 빠알리 율장에는 탑과 불상에 대한 계목이 없지만 사분율에는 탑이나 불상에 계목이 26개나 들어 있다. 이것은 사분율은 시대에 따라 변해왔음을 시사하는 것인 반면 빠알리율은 시대의 변화에도 불구하고 그 원칙을 지켜왔음을 보여주는 실례이다.

많은 학자들이 언어적인 관점에서 법구경이나 숫따니빠따가 가장 오래된 경전이라고 말한다. 그런 법구경이나 숫따니빠따에 12연기가 등장하지 않는다. 이러한 이유로 학자들은 12지 연기의 형식은 후대에 편집된 것이라고 주장한다. 12지 연기가 후대에 편집된 것이라는 이유는 아함뿐만 아니라 니까야가 시간이 흐르면서 점점 완성되어 갔다는 주장에 이른다. 그렇게 주장하는 학자는 법구경과 숫따니빠따가 게송으로 이루어진 것임을 간과하고 있다. 아래 법구경 183번 게송은 8~9음절의 4행으로 되어 있다.

Sabbapāpassa akaraṇaṁ,(9음절) 諸惡莫作

kusalassa upasampadā,(9음절) 諸善奉行

sacittapariyodapanaṁ(9음절) 自淨其意

etaṁ Buddhāna' sāsanaṁ.(8음절) 是諸佛敎

숫따니빠따(Stn. 27)의 게송도 9음절~12음절의 4행으로 되어 있다.

Natthi vasā natthi dhenupā(9음절)

다 자란 송아지도 없고 젖먹이 송아지도 없고

Godharaṇiyo paveṇiyopi natthi(12음절)

새끼 밴 어미 소뿐만 아니라 성년이 된 암소도 없고

Usabhopi gavampatīdha natthi(11음절)

암소의 짝인 황소 또한 없으니

Atha ce patthayasī pavassa deva(12음절)

하늘이여, 비를 뿌리려거든 뿌리소서

이와 같이 게송으로 이루어진 법구경이나 숫따니빠따는 음절을 적절하게 유지해야 한다. 8~9음절 4행 형식 그리고 9~12음절의 4행 형식은 게송 하나에 총 32~44음절이다. 12연기는 "무명을 조건으로 형성이 생겨나고, 형성을 조건으로 의식이 생겨나고, 의식을 조건으로 명색이 생겨나고, 명색을 조건으로 여섯 가지 감역이 생겨나고, 여섯 가지 감역을 조건으로 접촉이 생겨나고, 접촉을 조건으로 느낌이 생겨나고, 느낌을 조건으로 갈애가 생겨나고, 갈애를 조건으로 집착이 생겨나고, 집착을 조건으로 존재가 생겨나고, 존재를 조건으로 태어남이 생겨나고, 태어남을 조건으로 늙음과 죽음, 슬픔, 비탄, 고통, 근심, 절망이 생겨난다"는 순관만 해도 빠알리어는 123음절이고 순관 역관을 다 적으려면 246음절이다. 12연기의 순관 역관을 적는 데만 6~8개의 게송이 필요하다. 또한 왼냐

냐빠짜야 나마루빠(식연명색 10음절) 나마루빠빠짜야 살라아야타나(명색연육입 13음절)처럼 음절의 수가 불규칙하기에 게송을 만드는 것이 불가능하다. 이러한 이유로 법구경이나 숫따니빠따에서 12연기가 나타나지 않는 것이다. 이것을 간과하고 단순하게 12연기가 법구경이나 숫따니빠따에 등장하지 않는다고 12연기가 후대에 편집된 것이라고 주장하는 것은 오해이다. 12연기의 순관 역관은 산문으로 되어 있는 율장의 대품, 소부의 우다나, 맛지마 니까야, 앙굿따라 니까야 그리고 상윳따 니까야 등에서 여러 번 등장하는데도 그들은 이러한 경전들에 나타나는 12연기도 후대에 편집된 것이라고 말한다. 경전을 전체적으로 살펴보지 않고 게송 짓는 법에 대해서 생각해보지 않은 사람들이 이러한 어리석은 주장을 하고 있다.

빠알리어가 어떤 언어인가를 말할 때도 상식적이지 않은 건 마찬가지다. 동국대의 어느 교수는 "인도 전역의 아쇼카왕 비문 석주의 언어들과 빠알리어를 비교해보면 빠알리어는 마가다 지역이 있는 동인도 지역의 방언들보다는 서인도 지역의 방언들과 더 많은 유사성을 보이고 있다. 따라서 빠알리어는 부처님께서 직접 설하신 언어일 가능성 또한 거의 없어 보인다"라고 주장한다. 이것은 대나무로 하늘을 보고 하늘이 작다고 주장하는 것과 같다. 교통이 발달하지 않은 아쇼카왕 시대에 동인도의 빠알리어는 단어와 발음 등이 차이가 있을 수 있다. 아쇼카 석주에 새겨진 동인도 다울리(Dhauli) 지역의 브라흐미(Brahmi) 문자보다 서인도의 기르나르(Girnar) 지역 브라흐미(Brahmi) 문자가 빠알리어와 더 가까운 것은 사실이다. 그러나 이 차이는 매우 극미하며 스리랑카로 전법 여행을 떠난 마힌다 장로의 고향이 서인도 웃제니(Ujjenī) 출신이라는 점을 감안하면 자연스럽게 이해되는 부분이다. 서인도와 동인도의 브라흐미 글자로 된 언어의 차이는 우리나라 전라도 말과 경상도 말처럼 약간 차이가 있지만 누구나 알아들을 수 있는 정도다. 아쇼카 석주의 브라흐미 문자는 니까야의 빠알리 문자와 문법, 발음 체계가 같다. 칙령의 내용을 보면 아쇼카는 마우리야 왕조의 백성에게 칙령의 내용을 하루에 한 번씩 읽도록 명령하고 있는데, 이것만 보더라도 브라흐미 문자는 불멸 후 200년이 지난 뒤에도 대다수 인도인이 이해할 수 있는 문자라는 것을 알 수 있다. 그리고 니까야의 빠알리어는 불멸 후 제1차, 제2차, 제3차 결집을 거쳐 제4차 결집을 통해서 스리랑카에서 문자화되었다. 이렇게 네 차례에 걸쳐 500~1000명이 모여서 결집을 했다는 것은 내용적으로는 부처님의 가르침을 공인한 것이고 언어적으로는 빠알리어가 부처님이 사용한 언어라는 것을 공인한 것이다. 이렇게 불멸 후 400년 동안 네 차례나 승가에서 공인한 가르침과 그 언어를 부처님이 사용하신 언어가 아니라고 말하는 것은 어리석은 소견이다.

대승경전은 어떠한가? 조계종의 소의 경전인 금강경을 초기 경전과 비교해서 살펴보자.

첫째, 금강경은 대승 초기 경전으로 산스크리트어로 만들어진 경전이다. 제1차, 제2차, 제3차 등의 결집을 통해 승가에서 공인된 기록이 없다. 산스크리트 경전이 나타난 시기는 기원 전후로 부처님의 재세 시와 시간적으로 400~500년의 차이를 보인다.

둘째, 금강경에서 대승(大乘), 최상승(最上乘), 소법(소승법)이라는 표현이 나타난다. 이런 단어들은 불멸 후 400년간은 나타나지 않던 용어들로서 경전 간의 우열을 가르는 것으로 오해하게 만든다.

셋째, 니까야에 한 번도 나타나지 않는 책을 베껴 쓰고 읽고 외우라(書寫受持讀誦)는 표현이 등장하는데 수지독송(受持讀誦)은 아홉 번이나 등장한다.

넷째, 사상적인 면에서 초기 경전에서는 오온의 무아(人無我)를 설명하는데 금강경은 제법의 무아(法無我)를 강조한다.

다섯째, 부처님 당시에는 나타나지 않았던 사상(四想)이나 구상(九想)의 표현이 나타난다. 구마라즙은 아상(我相), 인상(人相), 중생상(衆生相), 수자상(壽者相)으로 번역했고, 현장은 아상(我想), 유정상(有情想), 명자상(命者想), 사부상(士夫想), 보특가라상(補特伽羅想), 의생상(意生想), 마나파상(摩納婆想), 작자상(作者想), 수자상(壽者想)으로 번역했다.

여섯째, 금강경은 모든 수행단계를 사상(四想)이 없는 상태로 표현한다. 부처님이 오백생 인욕선인으로 살며 사지를 잘릴 때도 사상(四想)이 없었고, 수다원, 사다함, 아나함, 아라한과를 얻은 자는 사상(四想)이 없어야 하고, 오백 년 뒤에 금강경을 이해하고 받아들이는 자들도 모두 사상(四想)이 없을 것이고, 부처가 되는 것도 사상(四想)이 없기에 가능하다고 설한다. 초기 경에는 수행의 점차적인 단계에 따라 열 가지 족쇄가 점차적으로 소멸되어 '사향사과'를 얻게 되는데, 금강경에서는 모든 수행의 기준을 사상(四想)이 없는 상태로 규정함으로써 사실상 수행의 단계를 무효화하고 있다.

일곱째, 칠보(七寶)로 탑을 쌓는 것보다 사구게(四句偈)를 법보시(法布施) 하는 것이 수승하다면서 외형적인 불사의 공덕을 비판하고 있다. 이것은 아쇼카왕 이후에 나타난 외형적인 불사를 비판하는 것으로, 금강경이 만들어지던 시대 상황을 보여주고 있다.

여덟째, 금강경을 수지독송하면 천대받고 멸시받을 것이라고 염려하는 표현이 나온다. 금강경을 수지독송한 까닭에 비난받고 멸시받는다면 그것은 업장이 소멸되는 것으로 알고 금강경을 더욱 유포하라고 강조하는 이러한 표현은 불멸 후 오백 년 뒤에 나타난 금강경이 그 당시 사람들에게 거부당하고 배척당할 것을 알고 있는 사람들의 표현이다.

아홉째, 보시가 아니라 보시바라밀을, 반야가 아니라 반야바라밀을 강조함으로써 보살의 바라밀 수행을 천명하고 있다. 보시하고 계를 지키면 천상에 태어난다는 부처님의 예비법문을 바라밀 수행으로 변화시켜서 일상생활이 수행이고 수행이 일상생활임을 설파하고 있다. 출가자들만의 전유물처럼 되어버린 수행을 재가자들의 일상생활로 확대하는 효과를 보이고 있다. 이름하여(是名)라는 단어가 26번이나 등장한다.

열째, 후오백세(後五百歲)라는 표현은 금강경이 나타난 시기가 불멸 후 500년이라는 것을 상징한다. 고따미경(A8:51)에서 부처님은 "아난다여, 만일 여자가 집을 나와 여래가 선포하신 법과 율 안으로 출가하지 않으면 청정범행은 오래 머물 것이고 정법은 천 년을 머물게 될 것이다. 그러나 여자도 집을 나와 여래가 선포하신

법과 율 안으로 출가하게 되었으므로 이제 청정범행은 오래 머물지 못할 것이고 정법은 오백 년밖에 머물지 못할 것이다"라는 말씀에서 알 수 있는 것처럼 부처님은 비구니의 출가를 허락한 직후 불멸 후 500년이 흐른 뒤에는 정법이 사라질 것임을 말씀하셨다. 이러한 부처님이 말씀은 불멸 후 500년경에 사는 사람들에게 절망적으로 다가왔을 것이며 역으로 새로운 경전인 금강경이 편집되는 계기가 되었을 것이다.

열한 번째, 이 경전이 있는 곳은 모든 인간과 천신들에게 공양받을 것이고 그곳이 바로 부처님의 사리탑이 있는 곳과 같다고 말한다. 불멸 후 사리탑이 많이 만들어진 상황을 묘사하고 있는 것이다.

열두 번째, 수보리가 금강경과 같은 깊고 깊은 경전은 이제까지 들어본 적이 없다면서 눈물을 흘리는 장면이 들어가 있다. 이미 아라한인 장로 수보리가 금강경을 듣고서야 이렇게 깊고 깊은 경전은 일찍이 얻어 듣지 못한 경전이라고 고백하게 함으로써 이 경이 깊고 특별하다는 것을 드러내고 있다. 이러한 표현으로 해서 자연스럽게 금강경의 가르침이 기존의 니까야와 아함보다 심오한 경전이라고 인식하게 되었다.

이러한 여러 가지 표현 방법과 내용을 고찰해 보면 자연스럽게 금강경이 불멸 후 500년에 나타난 경전이라는 것을 알게 된다. 불멸 후 500년경에는 법에 집착하는 사람들이 생겨나서 인무아(人無我)를 넘어서 법무아(法無我)를 강조해야 할 필요성이 있었고 사상(四想)과 구상(九想)을 주장하는 무리들이 나타났음을 알 수 있다.

특히 대승(大乘), 최상승(最上乘)이라는 용어들과 수보리가 눈물을 흘리며 금강경을 찬탄하는 장면은 경전 간의 우열을 가르는 것으로 오해하게 만든다. 대승불교권의 스님들과 불자들은 최고, 최상승이라는 표현에 함몰되고 이중, 삼중 부정의 논리에 도취되어 대승우월주의에 빠져 있는 경우가 있는데 모두 이런 표현들 때문이다. 최상승 경전을 공부하는 사람들은 선택받은 사람이고 화두를 드는 사람만이 최상의 공부를 하는 것처럼 말하기도 한다. '탐진치(貪瞋癡) 없음'이라는 표현이나 '탐진치가 본래 없다. 다만 이름하여 탐진치라 부를 뿐이다'라는 것은 표현만 다르지 내용과 경지는 다르지 않음에도 다른 것처럼 오해한다.

금강경에서 사상(四想)이 없는 경지는 초기 경전의 열 가지 족쇄 중에서 마지막 족쇄인 무명이 없는 것이다. 초기 경전에서는 열 가지 족쇄의 점차적인 소멸을 근거로 수행 계위를 설명하지만 금강경은 '일체 유위법을 꿈, 허깨비, 물거품, 그림자, 이슬, 번개 같다고 관찰하라'는 게송으로 간단하게 표현할 뿐이다. 육조 혜능스님처럼 '머문 바 없이 마음을 내라'는 한 구절에 깨달음을 얻는다면 다행이겠으나 그렇지 못할 경우에는 '머문 바 없이 마음을 내는' 방법이 구체적으로 제시되어야 할 것이다. 사향사과라는 수행 계위를 설명하고, 37조도품으로 자세하게 수행방법을 설명하는 것은 정등각자인 부처님 이외에는 인류사에 있어서 그 누구도 하지 못한 위대한 가르침이다. 뭉뚱그려서 설명하는 것보다 단계적으로 자세하게 설명하는 것이 친절이자 실력인데 금강경은 부처님의 이러한 능력과 실력을 사상(四想) 없음으로 단순화시키고 있다. 금강경은 부처님이 니까야에서 천명한 깨달음의 경지보다 더 깊고 높은 경지를 말하거나 니까야와 다른 내용을 설하는 경이 아님에도 대승경전에서 나타나는 최고, 최상승이라는 표현들에 취하여 대승경전은 다른 경보다 수승한 가르침이라고 오해한다.

조계종에서 수많은 부처님의 말씀 중에서 금강경만을 소의 경전으로 삼는 것은 억지스럽다. 금강경을 소의 경전으로 삼는 것은 부처님의 가르침을 협소하게 하고 불친절하게 만든다. 소의 경전이라는 아이디어 자체가 종파불교의 산물이다. 반야심경도 마찬가지다. 오온의 자성이 공하다는 것을 통찰한 자를 아라한이라 부르는데 사리뿟따는 아라한 중에서도 가장 지혜가 뛰어나서 '지혜제일 사리불'이라고 불리는 분이다. 그런데 반야심경에서 관세음보살은 사리뿟따에게 조견자성개공을 설법하고 있다. 이러한 설정자체가 보살이 성문제자보다 수승하다는 것을 보여주는 장치이다. 반야심경은 무아상경이나 초전법륜경과 다를 바 없는 내용임에도 관세음보살은 사리뿟따를 가르치게 만든 것이다. 금강경과 반야심경이 이러한 특징을 가지고 있는 것은 불멸 500년 후에 사회현상을 반영한 것일 뿐이다. 금강경과 반야심경보다는 초전법륜경과 무아경 같은 역사적이고 자세한 경전이 현대인들에게 더 친절하게 다가갈 것이다.

대반열반경(D16)에서 부처님은 "한 분의 장로 비구에게 들은 것도 경과 율에 비추어 보아서, 만일 경과 율에 맞지 않는다면 '이것은 세존의 말씀이 아닙니다'라는 결론에 도달해야 한다"고 말했다. 이때의 경은 금강경 같은 '대승경전'은 아닐 것이고 율장도 불탑신앙이 나오는 사분율장은 아닐 것이다. 승가에 의해서 공인된 경전과 승가에 의해서 공인된 적이 없는 경전의 차이를 가지고도 부처님의 가르침에 가까운 것인가를 판단할 수 있다. 어느 동굴 속에서 산스크리트 필사본이 발견되었고 그것이 빠알리어 필사본보다 더 오래된 것이라는 이유가 산스크리트 경전이 빠알리어 경전보다 더 친설에 가깝다는 증거는 되지 않는다. 어느 경전이 친설에 가까운가 하는 것은 언어의 기록과 경전의 내용으로 판단해야 한다. 나의 짧은 지식으로는 한문 율장보다는 빠알리 율장이, 아함보다는 니까야가 더 권위가 있고, 더 믿음이 간다고 말할 수 있다.

도법스님의 불교관

　　나는 22년 전 제방선원을 떠나 실상사와 인연이 되었다. 실상사 화엄학림에서 공부하면서 도법스님께 많은 걸 배웠고 선방에서 사는 것 이외에도 다른 방식의 출가 생활이 가능하다는 걸 알았다. 시간이 흐름에 따라 도법스님의 불교관에 대하여 내가 비판적인 의견을 갖게 되었는데 그것은 초기불교와 대승불교의 차이에서 발생한다. 2011년에 '종교평화선언'을 비판하였고 그 뒤 '붓다로 살자'에 대해 비판했다. 이제 '21세기 약사경'과 『도법스님의 신심명 강의』를 비판하게 되었다. 이러한 비판이 가능한 것은 책들이 다양해도 모두 같은 불교관에서 출판된 책들이기 때문이다. 이것이 나의 마지막 비판이 될 것이다. 도법스님이 비판받는 것이 힘들다고 하셨듯이 나도 변화할 가능성이 없는 사람을 지속적으로 비판하는 것이 힘들다.

　　종교평화선언에서 도법스님은 '종교가 다른 것은 서로의 진리가 달라서가 아니라 진리를 표현하는 언어와 문법이 다를 뿐이다'라고 표현하였다. 나는 '종교평화선언'을 비판하며 도법스님이 위와 같이 말하게 된 이유를 세 가지로 설명하였다.

첫째, 종교 간의 교류를 자주하는 도법스님은 나의 종교가 인정받기 위해서는 남의 종교를 인정해야 한다는 생각을 많이 했을 것이다.

둘째, 연기공식 "A가 있으므로 B가 있고 A가 없으므로 B가 없다"라는 것에 "기독교가 있으므로 불교가 있고 불교가 있으므로 기독교가 있다"는 식의 대입으로 연기법이 오해되었다.

셋째, 모든 종교인은 평화와 행복이라는 같은 목적을 추구하고 있다는 견해 때문이다.

먼저 부처님은 불교와 다른 교설이 같지 않다는 것을 많은 곳에서 말하고 있다. 대표적으로 사문경(A4:239)에서 부처님은 이렇게 말한다.

> "비구들이여, 오직 여기에만 사문이 있다. 여기에만 두 번째 사문이 있다. 여기에만 세 번째 사문이 있다. 여기에만 네 번째 사문이 있다. 다른 교설들에는 사문들이 텅 비어 있다. 비구들이여, 그대들은 이와 같이 바르게 사자후를 토하라."

부처님은 이 외에도 '사자후의 짧은 경'(M11)에서 다른 교설과 불교가 왜 다른지 설명하고 있다.

> "비구들이여, 두 가지 견해가 있나니, 존재에 대한 견해(상견)와 비존재에 대한 견해(단견)이다. (…) 이 두 가지 견해의 일어남과 사라짐과 달콤함과 재난과 벗어남을 있는 그대로 꿰뚫어 알지 못하는 자들은 탐

욕을 가진 자요, 성냄을 가진 자요, 어리석음을 가진 자요, 갈애를 가진 자요, 취착을 가진 자들이다. 그들은 태어남과 늙음과 죽음과 근심, 탄식, 육체적 고통, 정신적 고통, 절망으로부터 완전히 해탈하지 못하고, 괴로움으로부터 완전히 해탈하지 못한다고 나는 말한다."

이처럼 부처님은 불교와 다른 종교의 교설은 분명히 다르다고 밝힌다. 종교 간의 교류를 위하여 혹은 나의 종교가 인정받기 위해서 남의 종교를 인정해야 할 필요가 있을 것이지만 그러한 이유로 서로의 진리가 같다고 뭉뚱그려서는 안 될 것이다. '종교가 다른 것은 서로의 진리가 달라서가 아니라 단지 언어와 문법이 다른 것이다'라는 표현은 부처님 제자로서 바람직하지 않다.

아시다시피 연기공식은 "이것이 있을 때 저것이 있다. 이것이 일어날 때 저것이 일어난다"이다. 한문으로는 차유고피유(此有故彼有) 차기고피기(此起故彼起)처럼 이것(此)과 저것(彼)으로 아함에서만 14곳(잡아함 262, 잡아함 296, 잡아함 297, 잡아함 298, 잡아함 299)에서 이렇게 번역하고 있다. 이것(此)과 저것(彼)으로 번역한 이 연기공식은 불자들에게 널리 알려져 있으며 다양하게 응용되어 왔고 도법스님이 애용하는 것이다.

그런데 아함에서 시사유고시사유(是事有故是事有) 시사기고시사기(是事起故是事起)처럼 이것(是)과 이것(是)으로 번역한 경전들(잡아함 590, 잡아함 846, 잡아함 854, 잡아함 961)도 발견된다.

빠알리경을 보면 이것은 원전이 달라서가 아니라 번역자들의 의도가 들어간 것임을 알 수 있다. 이것(A)과 이것(A)의 관계가 이것(A)과 저것(B)의 관계로 되면서 연기의 순서가 무너졌고 의미가 왜곡되었다. 12연기에서는 식과 명색의 관계에서만 상호의존성이 성립하고 다른 각지에서는 성립하지 않는다. 즉 '무명이 있으므로 행이 있다'는 성립하지만 '행이 있으므로 무명이 있다'는 성립하지 않고 '생이 있으므로 노사가 있다'는 성립해도 '노사가 있으므로 생이 있다'는 성립하지 않는다. 그런데 이것(A)과 저것(B)의 관계로 바뀌고 나서는 모든 경우에도 상호의존성이 성립하게 되었다. 그리하여 이것(A)과 저것(B)에 '생물'과 '무생물', '개인'과 '집단', '사상'과 '사상'을 대입하여 연기는 삼라만상의 의존성과 조건성을 설명하는 우주적 법칙이 되었다.

그 결과 '종교평화선언'에서 "연기적 세계란 모든 존재가 서로 연관되어 있음을 의미한다. '이것'과 '저것', '나'와 '남'은 서로 별개의 존재가 아니라 연관된 존재이다. '저것'을 부정하는 것은 '이것' 또한 부정하는 것이요, 남을 부정하는 것은 곧 나 자신을 부정하는 것이 된다"라고 말한다. 이것은 연기공식을 이것(A)과 저것(B)의 의존관계로 보고 양쪽에 모든 것을 대입한 결과이다. 도법스님이 '기독교가 있으므로 불교가 있다' 혹은 '상대편도 빛나고 우리 편도 빛나라'라고 말하는 것도 이러한 왜곡된 연기의 연장선이다.

'붓다로 살자'는 운동도 마찬가지이다. 붓다로 살자는 그 자체의 문장에서 모순성, 허구성이 발견된다. 정말 자신이 붓다라면 '붓다로 살자'는 권유, 캠페인을 할 필요가 없다. "붓다로 살자"라고 말할 때 이미 붓다가 아니라는 것이 드러난다. "붓다로 살자"고 다짐해 놓고 때때로 자신이 정말 붓다인가 의심하고, 자신의 행위가 붓다의 생각과 말에서 벗어났음을 번민하는 것도 이미 자신이 붓다가 아닌 것을 드러낸다. 거듭거듭 "붓다로 살자"라고 다짐해야 하고 심지어 '죽을힘을 다해서' "붓다로 살자"라고 말해야 한다면 이미 붓다가 아니라는 말이 된다. 처음부터 "부처님 가르침대로 살자" 또는 초기의 대승운동가들처럼 "보살로 살자" 말하는 것이 바람직하다. 대승불교의 '일체중생개유불성(一切衆生皆有佛性)'은 누구나 붓다가 될 수 있다는 가능성을 제시해주는 좋은 취지에도 불구하고, 도법스님에 의해 '붓다로 살자'라는 운동으로 변질됨으로써 불자들을 혼란스럽게 만들고 있다.

"도둑질하면 당장 도둑놈이라 불리듯이 누구라도 '부처의 행동'을 하면 당장 붓다로 살게 된다"는 비유는 적절하지 않다. 스스로 붓다의 지혜, 붓다의 체험, 붓다의 깨어 있음, 붓다의 신통, 붓다의 설법도 할 수 없는 사람이 "당장 붓다로 살자"라고 말한다고 당장 붓다로 살아지겠는가? 붓다의 행동이 무엇이고 붓다의 말은 어떤 것인지 의미 규정도 없고 설명도 없이 붓다의 행동을 하라고 하면 누가 하겠는가? 스님이 비유하며 말하는 붓다의 행위, 붓다의 말은 착한 범부의 행동과 범부의 말과 어떻게 다를까? 스님은 일반 범부가 착한 행위를, 착한 말을 하는 것을 바로 붓다의 행위, 붓다의 말이라고 설명하고 있다. 그렇다면 '붓다로 살자'는 '착하게 살자'는 말일 뿐이다.

'21세기 약사경'도 2011년에 도법스님이 주도한 '21세기 아쇼카 선언'과 '붓다로 살자'의 연장선에 있다. 21세기 약사경에서 스님은 '업보중생 문명에서 본래붓다 문명으로 하루속히 전환되게 하옵소서'라고 말하고 있다. 부처님의 고성제, 고집성제, 고멸성제, 고멸도성제라는 가르침은 업보중생의 현실과 그 현실에서 어떻게 깨달음에 이를 수 있는지를 설명하고 있다. 이 '사성제의 가르침'이 죄의식에 시달리는 미혹문명인가?

'21세기 약사경'에서 "주의 주장 사로잡힌 자기견해 집착 않고 참된 변화 가져오는 중도실천 원하다"라고 말한다. 누구의 주장은 주의 주장이고 누구의 주장이 중도실천일까? 설마 나의 이야기는 중도실천이고 상대방의 이야기는 주의 주장이 되는 건가? 스님은 종교평화선언에서 '우리가 서로 다른 것은 옳고 그름의 문제가 아니라 각자 인연의 차이일 뿐이다. 각자의 다른 인연이 만들어내는 다양성은 있는 그대로 세계의 실상이며 아름다움이다'라고 표현한다. 그런 입장이 '21세기 약사경'에서 이어져 '상대편도 빛나고 우리 편도 빛나라'라는 '빛나라' 시리즈로 이어지고 있다. 사실이 그렇기 때문이 아니라 도법스님이 연기법을 자의적으로 해석하고, '모든 종교의 목적은 같다'는 막연한 추측을 하고 있기 때문이다.

"가난으로 고생하는 뭇 생명을 돌보시는 약사여래, 외로움에 눈물짓는 뭇 생명을 돌보시는 약사여래, 억울함에 가슴 치는 뭇 생명을 돌보시는 약사여래"가 계신데, 왜 이웃의 청년들이 취업하지 못해서 가난으로 고생하고, 외로움에 눈물지며 우리나라가 청소년 자살률 1위라는 불명예를 갖고 있는 것일까? 약사여래가 갖가지 활동을 보지도 못하고 경험도 못 했다면 약사여래가 가난한 자를 돌본 것처럼, 멸시당해 눈물짓는 사람들을 돌본 것처럼 말하는 것은 허망한 말잔치 아닐까?

'협력도 빛나고 경쟁도 빛나라'고 하다가 뒤에서는 '성장이윤 집착하고 인위조작 하는 미혹문명 내려놓으라'라고 한다. 기업은 다른 기업들과 경쟁을 하고 성장하고 이윤추구를 해야 한다. 경쟁은 빛나라 격려해놓고 성장이윤은 내려놓으라는 건 모순이다. '상대편도 빛나고 우리 편도 빛나라'는 이야기도 상대편이 누구냐에 따라 엄청나게 다른 내용이 된다. 상대방이 삿된 견해를 가진 자들이고 비윤리적인 사람들이라면 빛나라고 말하는 건 타당하지 않다. "번뇌도 빛나고 깨달음도 빛나라", "선법(善法)도 빛나고 불선법(不善法)도 빛나라." 이렇게 빛나는 대상이 무한정 퍼져나갈 것이다. 이렇게 모두 모두가 빛나서 선악(善惡)과 시비(是非)의 기준이 사라진다면 세상은 얼마나 혼란스러운 무법천지가 될까? 그때가 되면 스님은 또 "붓다도 빛나고 마라도 빛나라", "갈등도 빛나고 화합도 빛나라", "바른 견해도 빛나고 삿된 견해도 빛나라"라고 말할 것 같다.

'붓다로 살자'를 그만두고 '주인으로 살자' 운동을 하자고 제안한다. 불교가 한반도에 전래된 이후로 이러한 승가의 중요성을 강조하지 않았다. "집도 절도 없다"나 "절이 싫으면 가벼운 중이 떠나야지 무거운 절이 떠나나?"라는 속담들은 출가자들이 승가 안에서 주인으로 살 수 없었던 세월을 보여주고 있다. 지금도 각자도생하게 만드는 조계종단의 현실이 이와 다르지 않다. 나는 출가한 이들에게 가장 먼저 교육시켜야 할 것은 승가에 대한 정확한 이해를 시키는 것이라고 본다. '승가의 의미'를 알아야 주인으로 살 수 있다. 승가는 '대중공사와 포살을 여법하게 하는 4인 이상의 비구·비구니 모임'이다. 현전 승가의 대중공사는 대중들이 모두 참석하여 모두에게 의견을 물어 결정하고 보시물을 분배받기에 평등권과 주인의식을 갖는다. 역사적으로도 승가는 갈마를 통해 무엇이 율(律)이고 비율(非律)인지 판단하는 주체였다.(2차 결집) 승가는 무엇이 법(法)이고 비법(非法)인지 판단하는 주체였다.(3차 결집) 승가는 지속적으로 출가자를 받아들여 수계를 주고 교육시켜 불법(佛法)이 유지되게 하는 유일한 단체이다. 승가는 2600년 전 승가의 수행도량(공유재산)을 지켜왔다.(사방승가) 승가만이 새로운 율(律)을 제정할 수 있고 기존의 율(律)을 삭제할 수 있다.

승가의 막대한 의무와 권한 때문에 웰라마경(A9:20)에서 "백 명의 불환자를 공양하는 것보다, 백 명의 아라한, 심지어 부처님께 공양하는 것보다 '승가'에 공양하는 공덕이 크다"고 부처님은 말한다. 부처님은 승가를 분열시키는 자를 부모를 죽이는 것과 같은 '오역죄(五逆罪)'에 포함시켰다. 비유하자면 '백 명의 아라한'은 백 개의 자동차 부품이 모여 있는 것이고, 백 명의 아라한이 속해 있는 '승가'는 그 백 개의 부품이 조립되어 움직이고 있는 자동차와 같다.

그 승가가 중요하고 소중한 것처럼 그 승가를 이루는 비구, 비구니 한 사람 한 사람은 중요하고 소중하다. 그들 하나하나가 주인이라는 것을 가르쳐야 하고 서로가 서로에게 주인 대접을 해주어야 한다. 주인으로 사는 사람과 객(客)으로 사는 사람은 큰 차이가 난다. 아무리 절에 오래 살아도 객으로 사는 사람은 승단에 대한 애정이 없고, 개인의 이익과 안정만을 바라므로 조건이 맞지 않거나 머물기 싫으면 언제든 바로 떠난다. 이러한 객들만이 사는 공동체는 삭막하고 이기적이며 빈부 차이가 나고, 주종(主從)관계로 살게 된다. 승가의 의미를 제대로 알아 주인의식을 갖고 사는 것이 '주인으로 살자'는 운동이다. 수처작주(隨處作主), 불교의 핵심도 그것이고 '승가'의 내용도 그것이다.

깔라마경에 대한
오해

　서양학자들이 '자유탐사헌장'이라고 이름 붙인 깔라마경이 있다. 그 경에서 부처님은 "깔라마들이여, 그대들은 소문으로 들었다고 해서, 대대로 전승되어 온다고 해서, '그렇다 하더라'고 해서, 우리의 성전에 써 있다고 해서, 추측이 그렇다고 해서, 논리적이라고 해서, 추론에 의해서, 이유가 적절하다고 해서, 우리가 사색하여 얻은 견해와 일치한다고 해서, 유력한 사람이 한 말이라고 해서, 혹은 '이 사문은 우리의 스승이시다'라는 생각 때문에 진실이라고 받아들이지 말라"고 선언한다.

　진리란 과거로부터 전승된 윤리나 도덕, 관습이나 습관, 경전이나 계율에 의해서 검증할 수가 없다고 말하는 셈이다. 사람들은 깔라마경의 가르침을 인용하며 '그리스도이든, 마호메트이든, 부처님 자신이든, 우리들의 스승이든 누구도 함부로 의지해선 안 된다'고 말하기도 한다. 그래서 불교에 초발심을 일으킨 사람들이나 경전을 곧이곧대로 믿는 사람을 만나면 깔라마경을 거론하며 훈계를 하기도 한다. 심지어 불교학자라는 사람 중에는 이것은 후대에 신격화된 표현이야, 하면서 니까야의 어느 부분을 인정하지 않기도 한다. 그런데 아래의 부처님 말씀은 어떤가?

> "내가 가고 난 후에는 그대들에게 가르치고 천명한 법과 율이 그대들의 스승이 될 것이다."—대반열반경(D16)

> "여기 비구가 말하기를 '이것이 법이고 율이고 스승의 교법이다'라고 한다면 경과 대조해 보고 율에 비추어 보아서, 경과 율에 맞지 않는다면 '이것은 세존의 말씀이 아니다'라고 결론에 도달하고 경과 율에 맞는다면 '이것은 세존의 말씀이다'라고 결론에 도달해야 한다."—대반열반경(D16)

부처님이 젊었을 때 깔라마인들에게 하신 말씀이 부처님이 마지막에 유언한 가르침과 모순되는 걸까? 부처님이 다른 것은 의지하지 말고 내가 설한 경과 율에만 의지하라는 것은 독단적인 태도일까? 깔라마경을 요약해서 읽고 이야기를 이어가겠다.

> 이와 같이 나는 들었다. 한때 세존께서 꼬살라에서 유행을 하시다가 많은 비구승가와 함께 께사뿟따라는 깔라마들의 성읍에 도착하셨다. 그때 께사뿟따의 깔라마들은 세존께 다가갔다.
> "세존이시여, 어떤 사문·바라문들이 께사뿟따에 옵니다. 그들은 각자 자기의 주장을 설명하고 칭찬합니다. 다른 사람의 주장은 매도하고 욕하고 업신여기고 경멸합니다. 세존이시여, 다른 사문·바라문들 또한 께사뿟따에 옵니다. 그들도 각자 자기의 주장을 설명하고 칭찬

합니다. 다른 사람의 주장은 매도하고 욕하고 업신여기고 경멸합니다. 세존이시여, 이런 존경하는 사문들 가운데 누가 진실을 얘기하고 누가 거짓을 말하는지 그들에 대해서 저희들은 미덥지 못하고 의심스럽습니다."

"깔라마들이여, 그대들은 당연히 미덥지 못하고 의심스러울 것이다. 미덥지 못한 곳에 의심이 일어난다. 깔라마들이여, 소문으로 들었다고 해서, 대대로 전승되어 온다고 해서, '그렇다 하더라'고 해서, [우리의] 성전에 써 있다고 해서, 논리적이라고 해서, 추론에 의해서, 이유가 적절하다고 해서, 우리가 사색하여 얻은 견해와 일치한다고 해서, 유력한 사람이 한 말이라고 해서, 혹은 '이 사문은 우리의 스승이시다'라는 생각 때문에 [진실이라고 받아들이지 말라.] 깔라마들이여, 그대들은 참으로 스스로가 '이러한 법들은 해로운 것이고, 이러한 법들은 비난받아 마땅하고, 이런 법들은 지자들의 비난을 받을 것이고, 이러한 법들을 전적으로 받들어 행하면 손해와 괴로움이 있게 된다'라고 알게 되면 그때 그것들을 버리도록 하라."

"깔라마들이여, 이를 어떻게 생각하는가? 사람의 내면에서 탐욕과 성냄과 어리석음이 일어나면 그것은 그에게 이익이 되겠는가, 손해가 되겠는가?"

"손해가 됩니다, 세존이시여."

"깔라마들이여, 심한 탐욕을 가진 사람은 탐욕에 사로잡히고 그것에 얼이 빠져 생명을 죽이고, 주지 않은 것을 갖고, 남의 아내에게 접근하고, 거짓말을 하게 된다. 또한 다른 사람에게도 그렇게 하도록 유도한다. 그러면 이것은 오랜 세월을 그에게 손해와 괴로움이 되지 않겠는가?"

"그렇습니다, 세존이시여."

"깔라마들이여, 이를 어떻게 생각하는가? 이러한 법들(탐진치)은 유익한 것인가 해로운 것인가?"

"해로운 것입니다. 세존이시여."

"비난받아 마땅한 것인가, 그렇지 않은 것인가?"

"비난받아 마땅한 것입니다. 세존이시여."

"깔라마들이여, 그대들은 소문으로 들었다고 해서, 대대로 전승되어 온다고 해서, '그렇다 하더라'고 해서, [우리의] 성전에 써 있다고 해서, 추측이 그렇다고 해서, 논리적이라고 해서, 추론에 의해서, 이유가 적절하다고 해서, 우리가 사색하여 얻은 견해와 일치한다고 해서, 유력한 사람이 한 말이라고 해서, 혹은 '이 사문은 우리의 스승이시다'라는 생각 때문에 [진실이라고 받아들이지 말라.] 깔라마들이여, 그대들은 참으로 스스로가 '이러한 법들은 유익한 것이고, 이러한 법들은 비난받지 않을 것이며, 이런 법들은 지자들의 비난을 받지 않을 것이고, 이러한 법들을 전적으로 받들어 행하면 이익과 행복이 있게 된다'라고 알게 되면, 그것들을 구족하여 머물러라."

"깔라마들이여, 심한 탐욕을 가지지 않은 사람은 탐욕에 사로잡히지 않고 그것에 얼이 빠지지 않아서 생명을 죽이지 않고, 주지 않은 것을 갖지 않고, 남의 아내에게 접근하지 않고, 거짓말을 하지 않게 된다. 또한 다른 사람에게도 그렇게 하도록 격려한다. 그러면 이것은 오랜 세월을 그에게 이익과 행복이 되지 않겠는가?"

"그렇습니다. 세존이시여."

"깔라마들이여, 이를 어떻게 생각하는가? 이러한 탐욕이 없고 성냄이 없고 어리석음이 없는 법들은 유익한 것인가, 해로운 것인가?"

"유익한 것입니다, 세존이시여."

"비난받아 마땅한 것인가, 그렇지 않을 일인가?"

"비난받지 않을 일입니다, 세존이시여."

"전적으로 받들어 행하면 이익이 있고 행복하게 되는가, 아닌가?"

"세존이시여, 전적으로 받들어 행하면 이익이 있고 행복하게 됩니다."

"깔라마들이여, 성스러운 제자는 이와 같이 탐욕이 없고 악의가 없고 현혹됨이 없이 분명히 알아차리고 마음을 챙긴다. 그는 자애가 함께한 마음으로… 연민이 함께한 마음으로… 더불어 기뻐함이 함께한 마음으로… 평온이 함께한 마음으로 한 방향을 가득 채우면서 머문다. 그처럼 두 번째 방향을, 그처럼 세 번째 방향을, 그처럼 네 번째 방향을, 이와 같이 위로, 아래로, 주위로, 모든 곳에서 모두를 자신처럼 여기고, 모든 세상을 풍만하고, 광대하고, 무량하고, 원한 없고, 악의 없는 평온이 함께한 마음으로 가득 채우고 머문다. 깔라마들이여, 성스러운 제자는 이와 같이 마음에 원한이 없고, 마음에 악의가 없고, 마음이 오염되지 않고, 마음이 청정하여 금생에 네 가지 위안을 얻는다."

"'만약 다음 세상이 있고, 선행과 악행의 업들에 대한 결실과 과보가 있다면 나는 몸이 무너져 죽은 뒤 좋은 곳[善處], 천상세계에 태어날 것이다'라고. 이것이 그가 얻는 첫 번째 위안이다. '만약 다음 세상이 없고 선행과 악행의 업들에 대한 결실과 과보도 없다면 나는 금생에 원한 없고 악의 없고 고통 없이 행복하게 살 것이다'라고. 이것이 그가 얻는 두 번째 위안이다. '만약 어떤 이가 행하면서 나쁜 행을 하더라도 내가 다른 이에게 악을 저지르도록 교사하지 않았고 내 스스로도 악업을 짓지 않았거늘 어떻게 내가 괴로움과 마주치겠는가?'라고. 이것이 그가 얻는 세 번째 위안이다. '만약 어떤 이가 행하면서 나쁜 행을 하지 않으면 나는 양면으로 청정한 나를 볼 것이다'라고. 이것이 그가 얻는 네 번째 위안이다. 깔라마들이여, 성스러운 제자는 이와 같이 마음에 원한이 없고, 마음에 악의가 없고, 마음이 오염되지 않고, 마음이 청정하여 금생에 네 가지 위안을 얻는다."

"경이롭습니다, 세존이시여. 경이롭습니다, 세존이시여. 마치 넘어진 자를 일으켜 세우시듯, 덮여 있는 것을 걷어내 보이시듯, [방향을] 잃어버린 자에게 길을 가리켜주시듯, 눈 있는 자 형상을 보라고 어둠 속에서 등불을 비춰주시듯, 세존께서는 여러 가지 방편으로 법을 설해주셨습니다. 저희들은 이제 세존께 귀의하옵고 법과 비구승가에 귀의합니다. 세존께서는 저희들을 재가신자로 받아주소서. 오늘부터 목숨이 붙어 있는 그날까지 귀의하옵니다."─깔라마경(A3:65)

깔라마경의 후반부는 부처님의 가르침을 "전적으로 받들어 행하면 이익이 있고 행복하게 된다. 저희들은 이렇게 생각한다"라고 말하며 "저희들은 이제 세존께 귀의하옵고 법과 비구승가에 귀의한다. 세존께서는 저희들을 재가신자로 받아주소서. 오늘부터 목숨이 붙어 있는 그날까지 귀의하옵니다"라고 재가신자가 되는 것으로 끝난다.

여기에서 부처님이 가르치는 것은 '생명을 죽이지 않고, 주지 않은 것을 갖지 않고, 남의 아내에게 접근하지 않고, 거짓말을 하지 않고 살면 오랜 세월 그에게 이익과 행복이 된다'는 것이다. 부처님 제자가 되기 위해서 윤회를 믿을 필요도 없다. 계행을 잘 지키고 살다가 만약 내생과 선악의 과보가 있다면 죽은 뒤 좋은 곳(善處), 천상세계에 태어날 것이고 만약 내생과 선악의 과보도 없다면 금생에 원한, 악의, 고통 없이 행복하게 살면 그뿐이다. 여기에서 스스로 확인해서 탐진치가 생겨나는 고통의 길을 가지 말고 괴로움이 소멸되는 길을 가라는 분명한 가르침이다. 이름하여 팔정도의 길이다.

처음에 깔라마인들이 부처님을 만났을 때 부처님의 법을 몰랐다. 자칭 스승이라고 하는 사람들은 많이 만났지만 누가 진짜인지 알 수가 없었다. 여기서 부처님은 스스로 탐진치가 줄어드는가 늘어나는가를 확인해보고 따르든지 믿든지 하라는 가르침을 주셨다. '나를 따르라. 내 말을 믿어라'라고 하지 않고 행복해지는 길, 불행해지는 길만을 담담히 말했다. 그들은 판단했고 이분은 믿어도 되겠다는 확신이 섰고 그래서 재가신자가 되겠다고 고백하였다. "오늘부터 목숨이 붙어 있는 그날까지 귀의하옵니다"라고. 불교가 이성적이고 합리적이라는 이해와 믿음이 생겼고 세상에서 만나기 어려운 가르침이라는 기쁨이 생겼다. 그래서 평생 부처님의 가르침을 따르겠다는 복종 선언을 한다. 그 복종 선언은 이제 그에게 자유선언이자 해탈의 길에 들어섰다는 선언이다. 부처님 말씀이라도 점검해야 한다는 주장은 유효하다. 그러나 "법은 세존에 의해서 잘 설해졌고, 스스로 보아 알 수 있고, 시간이 걸리지 않고,

와서 보라는 것이고, 향상으로 인도하고, 지자들이 각자 알아야 하는 것이다"라고, 법에 흔들림 없는 청정한 믿음을 지닌 자에게는 이제 정진이 있을 뿐이니 삼귀의를 마친 불자들에게 항상 의심하고 점검하라, 부처님 말이라도 함부로 받아들이지 말라고 가르치는 것은 깔라마경을 오해한 것이다. 삼보에 대한 확신이 없는 사람들의 이야기이다.

3장

승가 공동체
회복을 위하여

나무와 숲

    시민과 국가, 수행자와 승가, 개인과 가족은 각각 개인과 전체를 보는 관점들이다. 나무와 숲은 분리되어 있지도 않고 분리될 수도 없다. 왜냐하면 나무와 숲은 개별적인 존재와 전체적인 존재라서 그런 것이 아니라 인간이 바라보는 관점의 문제이기 때문이다. 불교적으로 말하면, 나무가 개별적인 별업(別業)이라면 숲은 공동체가 만들어가는 공업(共業)이라고 할 수 있다. 그런데 나무는 인연 닿는 곳에 씨앗이 떨어져서 자라나게 되면 생명을 다할 때까지 한자리에서 자라고 죽는다. 그러나 인간은 마음대로 생각하고 마음대로 움직이고 새로운 것을 발견하고 창조하고 파괴하는 특별한 성질이 있다. 더욱이 인간이 집단을 이루어 살아가는 곳에는 사회가 운영되는 규칙 등 알아야 하고 배워야 하는 것들이 있다.

  수행자와 승가의 관계도 마찬가지다. 수행자가 존중받으면 불법(佛法)이 존중받고(僧重則法重), 수행자가 천시받으면 불법(佛法)이 천대받는다(僧輕則法輕)는 치문(緇門)의 구절은 각 수행자의 태도를 강조하는 것이다. 반대로 여섯 가지로 승가의 화합하는 원리를 제시하는 육화경(六和敬)은 공동체의 화합을 강조하고 있다. 한국불교가 개인의 태도를 더 강조하고 있는 듯 보이는 것은 한문으로 불교를 공부해왔고, 율장을 소홀하게 취급해온 역사와 무관하지 않을 것이다. 실제로 대한불교조계종은 4인 이상의 구성원을 승가라고 한다는 원칙을 무시하고 승가를 단순히 '스님들'이라고 번역하여 사용하고 있다. 포살을 할 때도 사분율이나 빠알리율이 아닌 대승범망경을 교재로 하는 보살계 포살을 시행하고 있어 구족계를 받은 승려들이 계목에 맞는 점검을 하지 못하고 있다.

1960년대에 대처승들에 대한 정화운동이 있었다. 강경파 승려들이 정화운동을 주도함으로써 나타난 정화운동의 부작용을 지금도 겪고 있다. 1994년도 종단개혁도 민주적인 승가운영에 대한 열망의 결과였다. 그때 만든 새로운 종헌·종법이 현재 종단을 운영하는 근거가 되고 있다. 그러나 율장을 가르치지 않는 시대 상황에서 만들어진 종헌·종법은 25년이 흐른 지금, 많은 문제를 발생시키고 있다. 종헌·종법의 내용이 부처님의 가르침과 너무 멀고 허술한 것이 승단을 혼란스럽게 하는 이유로 작용하고 있다.

지금 한국불교는 정보통신의 발달로 초기불교와 티베트불교 등 거의 모든 종파의 불교가 유입되어 혼합불교의 모습을 하고 있다. 한문으로 쓰인 기존의 교과과목은 가치절하되고 새로운 불교를 배우기에는 너무 늙어버린 수행자들은 어정쩡한 상태에 머물러 있다. 사찰은 국립공원, 도립공원, 전통사찰이 되어 국고보조비, 템플스테이 보조비, 문화재 관람료, 주차료, 임대료 등으로 운영되고 있다. 부잣집이 망해도 3년 간다는 말처럼 문화재와 사찰이 소유한 넓은 임야 덕에 근근이 유지되고 있다. 그나마 수입이 괜찮은 유서 깊은 사찰들은 몇몇 권승이 차지하여 그들의 배를 채워주는 역할을 하고 있다.

욕망을 부추기는 자본주의, 자유시장 경제, 4차 산업시대에 통섭적으로 사고하는 수행자가 절실하다. 개인적인 수행을 하면서도 승가공동체를 건강하게 유지하는 데 관심을 가져야 한다. '누구라도 할 일이면 내가 하자'라는 교훈으로 승단의 불합리한 운영과 정의롭지 않은 일 처리에 대해서 목소리를 내어야 한다. 나무가 아닌 숲을 보려면 승단이 운영되는 제도에도 관심을 가져야 한다. 개인과 승가는 서로 연결되어 있고 서로 영향을 미치고 있고 둘이 아니기 때문이다. 한국불교가 '중생이 아프기에 내가 아프다'는 자비를 내세우고 법회 때마다 '사홍서원'을 염하는 대승불교라면 더욱더 그렇다.

삼귀의
한글화 문제점

　　　　　우리 모두는 자유인이 되기 위해서 부처님 앞으로 출가했다. 자유인이 되려면 스스로의 주인이 되어야 한다. "자신이 참된 자신의 주인일 뿐, 실로 다른 그 누가 나의 주인이 될 수 있겠는가?"라는 부처님의 가르침도 그렇고 "이르는 곳마다 주인이 되어 살라(隨處作主)"는 임제스님의 말도 주체적으로 살라는 고구정녕(苦口丁寧)한 가르침이다. 신에 대한 복종이나 부처님에 대한 복종을 가르치는 것이 아니라 스스로 주인이 되라고 가르치는 종교는 인류사에 있어서 희유하다. 지금 우리는 각자의 주인으로 살고 있는가? 출가자가 스스로 주인이 되기 위해서는 다른 조건이 더 필요하다. 승려들이 살고 있는 공동체, 즉 승가의 의미를 알아야 비로소 승가 안에서 주인으로 살 수 있다. 그동안 승가의 의미를 몰랐기에 종헌·종법이 엉망으로 만들어졌고, 승가의 의미를 몰랐기에 승려들 간에 빈익빈 부익부의 기이한 현상이 벌어졌다. 승가의 의미를 모르므로 승려들이 절에는 살아도 승가에 살아본 적이 없고, '거룩한 스님들께 귀의한다'고 번역하여 불교를 왜곡하고 있다. '승가에 귀의한다'를 '거룩한 스님들께 귀의한다'로 번역하는 것이 어떤 문제가 있는지 살펴보자.

첫째, 스님은 비구(bhikkhu)나 비구니(bhikkhuni)를 번역한 단어이다. 복수 스님들은 비구들(bhikkhū), 비구니들(bhikkhunī)을 번역한 것이다. 스님은 상가(saṅgha)의 번역어가 될 수 없다.

둘째, '스님들'이라는 복수는 2인 이상의 스님들을 의미하는데 승가는 최소한 4인 이상이어야 한다. 2~3인의 스님들 모임은 자자, 포살 등 여법한 갈마를 할 수 없기에 승가라고 부르지 않는다. 그래서 옛 스님들은 상가를 소리 나는 대로 승가(僧伽)라고 음사하거나 승단(僧團), 화합중(和合衆)이라고 공동체의 뜻이 드러나게 번역한 것이다.

셋째, 승가를 '스님들'로 해석한다면 '스님들'이 병들고 죽으면 승가가 없어지게 될 것이다. 승가는 단순히 '스님들'이라는 복수의 개념이 아니라 자자, 포살, 갈마 등이 이루어지는 수행공동체이다. 부처님은 비구 개인에게 보시했을 경우 그 비구가 계율을 잘 지키지 않고 비난받을 짓을 하게 되면 보시한 것을 후회하게 된다고 말하며 승가에 보시하도록 권하고 있다.

> "개인에게 보시했을 경우 혹은 몇몇 스님들에게 보시했을 경우 그 비구들이 계율을 잘 지키지 않고 비난받을 짓을 하게 되면 보시한 것을 후회하고 스님들을 원망하게 된다. 스님에게 보시하지 말고 승가에 보시하십시오."(A6:59)

넷째, 스님들께 보시하는 것과 승가에 보시하는 것은 큰 차이를 보인다. 웰라마경(A9:20)에서는 대상에 따라 공양, 공덕이 달라짐을 설명하면서 '승가'에 보시하는 것이 아라한이나 부처님께 보시하는 것보다 공덕이 크다고 설명하고 있다. 마치 자동차 부품이 모여 있다고 '자동차'라는 이름을 얻을 수 없듯이 백 명의 일래자 등 많은 스님이 곧 승가를 의미하지 않는다. 승가는 언제나 사방승가, 현전승가, 비구승가, 비구니승가 등 공동체성을 의미하는 용어로 사용되었으며 그 이유로 벽지불이나 부처님께 공양하는 것보다 승가에 공양하는 공덕이 더 크다고 하는 것이다.

> "장자여, 견해를 구족한 한 사람을 공양한다면, 이것은 그것보다 더 큰 결실이 있다. 장자여, 견해를 구족한 백 명의 사람들을 공양하는 것보다 한 사람의 일래자를 공양한다면, 이것이 그것보다 더 큰 결실이 있다. 장자여, 백 명의 일래자를 공양하는 것보다 한 사람의 불환자를 (…) 백 명의 불환자를 공양하는 것보다 한 사람의 아라한을 (…) 백 명의 아라한을 공양하는 것보다 한 사람의 벽지불을 (…) 백 명의 벽지불을 공양하는 것보다 부처님을 상수로 하는 비구승가를 공양한다면 (…) 사방승가를 위하여 승원을 짓는다면 (…) 이것이 그것보다 더 큰 결실이 있다."(A9:20)

다섯째, 부처님은 불멸 후 미래세에 계행이 청정치 못하고 삿된 법을 가진 가짜 수행자들이 나타날 것이라고 예언하시며 설사 그들에게 보시하더라도 승가라는 이름으로 보시하면 공덕이 헤아릴 수 없다고 말씀하신다.

"아난다여, 미래세에 계행이 청정치 못하고 삿된 법을 가졌으며 노란 가사를 목에 두른 일족들이 있을 것이다. 사람들은 승가를 위해 그 계행이 청정치 못한 자들에게 보시를 베풀 것이다. 아난다여, 그렇더라도 승가를 위한 보시는 그 공덕이 헤아릴 수 없고 잴 수 없다고 나는 말한다. 아난다여, 개인에게 하는 보시가 승가에게 하는 보시보다 그 과보가 더 크다고 나는 절대 말하지 않는다."(M142)

여섯째, 부처님은 마지막 유언으로 '승가'에 대해서 의심이 있으면 물으라고 하신다. 만일 승가가 '스님들'이라면 부처님은 "스님들에 대해서 의심이 있으면 물어라"고 말한 격이 되는데 이러한 물음은 적절치 않다. 부처님이 승가에 대해서 물으라고 한 것은 그동안 부처님이 제정한 승가의 운영방법, 즉 포살, 자자, 수계갈마, 필수품을 구하는 법, 탁발하는 법, 객스님의 권리와 의무, 은사스님을 모시는 법 등에 대해서 의심나는 것이 있으면 물으라는 것이다. 승가는 승가운영에 대한 규칙을 포함하고 있다.

"비구들이여, 어느 한 비구라도 부처나 법이나 '승가'나 도나 도 닦음에 대해서 의심이 있거나 혼란이 있으면 지금 물어라. 비구들이여, 그대들은 '우리의 스승은 면전에 계셨다. 그러나 우리는 세존의 면전에서 제대로 여쭈어보지 못했다'라고 나중에 자책하는 자가 되지 말라."
(D16)

일곱째, 스님들께 보시하는 것은 사유물이 되지만 승가에 보시하는 것은 공유물이 된다. 어느 날 왕사성에 사는 재가자는 스님들이 밤새도록 수행하다가 아침에 이슬을 맞으며 나무 밑이나 동굴에서 깨어나는 모습을 보았다. 그는 스님들이 이슬을 맞지 않고 안전하게 수행할 수 있도록 60개의 정사(꾸띠)를 지어 스님들께 보시하고자 했다. 막상 그 정사를 스님들에게 보시하려고 했을 때 부처님은 "그 60개의 정사는 현재와 미래의 사방승가(四方僧伽)에 보시하십시오"라고 말했다. 부처님의 이 말씀 이후로 현재까지 모든 승원과 수행처소들은 사방승가에 보시되어 왔다. 치약, 약, 옷감, 음식물 등 일상생활에 필요한 보시물은 현전승가에 보시되고 승원, 건물, 토지, 임야, 전각 등은 사방승가에 보시되었다. 이러한 전통은 모든 사찰과 가람에서 과거, 현재, 미래의 모든 수행자들이 주인으로 살 수 있는 근거가 된다. 부처님은 미래의 수행자들과 불자들을 위해 사찰을 공유물로 만드셨다. 이것이 모든 사찰이 모든 사람에게 열려 있어야 하고 머물 수 있어야 하는 이유이다.

여덟째, 승가는 부처님 사후에 새로운 계목을 제정하거나 폐기할 수 있는 유일한 단체이며, 불법이 유지되도록 수계를 주어 출가자를 만들어내는 유일한 단체이며, 사찰과 임야 등을 보시받고 미래세대에 물려주고 불가피한 경우에는 재산을 처분할 수 있는 유일한 단체이며, 정법(正法)과 비법(非法)에 대한 논쟁이 생겼을 때 그것을 판가름할 수 있는 유일한 단체이다.

승가는 유일하게 부처님을 대신해서 계율을 제정할 수 있다. 부처님이 살아계신 당시에는 부처님만이 계율을 제정하셨다. 그런데 부처님이 열반하시고 각기 다른 환경에서 살아가는 승가는 주위 환경에 맞는 새로운 계율이 필요하게 되었다. 누가 부처님을 대신해서 새로운 계율을 만들 수 있을까? 오직 승가에 새로운 규칙을 정하고 사소한 규칙은 없앨 수 있는 권한이 주어졌다. 이것은 불멸 후 227개였던 빠알리율이 사분율에서는 250개가 된 것으로도 알 수 있다. 사분율에는 불상과 탑에 관련된 새로운 규칙이 20여 개나 더 나타나고 있다. 승가가 부처님과 같은 권위가 없다면 할 수 없는 일이었다. 제1차 결집이나 제2차 결집의 내용을 주석서에 넣어 전승하지 않고 율장에 넣어 전승하는 것도 그만큼 승가의 결정이 중요한 권한을 갖는다는 것을 상징적으로 보여준다. 이러한 이유로 "백 명의 아라한에게 보시하는 것보다, 부처님께 보시하는 것보다 '승가'에 보시하는 것이 공덕이 더 크다"고 부처님이 웰라마 경에서 말씀하신 것이다.

아홉째, 우리 선배 스님들은 삼귀의를 '귀의불양족존(歸依佛兩足尊) 귀의법이욕존(歸依法離欲尊) 귀의승중중존(歸依僧衆中尊)'으로 번역하였다. '지혜와 실천을 갖추신 존귀한 부처님께 귀의한다', '탐욕을 떠난 존귀한 가르침에 귀의한다', '일체의 대중(衆) 가운데서 존귀한 공동체에 귀의한다'라고 해석한 것이다. 승가를 스님들로 번역하는 것은 공동체성을 상실하게 만들므로 선배 스님들의 뜻과 어긋난다.

지금의 한글 삼귀의는 1970년에 찬불가 공모전에서 당선된 최영철 교사의 작품이라 하는데, 그분은 불교를 잘 몰랐던 재가자였다. 그분이 만든 삼귀의와 사홍서원을 우리가 사용하고 있는 것이다. 승가공동체의 의미를 살리지 못한 지금의 삼귀의는 2016년 6월 중앙종회에서 통과되었다. 현전승가(saṃmukhasangha)는 함께(saṃ)+얼굴(mukha)을 마주 본다는 뜻이다. 이것은 승가의 구성원 전원이 대면(對面)해서 일을 처리한다는 뜻이다. 현전승가라는 이름 속에 이미 평등, 자주, 민주의 뜻이 포함되어 있다. 일정한 지역에 사는 승려 전체가 얼굴을 맞대어 대중공의를 모으고, 사찰의 공양물과 수입을 평등하게 나누며, 문중 스님뿐만 아니라 다른 스님도 사찰에 머물 수 있는 권리가 승가라는 단어에 포함되어 있는 것이다. 이것을 현대어로 정리하자면 승려가 승가의 운영에 참여하여 제안과 반박을 할 수 있는 발언권(發言權), 승가의 결정에 참여하는 참여권(투표권), 공양물이나 사찰 수입을 평등하게 나누어 사용하는 수용권(受用權), 어느 사찰을 방문하든지 머물 수 있는 거주권(居住權) 등이다. 그런데 승려들의 당연한 권리들이 1994년 종헌·종법에 반영되지 않았다. 그래서 지금 조계종 승려는 발언권도 없고, 참여권도 없고, 객실이 폐쇄되어 다른 사찰에 머물 수 있는 거주권도 없고, 사찰의 수입과 공양물을 평등하게 수용할 수용권도 없다. 당연한 권리가 없으니 승려들은 패배주의, 개인주의가 되어 각자도생하고 있다. 이러한 점을 알지 못하고 조계종의 문제를 진단할 때 출가정신, 교육제도 등에 원인이 있는 것처럼 말하는 것은 근본을 모르는 얕은 차원의 진단이다.

출가자들에게 가장 먼저 가르쳐야 할 것은 '승가'의 뜻이다. '승가공동체'의 일원이 된다는 것은 행복한 일이고 보호받는 일임에도 스님들은 '공동체'라는 말에 거부감을 갖는다. 이것은 기존의 한문 육화경이 잘못 번역된 탓이기도 하다. 예를 들어 신화공주(身和共住)를 잘못 이해하여 큰방에 모여 사는 것을 대중생활이라고 오해하게 되었다. 승랍이 높아졌는데도 이렇게 모여 살라고 하면 싫은 마음이 나기 마련이다. 그러나 부처님은 큰방에 모여 살라는 뜻으로 육화경을 말한 것이 아니다. 결계 안에서 각자 꾸띠(토굴)에 살면서 보름마다 포살을 함께 하라는 의미로 말한 것이다. 수행자는 승가 속에서 성장하고 승가는 수행자를 보호하며 무엇이건 다 함께 결정하고 동등한 권리와 의무를 갖는다. 독단적으로 사찰을 운영하거나 돈 선거로 대중을 기만하거나 종법을 어겨도 같은 편이라고 봐주는 것은 진정으로 승가에 귀의한 것이 아니다.

귀의승을 '거룩한 스님들께 귀의한다'라고 번역하다 보니 재가자들이 스님들을 조금만 비판해도 종단에서는 삼보를 비난하는 것이라는 반응을 보인다. '거룩한 스님들께 귀의한다'라는 번역은 스님들을 권위적이게 만들고 재가자들의 비판을 용납하지 않게 만들고 있다. 법정스님이 일찍이 제안하셨던 '거룩한 부처님께 귀의한다', '위 없는 가르침에 귀의한다', '청정한 승가에 귀의한다'라는 삼귀의를 참고할 만하다. 이러한 삼귀의가 앞으로 종단에 미칠 선한 영향력은 막대하리라.

승가에 대한
7가지 질문과 답변

        '상가(saṅgha)'는 '모임', '무리'라는 뜻으로 부처님 당시에 '가나(gaṇa)'와 같이 사용되었던 단어이다. 상가는 僧伽, 衆, 和合衆, 和合僧 등으로 번역되었는데 특히 和合衆, 和合僧으로 번역된 것은 정기적인 포살과 자자 그리고 대중갈마로 '청정과 화합'을 유지하는 단체임을 말한다. 부처님은 물론 뿌라나 깟사빠 등 육사외도들에게도 승가를 가졌고(saṅghī) 무리를 가졌다(gaṇī)라는 표현이 사용되었음을 알 수 있다.

> "뿌라나 깟사빠라는 분이 있는데, 그는 승가를 가졌고 무리를 가졌고 무리의 스승이며 지자요 명성을 가졌고 교단의 창시자요 많은 사람에 의해서 사두로 인정됩니다(pūraṇo kassapo saṅghī ceva gaṇī ca gaṇācariyo ca ñāto yasassī titthakaro sādhusammato bahujanassa)."—사문과경(D2)

부처님은 이 승가에 새로운 의미를 부여하셨다. 그래서 승가는 더 총체적인 의미를 갖게 되었으며, 승가의 어원을 분석해도 그 뜻이 정확하게 드러나지도 않는 단어가 되었다. 이것이 번역가들이 붓다(Buddha), 담마(Dhamma), 상가(Sangha)를 번역하지 않고 소리 나는 대로 불타, 담마, 승가라고 음사하는 이유다. 간단하게 말하면 경장(經藏)이 붓다와 담마의 주석이며 율장(律藏)이 승가의 주석이라 할 수 있다.

붓다, 담마, 상가가 축약되어 '불법승(佛法僧)'으로 불리면서 승가의 의미는 다시 변화된다. 승가(僧迦)에서 가(迦)가 떨어져 나가 승(僧)으로 단독 사용되면서 탁발승, 객승, 화주승, 동자승 등 승(僧)이 개인의 의미로 사용된 것이다. 오늘날 '승=스님' 혹은 '승가=스님들'이라는 착각이 여기에서 비롯된다. 착각을 도운 다른 이유는 "사방승가 안에는 재가신도가 당연히 포함되어야 한다."(전재성), "귀의 대상인 승보에는 비구·비구니 승가가 모두 포함되는 것이 아니라, 네 쌍으로 여덟이 되는 참사람(四雙八輩)을 의미한다."(전재성), "승가는 좁게는 비구 비구니, 넓게는 사부대중의 모임을 뜻한다."(각묵)라고 해석한 초기불교 전공자들의 영향도 있었다. 상황이 이렇다 보니 대한불교조계종에서는 승가를 '스님들', '거룩한 스님들', '성인들'이라고 이해하는 사람들도 있고, 재가자도 포함되는 '공동체'라고 주장하는 사람들도 생겨났다. 승가라는 의미를 잘 안다고 생각하는 스님들이나 학자들도 막상 승가의 의미를 물어보면 혼란스러워하는 경우가 많다. 승가에 대해서 구체적으로 살펴보자.

승가에 귀의하는 것인가 승보에 귀의하는 것인가?

승가에 귀의한다. 부처님이 성도(成道) 후 제도한 다섯 비구와 야사의 친구들, 가섭 삼 형제와 천 명의 제자들, 사리뿟다와 출가한 250명 등 1,250인의 비구 승가는 모두 아라한이었기에 승가=승보였다. 그런데 시간이 지남에 따라 승가에 범부 비구도 포함되는데 들숨 날숨에 대한 마음챙김 경(M118)에는 공양받아 마땅하고, 환대받아 마땅하며, 보시받아 마땅하고, 합장받아 마땅하며, 세상의 위 없는 복밭인 비구승가(bhikkhusaṅgha)에 아라한, 아나함, 사다함, 수다함뿐만 아니라 사념처를 닦는 비구들, 사신족, 오력, 칠각지, 팔정도, 자비희사, 부정관, 들숨 날숨을 닦는 비구들을 포함하고 있다. 그러므로 5부 니까야에는 대부분 비구승가에 귀의한다는 표현으로 나타난다. '비구'는 과위(果位)를 얻은 비구와 못 얻은 비구를 총칭하는 말이다. 율장 대품에서 중앙에서는 비구 10인이 비구계를 줄 수 있고 변방에서는 5인이 비구계를 줄 수 있도록 허락하고 있다. 이들 모두가 과위를 얻은 비구여야 한다는 기준은 없다. 즉, 범부 비구가 출가를 원하는 자들에게 삼귀의를 받고 비구계를 줄 수 있는 것이다. 불자들이 과위를 얻은 비구에게만 귀의해야 한다면 재가자들이 현실적으로 누가 과위를 얻은 분인지 파악하기 어렵다. 승가는 성자와 범부 비구를 총칭하기에 승가에 귀의하면 자동적으로 승보에 귀의한 것이다.

승가 혹은 승보에 재가자도 포함되는가?

초기불교 관점에서는 승가와 승보에 재가자가 포함되지 않는다. 과위를 얻었든 아니든 재가자는 승가의 구성원이 아니다. 상가는 4인 상가, 5인 상가, 10인 상가, 20인 상가, 20인 이상의 상가라는 5종류의 상가만이 존재하고 규모에 따라 역할이 달라진다. 2~3인의 모임은 별중(gaṇa)이라고 불렀다. 만일 재가자도 승가에 포함된다면 재가자 4인이 모이거나 비구 2인과 재가자 2인이 모여도 승가라고 인정해야 할 것이다. 재가자들이 받지도 않은 250계와 348계를 가지고 포살을 해야 하고 자자와 안거를 해야 한다. 재가자에게도 멸빈이나 제적의 징계를 내리는 갈마를 할 수도 있을 것이다.

그러나 대승불교에서는 재가자가 승가에 포함된다. 예를 들어 예불문에 나타나듯 대지문수 사리보살, 대행 보현보살, 대비 관세음보살, 대원본존 지장보살과 서쪽에서 우리나라로 불법을 전해준 조사와 종사, 그리고 일체 선지식을 승가에 포함해 조석으로 예경하고 있다. 이것은 '범망경보살계본'으로 출가자와 재가자가 함께 포살하는 것으로 나타난다. 그러나 후대에 만들어진 '범망경보살계본'은 모순투성이다. 고따마 부처님이 보리수 아래에서 깨닫고 나서 바로 보살계를 설한다고 하면서도 비구비구니, 대승소승, 아비담마라는 단어가 등장하고 소승과 외도를 배우지 말라는 조목이 나타나고 있어 역사적 사실로 받아들이기 어렵다. 또한 승가를 운영하는 방법 즉, 대중의 화합을 위하여 범계자를 징계하는 절차, 대중공사 하는 법, 안거하는 법 등이 없어 이름만 승가이지 승가 역할을 할 수 없게 되어 있다.

보배경에는 "사쌍팔배의 칭찬받는 부처님의 제자들은 공양받을 만하며, 그들에게 보시하면 크나큰 과보를 받는다. 승가 안에 (sanghe, 처소격) 이 훌륭한 보배가 있다"라고 설명하듯이 승보(僧寶)는 일반승가에 포함되어 있다.

또한 들숨 날숨에 대한 마음챙김 경(M118)에는 사쌍팔배가 아닌 범부승가에도 공양받아 마땅하고, 환대받아 마땅하며, 보시받아 마땅하고, 합장받아 마땅하며, 세상의 위 없는 복밭이라는 정형구가 적용되고 있다. 그러므로 사쌍팔배를 얻은 성인들만이 승가에 포함된다는 말은 타당하지 않다.

"비구들이여, 이 회중은 잡담을 하지 않는다. 비구들이여, 이 회중은 떠들지 않는다. 이것은 순수하고 완전한 것이다. 비구들이여, 이 회중은 공양받아 마땅하고, 환대받아 마땅하며, 보시받아 마땅하고, 합장받아 마땅하며, 세상의 위 없는 복밭이니 이 비구 승가는 그러하고 이 회중은 그러하다 (…) 비구들이여, 이 비구 승가에는 아라한들이 있다. 이 비구 승가에는 다섯 가지 낮은 족쇄를 부수어 화생할 비구들이 있다. 이 비구 승가에는 세 가지 족쇄를 부수고 탐욕과 성냄과 미혹이 엷어져서 한 번만 돌아올 비구들이 있다. 이 비구 승가에는 세 가지 족쇄를 부수어 흐름에 든 비구들이 있다. 이 비구 승가에는 네 가지 마음챙김의 확립을 닦는 데 전념하는 비구들이 있다. 네 가지 바른 노력을 닦는, 네 가지 성취 수단을 닦는, 다섯 가지 기능을 닦는, 다섯 가지 힘을 닦는, 일곱 가지 깨달음의 구성요소를 닦는, 성스러운 팔정도를 닦는, 자애를 닦는, 연민을 닦는, 더불어 기뻐함을 닦는, 평온을 닦는, 부정을 닦는, 들숨 날숨에 대한 마음챙김을 닦는 데 전념하는 비구들이 있다."

위에서 살펴본 것처럼 비구승가라는 단어를 사용한 것은 성인 (聖人) 승가만을 의미하는 것이 아니고 공양받아 마땅하고, 세상의 위 없는 복밭이 되는 승가에 일반 비구들이 다수 포함되어 있다. 만약 성승가(聖僧伽)만이 귀의 대상이라면 여러 문제점이 발생한다. 일반인은 누가 성스러운 과를 얻었는지 알 수 없으므로 귀의하기 어렵고, 성스러운 과를 얻은 사람이 없을 때는 귀의할 승가가 없는 것이 된다. 승가에 귀의하는 것이 곧 성승가와 범부승가에 동시에 귀의하는 것이다. 부처님은 일반 생활용품이나 사찰, 임야 등도 모두 일반승가에 보시하도록 권유하고 있고, 일곱 가지 쇠퇴하지 않는 법, 여섯 가지로 화합하는 가르침(육화경) 등도 일반승가를 위한 것이며, 자자, 포살, 안거 등 율장의 내용도 모두 일반승가를 위한 설명이다. 현전승가, 화합승가, 사방승가, 승가분열 등의 용어도 일반승가를 의미한다. 일반승가에 귀의하는 것이 곧 승보에 귀의하는 것이며 재가자들은 승가에 포함되지 않는다.

대한불교조계종은 현전승가인가? 사방승가인가?

현전승가인 동시에 사방승가이다. 종헌·종법이 제정되어 단일 수계, 단일기본교육, 단일연수교육이 이루어지고 있고, 포상과 징계가 단일위원회(호법부와 호계원)에서 결정되고 있으므로 '종단 자체가 현전승가'이다. 본사 별로 포살, 자자, 산중총회, 선거를 할 때는 교구본사가 현전승가이며, 동안거 하안거를 할 때는 특정 선원이나 강원이 현전승가이다.

경장(經藏)에서 설명하는 승가와 율장(律藏)에서 설명하는 승가는 같은가?

같다. 경장이나 율장에서 "저는 이제 고따마 존자께 귀의하옵고 법과 비구승가(bhikkhusaṅgha)에 귀의합니다"라고 나타난다. 다만 율장에는 승가의 종류(4인, 5인, 10인, 20인, 20인 이상), 안거, 포살, 갈마 등 승가의 운영방법이 자세히 설명되고 있다.

현전(現前)승가에서는 어떤 일을 다수결로 결정할 수 있는가?

모든 일은 다수결로 결정할 수 있다. 비교적 가벼운 비쟁사(非爭死) 갈마는 현전승가 구성원이 모두 참석하여 한 번 제안하고 한 번 찬반을 묻는 백이갈마(白二羯磨)로 결정하고, 율을 고치고 정법과 비법을 결정하는 쟁사갈마(爭死羯磨)는 한 번 제안하고 세 번 찬반을 묻는 백사갈마(白四羯磨)로 결정한다. 승가의 지도자(소임자)를 선출하는 일상적인 일은 다수결로 결정이 되어도 승가의 분열이 되지 않는다. 어떤 결정을 다수결이나 만장일치로 결정하더라도 모두 여법(如法)이고 효력은 같다. 인도불교 역사상에서 나타난 결집과 우리나라의 승려대회 등은 모두 다수결로 결정되었다. 현재 조계종의 초심호계원에서는 전체 위원 7명 중 4명이 찬성하면 승려 자격을 중지시키는 제적 처벌이나 영구히 승가에서 추방하는 멸빈 징계를 할 수 있다.

**붓다, 승가, 백 명의 아라한, 백 명의 아나함, 벽지불, 무심도인 중
보시 공덕이 큰 순서는?**

승가, 붓다, 벽지불, 백 명의 아라한, 무심도인, 백 명의 아나함
순이다. 이는 무심도인이 아라한이라고 가정한 경우이다. 웰라마
경(A9:20)에서는 보시 공덕의 차이를 설명하고 있는데, 아라한들이
나 부처님께 보시하는 것보다 승가에 보시하는 공덕이 크다고 설
명한다. 그러므로 스님들께 귀의하는 것과 승가에 귀의하는 공덕
의 차이는 하늘과 땅 차이다. 승가라는 용어에는 부처님 제자들의
모임이라는 뜻 외에 의지처, 평등, 자율, 민주, 화합, 참회를 통한
청정 등의 내용이 들어 있다. 그래서 승가야중, 귀의불법승 등 승
가를 의역하지 않고 음사하여 사용하는 경우가 많다.

승가의 화합을 위하여 필요한 핵심 정신은 무엇인가?

현전승가 전원에게 물어 결정하는 평등 정신이다. 구성원을 차
별하지 않는 이 평등 정신이 바로 공유(共有)와 공의(公議)를 이끌
어내고 '내가 승가의 주인'이라는 주인의식을 갖게 한다. 평등이
무너지고 일부 승려가 권리를 독점하면 승가는 화합할 수 없다.
'수처작주'는 임제스님만 강조한 것이 아니라, '승가의 핵심 정신'
이다.

부처님 당시 왕권정치일 때도 승가는 평등하였고 지금 민주주
의 국가에서 승려는 헌법에 따라서 각종 선거에 참여하고 종법에
따라서 종단 소임자를 선출한다. 현전승가에서 전원 참석하게 하
는 것은 '구성원 하나하나를 주인으로 대접하는 것'이고 구성원 모

두에게 찬반의 동의를 구하는 것도 '구성원 하나하나가 승가의 주인'이기 때문이다. 이렇게 승려 개개인이 '주인' 대접을 받고 '주인'으로서 사는 평등 정신이 화합의 핵심이다. 평등한 승가, 정의가 살아나는 승가. 차별이 사라지는 승가, 집단지성이 발휘되는 승가는 '승가의 의미'를 이해하는 것에서 시작한다. 승가에 포함된 이러한 뜻을 살리려면 "스님들께 귀의합니다"라는 표현이 "승가에 귀의합니다"로 수정되어야 한다.

승가의 운영원리인
육화경

　　　　승가의 운영원리인 육화경은 오랫동안 승가화합의 근거로 제시되어왔다. 절간의 건물에 육화당, 육화료, 화경당의 건물 이름이 보이는 것도 육화경을 중요시하는 마음에서 비롯된 것이다. 그런데 정말 우리가 부처님이 가르쳐주신 그대로 육화경을 수지하고 있을까? 한문으로 번역된 육화경과 니까야에 나오는 육화경을 비교해보면 한문 번역본이 본래의 뜻과는 다르게 해석되고 이해되어왔다는 것을 알게 된다. 우리에게 친숙한 한문 육화경의 내용은 다음과 같다.

　　① 몸으로 화합함이니 같이 살라(身和共住), ② 입으로 화합함이니 다투지 말라(口和無諍), ③ 뜻으로 화합함이니 같이 일하라(意和同事), ④ 계로 화합함이니 같이 수행하라(戒和同修), ⑤ 바른 견해로 화합함이니 함께 해탈하라(見和同解), ⑥ 이익으로 화합함이니 균등하게 나누라(利和同均) 등이다.

　　한문 육화경을 보면 여섯 가지 내용이 순서가 따로 있지 않고 그 내용들도 어느 것이 중요하다는 설명은 없다. 그리고 신화공주(身和共住), 의화동사(意和同事), 계화동수(戒和同修)라는 설명을 보면 같은 곳에 모여서 같은 일을 해야 하는 것 같은 인상을 받는다. 그렇게 항상 같이 모여서 같은 일을 하는 것이 승가일까? 공주(共住)라는 것이 한 사찰이나 한 건물에서 같이 지내거나 큰 방에서 함께 생활을 하는 것으로 생각하기 쉽다. 이렇게 모여 사는 것이 마치 불교의 전통인 양 오해되어왔다. 대중생활이라는 미명하에 큰방에 20~100여 명이 생활하였고 강원(승가대학)에서는 장판때를 묻힌다는 구실로 선배에게 무조건 복종하는 문화가 전승되어왔다. 그러나 부처님 당시부터 스님들은 한곳에 머물러 사는 형태가 아니었다. 율장에는 육십 명의 스님을 위해서 육십 개의 거처(꾸띠)를 보시하였고, 천 명의 스님들께 거처를 보시하는 재가자가 천 개의 거처(꾸띠)를 지어서 승가에 보시했다는 이야기가 보인다. 부처님은 대공경(M122)에서 대중에 사는 즐거움은 수행에 방해가 된다고 말하고 있다.

> "아난다여, 참으로 비구가 대중에 사는 것을 좋아하고 대중에 사는 것을 즐기고 무리를 좋아하고 무리를 즐기고 무리의 즐거움에 몰두하면 그는 빛나지 않고 출리의 즐거움과 떨쳐버림의 즐거움과 고요함의 즐거움과 깨달음의 즐거움을 원하는 대로 얻고, 힘들이지 않고 얻고, 어려움 없이 얻으리라는 것은 가능하지 않다."

이처럼 승가는 스님들이 각자의 거처에서 수행을 하다가 포살이나 자자 등 대중이 모일 때만 날짜를 정해서 모이는 것이지 한 방에 모여 사는 것이 아님을 알 수 있다. 각자의 처소에서 조용히 수행할 수 있어야 삼매를 성취할 수 있다. 육화경의 원본이 되는 니까야의 '여섯 가지 기억할 만한 가르침'은 한문 육화경처럼 한곳에 같이 머물라는 표현이 없다.

> "비구들이여, 사랑스럽고 존경할 만하고 '기억해야 할 여섯 가지 법'이 있다. 여기 비구는 동료 수행자들이 앞에 있거나 없거나 그들에 대해 ① 몸으로 자애롭게 행동한다. ② 입으로는 자애롭게 말한다. ③ 뜻으로는 자애를 유지한다. ④ 계를 지키는 수행자들과 공양물을 평등하게 나눈다. ⑤ 삼매로 이끄는 계를 갖추어 머문다. ⑥ 괴로움의 소멸로 이끄는 바른 견해를 구족하여 머문다. 비구들이여, 이 '기억해야 할 여섯 가지 법'은 사랑스럽고 존경할 만하고 승가의 분쟁을 없애고 물과 우유가 섞이듯이 조화와 화합을 가져온다. 이 중에서도 괴로움의 소멸로 이끄는 바른 견해를 구족하는 것이 최상이고 포괄적이고 총체적인 것이다."—꼬삼비경(M48)

꼬삼비경에서 정리한 육화경은 신(身), 구(口), 의(意), 계(戒), 정(定), 혜(慧)의 순서로 되어 있다. ① '몸으로 동료에게 자애롭게 행동한다.' ② '입으로 동료에게 자애롭게 말한다.' ③ '마음으로 동료에게 자애롭게 사유한다.'라는 신구의 삼업을 말하는데, 부처님은 항상 신업(身業)이나 구업(口業)보다 의업(意業)을 무겁고 중요하게 설명하셨다. 승가의 구성원들끼리 따뜻한 마음과 눈빛을 나누며 지내는 것은 어떤 것보다 우선할 것이다. ④ '동료들과 균등하게 나눈다'는 것은 모든 사찰의 수입은 공유물이기에 누구나 평등하게 사용해야 한다는 것이다. 부처님은 발우 안에 든 것일지라도 균등하게 나누어야 한다고 강조하시는데 현재 조계종 승가는 이 구절을 지키지 못하고 있다. ⑤ 삼매로 이끄는 '계를 구족하여 머문다'는 것은 정기적으로 포살과 자자를 통해 자정(自淨)하고 화합(和合)하는 승가를 유지하는 것이다. 포살과 자자 때에는 반드시 같은 지역에 거주하는 승가대중 전체(현전승가)가 참여해야 하는데 이것이 대중공의제인 직접민주주의의 시작이다. 사회의 민주주의는 사실 승가의 대중공의제에서 배워 간 것이다. 마지막으로 ⑥ '바른 견해를 구족하여 머문다'는 것은 도반(道伴)들끼리 법담(法談)을 나누고 소통하여 바른 견해를 갖추는 것이다. 그래서 바른 견해는 괴로움의 소멸로 이끄는 바른 견해이고 총체적인 것이다. 바른 견해가 있어야 비로소 '불자'라고 불리며 발심(發心) 수행을 할 수 있고 승가에 귀의(歸依)할 수 있다. 바른 견해야말로 처음과 끝이다. 기존 한문 육화경에서 찾아볼 수 없는 중요한 덕목들이니까야 육화경에서는 찾아볼 수 있다. 이 육화경은 꼬삼비경뿐만 아니라 열반경(D16), 합송경(D33) 등에서도 나타나고 있다. 백장암에서는 이 육화경을 붓글씨로 써서 액자를 만들어 지대방이나 종무실에 걸어 놓았다. 육화경이 다른 사찰에서도 알려질 수 있도록 족자로 만들어 보시하고 있다. 2016년부터 육화경을 기준으로 원융살림을 하는 백장암 선원에서는 한문 육화경의 부족한 점을 발견하고 꼬삼비경에서 정리한 육화경을 채택하였다. 보름마다 '포살'하고 일주일마다 법담을 나누는 등 여섯 가지로 화합하며 승가 공동체를 회복하는 노력을 하고 있다. 백장암 청규의 핵심인 원융 살림, 포살, 법담탁마를 소개한다.

원융(圓融)살림

소임자는 대소사를 결정할 때 충분히 논의하여 집단지성을 발휘하여 결정한다. 항상 객실(客室)을 청결하게 유지하여 객스님이 편히 머물 수 있도록 하며 재가자들을 위하여 정기적인 법회(法會)를 연다. 대중의 살림을 매달 초에 공개하고 대중이 아플 때 대중의 결의에 따라 백장암 '승가기금'에서 '의료비'와 '연수비'를 지급한다. 사찰에서 지급하는 고정된 해제비는 없지만 공양금이 부족할 때는 사찰에서 공양금을 지원할 수 있다. 대중스님들이 공양금에 대한 부담을 갖고 살지 않도록 공양금 발표를 하지 않는다.

포살(布薩)

부처님은 대중의 화합과 안락을 위하고 정법을 영구히 보전하기 위해서 계율을 제정하였다. 결제와 해제 상관없이 보름마다 비구계본과 보살계본을 번갈아 포살한다. 포살 전에 스님들은 1:1로 청정의식을 한다. 지키기 어려운 소소한 조항은 대중의 뜻에 따라 청규로 만들어 지킨다. 포살(布薩)과 자자(自恣)는 대중의 힘으로 청정을 회복하는 시간이며 승가가 대중의 공의(公義)로 운영되는 단체라는 것을 확인하는 자리이다.

법담탁마(法談琢磨)

"세존이시여, 저희들은 사이좋게 화합하여 물과 우유가 잘 섞이 듯이 서로를 우정 어린 눈으로 보면서 지낸다. 저희는 닷새마다 밤 을 지새워 법담으로 탁마하며 방일하지 않고 지낸다."(M31) 법담 탁마는 부처님 당시부터 바른 견해를 세우는 시간이자 대중들이 허심탄회하게 소통하는 시간이다. 대중은 돌아가면서 논주(論主) 를 맡고 논주는 활발한 토론이 되도록 진행한다. 결제 기간에는 대 중이 모시고 싶은 선지식(善友)을 초청하여 문답하는 탁마의 시간 을 갖는다.

위 청규는 부처님이 이미 만들어 놓은 옛길을 따라 걷고자 하는 노력이지 없던 것을 새롭게 만든 것이 아니다. 승가는 해탈로 나 아가는 '수행공동체'이고 진리를 전하는 '전법공동체'이다. 이러한 승가에 귀의하고 보시하면 큰 공덕이 있다. 승가에 귀의한다는 것 은 사심(私心)을 내려놓고 공심(公心)으로 살겠다는 약속이며 불법 (佛法)을 세세생생 전하겠다는 다짐이다. 백장암은 수행자들에게 는 편안한 보금자리가 되고, 지치고 힘든 뭇 삶들에게는 사막의 오 아시스 같은 승가가 되겠다.

부처님의 10가지 이름은
누가 지었을까?

　　인간적인 붓다의 모습을 찾는 사람들은 니까야에 나타난 붓다의 말보다는 비판적으로 불교를 바라보는 서양학자들의 말을 더 존중하고 따른다. 서양에서 불교를 연구했다는 사람들은 가톨릭 신부가 많고 이들은 불교를 종교로 받아들이지 않는 사람들이다. 이러한 서양학자들의 영향으로 부처님 10가지 명호, 12연기, 6가지 신통지 등 갖가지 기적 등을 믿지 않는 이들이 많아졌다. 심지어 정말 소수이기는 하지만 출가자이면서 4향4과의 수행단계나 윤회까지 믿지 않는 사람도 있다. 이런 경향은 대승불교권에서 더 많이 나타나는 것으로 보인다. 대승불교 화엄경 등에서 나타난 부처님이 너무 신격화되었다는 것을 깨닫고 이제는 반대로 너무나 인간적인 붓다의 모습만을 인정하려는 태도가 나타난 것이다. 이들이 스스로 니까야의 어느 부분을 인정하고 어느 부분은 인정하지 않으려는 기준은 과연 타당한가? 자신이 과연 그것을 판단할 만한 능력이 있는가를 자문해야 한다.

　　부처님의 10가지 이름은 누가 지었을까? 후대에 만들어진 것일까? 소나단다경(D4)에는 10호가 다음과 같은 내용으로 등장한다.

> "그분 고따마 존자에게는 이러한 명성이 따릅니다. '이런 이유로 그분
> 세존께서는 아라한[応供]이시며, 완전히 깨달은 분[正等覚]이시며,
> 영지와 실천을 구족한 분[明行足]이시며, 피안으로 잘 가신 분[善逝]
> 이시며, 세간을 잘 알고 계신 분[世間解]이시며, 가장 높은 분[無上
> 士]이시며, 사람을 잘 길들이는 분[調御丈夫]이시며, 하늘과 인간의
> 스승[天人師]이시며, 부처님[仏]이시며, 세존(世尊)이시다'라고."

경에서는 부처님 당시 바라문들이 부처님의 10가지 명호를 모
두 알고 그것을 말하고 있는 장면이 자주 등장한다. 부처님의 10
가지 명호가 널리 퍼져 있음을 알 수 있다. 부처님의 10가지 이름
에는 부처님의 지혜와 자비, 덕성과 능력 등이 나타나 있다. 실제
로 부처님을 지칭하는 이름과 비유들이 이것보다 훨씬 많아서 서
른 개가 넘을 것이라고 추측한다. 아쇼카왕이 세운 석주(石柱) 머
리에 사자, 수소, 말, 바퀴, 코끼리 등의 동물 형상을 안치해 놓았
는데, 이 동물들도 부처님을 상징하는 것이다. 그런데 부처님의
10가지 이름은 누가 만들었을까? 어떤 학자는 10개가 넘는 부처
님 이름이 후대에 만들어진 것이라고 말한다. 부처님이 10가지 이
름을 가진 것도 신격화된 것 중에 하나라는 것이다. 이들은 부처
님이 행하신 신통력이나 마야부인의 오른쪽 옆구리에서 탄생했다
는 우협출생 이야기, 태어나자마자 걸으면서 탄생게를 읊었다는
이야기 등을 거론하면서 경에 나타나는 신통과 이적에 대해서는

신격화라며 거부한다. 여기에 부처님을 뜻하는 10호도 받아들이지 않는다. 그러나 부처님의 10호는 다양한 경에 등장한다. 10호는 모두 과거 부처님들이 사용했던 이름이며 당연히 고따마 부처님도 사용했다. 대전기경(D14)에서 부처님은 91겁 전에 나타났던 윗빠시 부처님 등을 기억하며, 각 부처님을 세존·아라한·정등각이라고 부르고 있다.

> "비구들이여, 91겁 이전에 위빳시 세존·아라한·정등각께서 세상에 출현하셨다. 비구들이여, 31겁 이전에는 시키 세존·아라한·정등각께서 세상에 출현하셨다. 비구들이여, 그와 같은 31겁 이전에 웻사부 세존·아라한·정등각께서 세상에 출현하셨다. 비구들이여, 현재의 행운의 겁 동안에 까꾸산다 세존·아라한·정등각께서 세상에 출현하셨다. 비구들이여, 이 행운의 겁 동안에 꼬나가마나 세존·아라한·정등각께서 세상에 출현하셨다. 비구들이여, 이 행운의 겁 동안에 깟사빠 세존·아라한·정등각께서 세상에 출현하셨다. 비구들이여, 바로 이 행운의 겁 동안에 지금의 아라한·정등각인 내가 세상에 출현하였다."

대전기경에 비추어 보면 과거에 나타났던 부처님들이 항상 같은 이름으로 불리고 있음을 알 수 있다. 그리고 고따마 부처님은 미래부처인 미륵불도 지금과 똑같이 10가지 이름으로 불릴 것이라고 예언한다.

> "비구들이여, 인간들이 8만 살의 수명을 가질 때에 멧떼야(미륵)라는

세존이 세상에 출현할 것이다. 그는 아라한[応供]이시며, 완전히 깨달은 분[正等覚]이시며, 영지와 실천이 구족한 분[明行足]이시며, 피안으로 잘 가신 분[善逝]이시며, 세간을 잘 알고 계신 분[世間解]이시며, 가장 높은 분[無上士]이시며, 사람을 잘 길들이는 분[調御丈夫]이시며, 하늘과 인간의 스승[天人師]이시며, 부처님[佛]이시며, 세존(世尊)이시다."—전륜성왕 사자후경(D26)

이러한 경을 보면 부처님의 10호는 부처님이 다른 부처님들이 사용하던 것임을 기억해내고 당신도 마땅히 이렇게 불려야 한다고 생각하고 제자들에게 가르친 것으로 보인다. 이렇게 제자들이 부처님 10가지 명호를 기억하여 여러 사람에게 알려주었고 급기야는 부처님을 모르거나 싫어하는 이들조차 부처님의 10호를 열거할 수 있게 된 것이 아닌가 한다. 부처님은 자신의 10호를 가르쳤을 뿐만 아니라 부처님 명호를 지속적으로 염하면 큰 공덕이 된다고 가르쳤다. 이런 부처님이 거만하고 잘난 체하는 것일까?

부처님이 10호를 스스로 만들지 않았다고 주장하는 이들은 그 증거를 율장대품에서 찾는다. 율장대품에서는 자신을 다른 비구들과 같이 아라한으로 불렀다는 것이다. 붓다가 다섯 비구를 제도하고 난 뒤 "이 세상에는 이로써 세상에 여섯 명의 아라한이 생겨났다(Tena kho pana samayena cha loke arahanto honti)."라고 말했다는 것이다. 그러나 이 문장은 붓다의 말이 아니라 니까야를 편집한 사람의 말이다. 많은 분들이 편집자의 설명을 붓다의 말이라고 착각하고 붓다가 자신을 다섯 비구와 똑같은 아라한이라고 생각했다는 증거로 내세운다. 붓다는 아라한인 것을 인정했지만 10가지 다른 이름도 인정하였다. 그러나 붓다의 수많은 제자는 아라한 외에 부처님과 같은 10가지 명호로 불린 적이 없다.

그러므로 "초기에는 부처님이나 제자가 똑같이 아라한으로 불렸으나 시간이 지나면서 부처님이 신격화되어 10가지 명호로 불리기 시작했다"는 일부 개론서의 설명은 사실이라고 볼 수 없다. 붓다는 스승 없이 깨달았다. 이 세상에 누구도 자신을 인정해주는 이가 없고 자신의 경지를 추측하는 이조차 없었다. 그런 사람이 끝까지 겸손해하면서 자신의 상태를 말하지 않았어야 했을까? 붓다는 부다가야에서 깨달음을 얻은 뒤 길에서 만난 우빠까 유행자에게 '나는 일체를 이긴 자(sabbābhibhū)요 일체를 아는 자(sabbavidū)'라고 말했다. 붓다는 이런 말을 하지 않았어야 했는가?

그런데 빠알리 경전에 나오는 10호와 한문 경전에 나오는 10호가 다르다. 니까야에서는 여래(tathāgata, 如來)가 10호에 들어가지 않는데, 한문 경전에서는 여래(如來), 응공(應供), 정변지(正遍知), 명행족(明行足), 선서(善逝), 세간해(世間解), 무상사(無上士), 조어장부(調御丈夫), 천인사(天人師), 불세존(佛世尊)으로 나타난다. 한문 경전에서는 여래를 포함하는 대신에 부처님(佛)과 세존(世尊)을 하나로 묶어서 불세존(佛世尊)으로 부르고 있다. 한문 경전에서 10호에 여래(如來)를 넣은 것과 부처님(佛)과 세존(世尊)을 하나로 묶은 것은 바람직하지 않다. 여래(如來)라는 용어는 부처님이 자신을 지칭할 때 사용하던 것으로 제자들이나 외도들이 부처님을 그렇게 부른 적이 한 번도 없기 때문이다. 마치 왕이 자신을 지칭할 때 '짐

(朕)'이나 '과인(寡人)'이라는 용어를 사용했듯이 여래(如來)는 부처님만이 자신을 지칭할 때 사용하였다. 다른 사람이 황제를 부를 때에는 '폐하(陛下)'나 '전하(殿下)'라고 하였듯이 불자들도 부처님을 부르는 이름과 부처님이 자신을 지칭하는 이름을 혼동하지 말아야겠다. 방법은 남방불교에서 하는 것처럼 여래(如來)를 빼고 불세존(佛世尊)을 불(佛)과 세존(世尊)으로 나누어 부르는 것이다.

종단과 승단

한국민족문화대백과사전 등에서 "승가는 일반적으로 사부대중(四部大衆)으로 구성되며, 세분할 때는 칠중(七衆)으로도 구성된다"는 표현이 있는데 이것은 잘못된 설명이다. 승가(승단)는 출가자들의 모임이다. 그냥 모임이 아니라 '대중공사(갈마)와 포살을 통해 대중공의로 운영하는 4인 이상의 비구·비구니 모임'이다. 비구가 되려면 250계를 받고 비구니가 되려면 348계를 받으며 가사와 승복을 입고 삭발을 하며 자신에 맞는 수행을 해야 한다.

종단은 사부대중(출가자와 재가자)의 모임이다. 조계종 종헌 제8조에 '본종은 승려(비구, 비구니)와 신도(우바새, 우바이)로서 구성한다'라고 명시하여 놓았다. 부처님 시대에 승단(승가)은 있었지만 재가자들의 조직은 없었다. 스님들은 언제 누구 아래 수계를 했는지, 포살을 할 때에는 같은 지역(현전승가)에 몇 명이 살고 있는지 알고 있었다. 그런데 부처님 당시에 마가다국의 죽림정사, 코살라국의 기원정사에는 신도들의 조직이 없었다. 근대에 '종단'이 만들어지고 종헌·종법이 만들어지면서부터 신도조직이 나타나고 관리되기 시작한다. 재가자들은 신도회, 청년회, 학생회 등으로 세분화되고 신도증, 불교대학 졸업증, 포교사 자격증 등 일정한 교육을 받으면서 소속감을 가지고 일을 할 수가 있다.

종단의 구성원인 재가자들은 종단 발전을 위해 무엇을 할 수 있는지 연구하고 고민하는 자세가 필요하다. 종헌·종법이 불합리하고 재가자의 권리가 제한되어 있다면 종헌·종법 개정 요구를 해야 하고, 불자들이 공부해야 할 『불교성전』이 잘못 편찬되었다면 『불교성전』을 잘 만들어 달라고 청원해야 하다. '거룩한 스님들께 귀의하다'라는 삼귀의가 잘못된 것도 변경해 달라고 해야 하고, 재가자들이 먼저 세미나를 열어 종단에 제안하는 것도 필요하다. 현대사회에 맞는 불교공부, 현대 정보기술과 문화재를 활용한 포교방법 연구 등 각 분야에서 재가자가 해야 할 일이 많다.

조계종단은 '사부대중 공동체'이다. 재가자가 승단에 포함되지 않는 것은 차별이 아니라 남녀차이 같은 차이이다. 차이를 차별이라고 억울해하는 것은 아직 승가의 의미를 모르는 것이다.

조계종노조의 박정규 종무원이 2022년 봉은사와 조계사 앞에서 해고자 복직과 자승스님이 총무원장 선거에 개입하지 말라는 요구를 하며 1인 시위를 했다. 그는 종단의 구성원이기에 시위할 자격이 있다. 조계종이라는 한 종단에 소속되어 있기에 재가자는 출가자를 비판할 수 있고 종단의 구성원으로서 종단의 운영방법인 종헌·종법 개정 요구를 할 수 있다. 재가자도 일부 승려만 총무원장에 출마할 수 있게 되어 있는 조계종 선거법 개정 운동을 할 수 있고 사회법이 보장하는 한에서 국가보조금을 받아 불법적으로 사용하는 승려를 고발하고, 선거 때 돈 선거를 못 하도록 감시할 수도 있다. 재가자들이 자신들의 의무와 권리를 잘 알고 그러한 권리와 의무를 이행하는 것으로도 종단과 승가를 변화시킬 수 있다.

　부처님 당시에 부처님도 말리지 못한 스님들 간의 싸움을 재가자들이 그치게 한 일이 있다. 한때 꼬삼비 비구들이 두 파로 갈라져 다툼을 벌였다. 한 파는 계율을 가르치는 스승을 따르는 비구들이었고, 다른 파는 경을 가르치는 스승을 따르는 비구들이었다. 이 두 파는 서로 자기네 주장이 옳다고 다투면서, 부처님께서 여러 차례 간곡하게 다툼을 그만두고 화해하라고 권했음에도 불구하고 다투기를 그치지 않았다. 부처님은 그 비구들을 떠나 빨릴레이야까 숲속에 가시어 코끼리의 심부름과 보살핌을 받으시며 우기 석 달을 보냈다. 꼬삼비 불자들은 이 사실을 알고 스님들에게 공양을 올리지 않았다. 굶주리게 된 비구들은 부처님을 찾아가 참회하고 부처님을 다시 꼬삼비로 모셔 왔다. 비구들이 부처님께 석 달 동안 숲속에서 혼자 지내시느라고 얼마나 고생이 많으셨는지 여쭈었을 때 부처님은 저 빨릴레이야까 코끼리가 여래를 잘 보살펴주었기 때문에 여래는 편안하게 지냈다고 대답했다. 그러고는 너희들도 빨릴레이야까 코끼리 같은 훌륭한 벗이 있다면 그와 함께 지내고 착한 벗이 없다면 홀로 지내는 것이 좋다고 말하였다.

　　만일 총명하고 품행이 바르고
　　슬기롭고 진실한 벗을 얻을 수 있거든
　　그와 함께 기쁘고 안락하게 살아가라.

그러면 생사의 위험에서 벗어나게 되리니.

그러나 만일 총명하고 품행이 바르고
슬기롭고 진실한 벗을 얻을 수 없거든
자신의 승리로 세운 나라를 버리고 홀로 지내는 왕과 같이,
마땅가 코끼리가 홀로 숲속에서 삶과 같이
기쁘고 안락하게 홀로 살아가라.

율장과 거리가 먼
종헌·종법

　　　　　나라에는 헌법이 있고 종단에는 종헌·종법이 있다. 승가는 인류가 만든 가장 오래된 민주공동체로서 율장의 규칙에 의해서 운영되어왔다. 대한불교조계종은 단순히 여러 종단 중의 하나가 아니라 1600년 불교 역사의 정신적·물질적 전통을 계승하고 발전시켜온 한국의 대표종단이다. 남방불교든 북방불교든 대한불교조계종처럼 하나의 승가(종단)가 전체의 승려들을 규율하고 사찰을 운영하는 승가는 없다. 대한불교조계종은 전 세계에서 유례를 찾아보기 힘들게 대한민국의 거의 모든 사찰을 총괄하고 승려들을 규율하고 있다. 조계종은 하나의 종헌·종법으로 출가자가 수계하고 종단이 운영되는 하나의 커다란 현전승가이다. 조계종이 하나의 현전승가라는 사실에는 많은 의미가 포함되어 있다. 그러나 현재 종단의 종헌·종법은 조계종을 하나의 현전승가로서 취급하지 않고 율장정신과 멀어져 있다. 가장 크게 멀어진 부분은 현전승가로서 대중공의를 따르지 않는다는 것이고, 구성원이 승가 내에서 평등하지 못하며 균등한 분배가 이루어지지 않는다는 점이다. 종단이 수행을 돕고 지원하는 역할을 하는 것이 아니라 명예와 이익과 권력을 추구하는 장소로 변질되었다. 율장정신에 맞지 않는 종헌·종법 몇 가지를 예로 들어보겠다.

종헌 제3조 "본종의 소의경전은 금강경과 전등법어로 한다"는 소의경전 제도는 삭제되어야 한다. 2600년 불교사에 나타난 다양한 경전을 맥락에 맞게 공부하고 일반 불자들은 초기 경전부터 역사적인 순서대로 공부하게 해야 함에도 소의경전을 정해서 한계를 짓는 것은 스스로를 가두는 어리석은 행위이다.

종헌 제8조에는 "본종은 승려(비구, 비구니)와 신도(우바새, 우바이)로서 구성한다"라고 되어 있다. 이것을 "본종은 승단(비구, 비구니)과 교단(비구, 비구니, 우바새, 우바이)으로써 구성한다"라고 변경하여 승단, 교단을 나누어야 한다. 승단법으로 승려를 규율하고, 교단법으로는 승려와 재가자가 동등하게 종회를 구성하여야 한다. 출가자가 줄어드는 경향을 감안하여 승려는 수행과 포교에 매진하도록 하고 승단의 중요한 일은 승려 전체가 참여하는 직접민주주의제로 결정해야 한다. 이렇게 되면 예산이 없다는 핑계로 수행연금 등 승가의 당연한 의무를 뒤로 미루거나 포기하는 일이 일어나지 않게 된다.

종헌을 바꾸는 문제, 대승범망경의 존치 문제, 총무원장 선출 등의 문제도 승려 전체의 의견을 물어 결정해야 한다. 주지 없는 사찰을 인터넷에 공개하여 자비(自費)로 개인 처소(토굴)를 마련하려는 스님들이 기존의 사찰에서 소임을 볼 수 있는 기회를 제공하고, 전국 사찰의 객실(客室) 상황도 인터넷에 올려 청결하고 친절하게 객실을 관리하지 못하는 주지에게 불이익을 주고, 승려들의 민원도 문자메시지(카톡 등)로 받아서 즉각적으로 처리하는 등 전체 승려들의 의견을 묻는 시스템을 마련해야 한다.

종헌 제9조 1항은 "승려는 구족계와 보살계를 수지하고 수도 또는 교화에 전력하는 출가 독신자라야 한다"고 되어 있다. 승려가 독신이어야 하고 승단은 대중공의로 운영되어야 하는 것은 너무나 당연한 상식이기에 율장에는 '독신자'와 '대중공의제'라는 조항이 없다. 그런데 종헌·종법에 독신자라는 표현을 넣은 것은 그만큼 종헌을 만들 때 종단 상황이 어지러웠기 때문일 것이다. 마찬가지로 승단이 대중공의제로 운영된다는 조항이 종헌에 삽입되어야 한다. 대한민국 헌법 제1조 "대한민국은 민주공화국이다. 대한민국의 주권은 국민에게 있고, 모든 권력은 국민으로부터 나온다"라고 명시되어 있다. 이러한 민주주의 선언이 조계종의 종헌에 삽입되어 '대한불교조계종 승단의 주인은 승려이고 승단은 대중공의제로 운영된다'로 개정해야 한다.

종헌 제9조 1항은 다음과 같은 문장이 이어진다. "다만, 대처승(통합종단 출범 시 귀의한 자에 한한다)의 기득권을 인정하되 다음 각 호에 해당하는 자는 정상적인 승려로 인정하며 기타는 그 자격에 따라 포교사 및 주지서리에 등용할 수 있다." 1962년 대처승들을 껴안으면서 만들어진 통합종단 종헌이기에 이러한 표현이 나타난다. 그런데 1970년 대처승 측이 태고종을 만들어 떨어져 나간 지 48년이 되었는데도 이런 표현을 방치한다는 것은 있을 수 없는 일이다. 또한 3항 "본종의 승려가 사설 사암을 창건하였을 때는…"은 따로 '사유재산'이라는 조항으로 독립시켜서 사유재산을 갖도록 하되 한도를 제한하고, 공직에 나서는 승려의 '재산공개 의무'를 명시해야 한다. 사분율과 양립할 수 없는 보살계 수계를 모든 스님들이 의무적으로 받도록 하는 규정은 모순이므로 개정해야 한다.

종헌 제53조 1항 "총무원장의 자격은 승납 30년, 연령 50세, 법계 종사급 이상의 비구로 한다"는 조항만 보면 총무원장의 자격이 누구에게나 열려 있는 듯하다. 그러나 종법인 선거법 제13조에는 총무원장 자격을 "1. 중앙종회 의장, 호계원장, 교육원장, 포교원장 역임 2. 교구본사 주지 4년 이상 재직 경력 3. 중앙종무기관 부·실장급 이상 종무원 2년 이상 재직 경력 4. 중앙종회 의원 6년 이상 재직 경력 5. 각급 종정기관 위원장 역임"이라고 제한을 둠으로써 종헌에서 규정하는 총무원장 자격 기준을 크게 훼손하고 있다. 종도들의 참종권을 방해하는 이러한 법 때문에 참신하고 능력 있는 젊은 스님들이 종단에 기여할 수 있는 길이 원천 차단되어 있다. 종단은 정치승들만의 놀이터가 되어버렸고 종도들은 종단에 애종심을 갖지 못하고 방관자가 되어버렸다. 더욱 가관인 것은 2022년 1월 총림법을 개정하여 총무원장·중앙종회의장·호계원장의 4년 경력으로도 방장에 선출될 수 있게 했다는 것이다. 총무원장이 되는 자격은 더욱 축소해 놓고 방장이 되는 자격은 더욱 확대해 놓은 것이다.

승려법 제26조에는 "종단은 승려의 교육받을 권리를 최대한 보장해 주어야 한다"고 교육받을 권리, 연수받을 권리 등을 열거해 놓았지만 '승려의 의무'만 명시되어 있고 실질적인 '승려의 권리'

는 없다. 생활에 필요한 가사와 승복값을 개인에게 부담하게 하고 교육비 연수비도 개인에게 부담시키고 있어 실제적인 권리는 없고 의무만 있을 뿐이다. 승려가 살아갈 수 있는 탁발, 객실 사용 등의 권리가 없어진 현실에서 승려 개인들에게 생활비용, 교육비용을 부담하게 하는 이러한 법 때문에 종단(승가)의 존재가 유명무실하게 되어 스님들이 각자도생하게 되는 것이다.

승려법 제34조의 2항 "승려(본조는 사미, 사미니, 식차마나니를 포함한다)는 종단의 공익과 중생 구제의 목적 이외에는 본인이나 세속의 가족을 위하여 개인 명의의 재산을 취득하여서는 아니된다"라고 되어 있어 사실상 사유재산을 인정하고 있다. 이 조목은 유명무실하여 조계종 승려들은 개인 통장, 개인 토굴, 개인 암자, 자가용 등 사유재산을 소유하고 있다. 이렇게 넘쳐나는 사유재산 문제는 승가공동체를 파괴하는 가장 큰 요인이다. 승가 안에서의 빈부격차는 승가의 위계질서를 무너뜨리고 승려 간에 고용인과 피고용인의 관계가 되도록 만들었다. 이렇게 능력껏 재산을 소유하게 만들어 놓았으므로 더 많은 돈을 벌기 위하여 선거 때마다 돈 선거를 하고, 고급 자동차와 고급 토굴을 마련하여 살고, 주지 자리를 사고팔고, 해외 원정도박, 골프 등 지탄받는 일들이 일어나게 된 것이다. 차라리 얼마까지 재산을 인정하고 그 이상의 재산은 압수하는 종법이 만들어져야 한다. 대신 승려의 생존권이 보장되는 종법(승려복지법)이 뒷받침되어야 할 것이다.

승려법 제46조에 "불계 중 4바라이죄를 범하여 실형을 받은 자는 멸빈에 처할 수 있다"고 되어 있는데 '실형을 받은 자' 부분은 삭제되어야 한다. 이 조항은 안타깝게도 은처를 두고 살고 있더라도 실형만 받지 않으면 징계받지 않는 현상을 만들어냈다.

승려법 제47조 16항 "상습적으로 탁발하는 자를 공권정지 5년 이상 제적의 징계"에 처할 수 있게 만들어 놓아서 율장의 가르침과 정면으로 위배된다. 부처님 앞으로 출가한 출가자들은 사방승가의 재산을 사유화할 수는 없지만 누구나 공유하고 사용할 수 있도록 제정해 놓았다. 이 때문에 사찰 토지와 임야가 미래 승가에 간단없이 전해진 것이다. 경장과 율장에 탁발하는 방법, 객스님을 맞이하는 방법 등이 자세히 설명되어 있는데 대한불교조계종은 탁발을 금지하고 객실을 폐쇄함으로써 승려들이 당연히 누려야 할 권리를 제한하고 있다.

산중총회법 제6조 산중총회의 구성원 자격에 "1. 당해 교구의 재적승으로 법계 중덕 이상의 비구 2. 당해 교구본사에서 임명받아 1년 이상 상근한 국장 이상의 종무원 3. 당해 교구 본말사 주지로 재직 중인 비구"로 비구니가 산중총회에 참여할 수 있는 기회를 철저하게 배제하고 있다. 덕숭총림 수덕사의 경우 견성암선원, 보덕사선원, 환희대, 선수암, 극락암 등에 거주하는 구참 스님들은 산중총회에 참석할 권한이 없는 황당한 법이다. 위 문장에서 '비구'를 '승려'로 변경하여야 한다.

선거법 제12조에는 "선거일 현재 다음 각호의 어느 하나에 해당하는 비구는 그 교구에서 선거하는 중앙종회의원의 선거권이 있다"라고 되어 있다. 비구니스님들은 중앙종회 선거권이 원천적으로 차단당하고 있을 뿐만 아니라 교구종회 선거권, 산중총회 구성원 자격, 총무원장 선거권 등 모든 선거법에서 차별받고 있다.

선거법 제75조 3항 "직능대표선출위원회는 해당 분야의 전문성을 갖춘 종사자를 직능대표 중앙종회의원으로 선출하여야 한다"는 조항은 2019년 3월 27일 중앙종회에서 "전문성을 갖춘 종사자" 부분을 삭제해버렸다. 이제 아무나 자신들의 편이라면 선출할 수 있게 된 것이다. 해당 분야의 전문성이 없는 사람을 선출하는데 '직능대표선출위원회'가 필요한가? 참으로 어처구니없고 황당한 일이다.

이 밖에 조계종 종헌·종법은 율장과 어긋나서 고쳐야 할 곳이 많다. "도당을 형성하여 반불교적 행위를 자행하는 자를 멸빈에 처한다"는 조문이 있는데 '반불교적'이란 표현을 자의적으로 해석하여 반대파를 징벌하는 용도로 악용되고 있다. 현재 초심호계원은 7인으로 구성되는데 4명 이상이 찬성하면 제적 멸빈을 시킬 수 있다. 그런데 율장에 의해 승려를 승단에서 추방(멸빈)하기 위해서는 20명 이상의 승려가 참여하여야 한다. 승려의 징계는 절차가 적법해야 하고 승가 대중의 숫자도 적법해야 한다.

지금 종헌·종법처럼 징계하는 구성원의 숫자도 모자라고 징계 절차가 불공정하면 화합승가로 나아갈 수 없다. 불공정하게 징계를 당하다 보니 억울하게 징계를 당한 승려들이 많아지게 되고 지금처럼 종단을 신뢰하지 못하는 상황이 되었다. 모든 사찰이 관광지가 되어 스님들이 문화재 지킴이로 살게 되었다는 비판을 받고 있는 이때에 승단은 세속인들처럼 사업을 하고 상식에 어긋나는 종법을 만듦으로써 종도들을 배반하고 있다. 템플스테이는 마음에서 우러나는 자율보시 제도로 바꾸어야 하고 문화재 관람료 등 입장료도 무료화해야 한다. 조계종은 대한민국의 1%에 해당하는 임야를 가지고 있으므로 이것을 국민의 휴식과 힐링 공간으로 활용할 수 있다. 이때도 이용자들의 자율적인 보시로 운영해야 한다. 돈을 주고받으며 부처님 법을 가르친다는 것은 근본적으로 부처님 가르침에 위배된다. 승가의 결정은 대중공의제를 기반으로 결정되어야 승단이 화합할 수 있으며 불법이 오래 머물게 된다. 대중공의제로 운영되어 소통하는 승가, 탄력적이고 원활한 집단지성으로 운영되는 승가로 변환하지 않고서는 머지않아 불교와 승가는 이 땅에서 사라지고 말 것이다.

탁발을 허(許)하라

　　부처님이 열반하시고 나서 승가는 부처님이 제정한 계율 이외에 새로운 계율을 만들 수 있을까? 시대의 변화에 맞추어 새로운 규칙을 정하고 사소한 규칙은 없앨 수 있는 권한이 승가에 주어졌다. 이것은 불멸 후 227개였던 빠알리율이 사분율에서는 250개가 된 것으로도 알 수 있다. 불상과 탑에 관련된 새로운 규칙을 20여 개나 더 만들고 율장에 포함한 것은 부처님과 같은 권위가 없다면 할 수 없는 일이었다. 부처님의 권한을 불멸 후에는 승가가 물려받은 것이다. 제1차 결집이나 제2차 결집의 내용을 주석서에 넣어 전승하지 않고 율장에 넣어 전승하는 것도 그만큼 승가의 결집이 중요한 권한을 갖는다는 것을 상징적으로 보여준다.

　부처님이 열반하시고 2600년이 흐른 지금의 대한불교 조계종의 모습은 어떤가? 제2차 결집에서 비법(非法)으로 결정된 10가지 조항들이 모두 정법(正法)인 것처럼(금은을 받는 것, 오후 불식 등) 행해지고 있다. 대승불교라는 이름으로 승려와 재가자의 하는 일이 모호해져서 종단이 수익사업을 하고 승려가 생존을 위해 각종 사업을 하는 지경에 이르렀다. 사분율로 구족계를 받고 보살계를 받도록 하고 있는데 각 계본의 내용을 안다면 계를 주는 사람이나 받는 사람이나 도저히 수용할 수 없을 것이다. 그런데도 2가지 이질적인 계를 수계하는 모순조차 자랑스러운 전통으로 삼고 있다.

율을 배우지 않고 종헌·종법으로 종단을 운영하니 이제 개인적인 일이나 사찰의 업무를 처리할 때 율장을 들여다보는 사람은 없다. 종헌·종법의 역할이 그처럼 중대해졌는데도 종헌·종법이 어떤 내용인지 아는 승려들도 거의 없다. 종헌·종법은 사판승들이나 보는 것으로 치부해버린다. 율장도 가르치지 않은 것처럼 종헌·종법도 가르치지 않기 때문에 승려들이 종단과 승가에 관심과 애정이 없는 이유일 것이다. 율장에는 객스님을 맞이하는 법, 탁발하는 법 등 승려들의 의식주에 대한 내용이 자세하게 나오는데 종법(宗法)으로 탁발 등을 금지함으로써 율장이 쓸모없는 책이 되어버렸다.

조계종 승려법 제47조에는 공권정지 5년 이상, 제적의 징계에 처하는 범계(犯戒) 행위들에 대해서 열거해 놓았다. 그중에 하나가 '상습적인 탁발 행위자'이다. 즉 조계종에서는 상습적으로 탁발을 하면 승복을 벗기는 제적의 징계를 내린다는 것이다. 이것은 '상습적으로 금전을 걸고 도박행위를 하는 자'와 동급의 징벌이다. 탁발을 하는 것이 도박을 하는 것과 같은 나쁜 짓으로 평가되고 있는 것이다. 부처님이 보시면 통탄할 일이다.

수행자의 생계수단인 탁발은 종법으로 금지되어 있고 종단 지침으로 객승으로 다니는 것도 환영받지 못하고 있다. 큰 사찰을 방문해도 주지가 객실이 없다고 하면 잠을 자기 위해 저잣거리의 여관으로 가야 한다. 일전에 선배 스님을 모시고 전국 사찰을 탐방하면서 절실하게 느꼈다. 템플스테이를 원하는 재가자는 환영해도 수행자는 거부하는 것이 종단의 현실이다. 탁발이 포함하고 있는 긍정적인 면들이 너무 많다. 열 가지만 열거해보자.

1. 수행자가 항상 생존의 문제에 관심을 갖고 살게 되니 번뇌가 줄어든다.
2. 내 생명이 재가자들에게 의지해 있다는 것을 알게 되어 음식을 보시하는 재가자들에게 감사한 마음을 갖게 된다.
3. 승려의 삶이 소욕지족하는 삶으로 전환된다.
4. 탁발문화가 살아나면 객실문화도 살아나서 전국의 사찰에서 승려들이 눈치 보지 않고 머물게 된다.
5. 승려들이 비싼 차를 타거나 비싼 호텔에 드나드는 것이 줄어들게 된다.
6. 자연적으로 오후 불식을 하게 된다.
7. 사미도 장로 총무원장도 똑같이 탁발을 하므로 승려들 간의 평등이 이루어진다.
8. 승려 사이에 빈부 차이가 지금보다 많이 줄어든다.
9. 이제까지 호화스럽게 살아왔던 승려들은 불편하여 승가를 떠나게 된다.
10. 청정화합 승가에 안식처를 구하는 사람들이 늘어난다.

물질에 지배받는 자본주의에서 돈의 노예가 되지 않기가 어렵다. 더구나 승려들에게 개인통장, 자동차, 개인사찰 등 사유재산이 마음껏 허락되는 현재의 풍토에서 소욕지족으로 살아가기가 쉽지 않다. 소유한 만큼 번뇌도 많아지게 마련일진대, 지금 종단의 현실에서는 소유의 홍수를 막을 뾰족한 수가 없다. 탁발을 되살려 승려들이 자발적으로 가난해지고 대중공의를 모아 승가를 운영하는 것이 유일한 희망이라고 본다. 만약 사찰의 위치가 마을과 거리가 멀거나 몸이 아파서 거동이 불편하여 가가호호 방문하는 탁발을 할 수 없다면 사찰에서 간접적으로 탁발하는 방법을 강구할 수도 있다.

종단에서 대중공의제가 사라지고 탁발을 금지했듯이 승가를 '스님들'로 번역한 것도 승려들의 무지를 드러낸 사건이다. 승가를 '스님들'쯤으로 이해하니 승가공동체의 중요성이 사라지고 승가의 역할을 알지 못하고 승가의 보호를 받지 못하게 되었다. 승려들이 각자가 가진 권리를 모르니 승가의 주인 노릇을 하지 못하고 눈치 보며 사는 주변인이 되었다. 그리하여 승려 간에는 빈부 차이가 벌어져 세속의 갑을 관계로 전락하고 사찰은 이익을 추구하는 사업장이 되고 말았다.

현대사회에서 승려의 탁발을 금지하는 것이 '다른 종교인에 대한 배려 차원'이라는 주장을 본 적이 있다. 그렇다면 부처님은 탁발을 했기에 다른 종교를 배려하지 않은 것인가? 부처님은 왜 가뭄이 든 마을에서도 탁발을 했던가? 부처님 제자로서 의무를 망각한 대답이라고 본다. 승가공동체에 속한 승려라면 당연히 알아야 할 가장 중요한 가치를 알지 못하고 살아가는 참담한 모습이다. 탁발을 나갔다가 음식을 구하지 못하였다면 그날은 굶어야 한다. 음식을 얻지 못하는 날에 굶는 수행자, 이런 수행자들이 있다면 불교가 저절로 부흥할 것이다.

율장에 나타난
직접민주주의

　　　　　승가에서 어떠한 문제가 발생하면 그것을 해결하는
방법이 대중공사다. 한문으로는 멸쟁법(滅爭法)이라 한다. 대중공
사를 하게 되는 이유는 여러 가지인데 경과 율에 대해 이견으로 나
타나는 논쟁사(論爭事), 어떤 행위에 대한 이견으로 비난사(非難
事), 파계인가 아닌가를 다루는 죄쟁사(罪爭事), 포살, 자자, 안거,
울력 등 승가의 대소사를 결정하는 행쟁사(行爭事)가 있다. 대중공
사에서 가장 중요한 것은 거주하는 대중(현전승가)이 전부 참석하
여야 한다는 조건이다. 이러한 조건으로 만장일치니 다수결이니
하는 결정이 나오게 되는 것이다. 정견과 사견의 문제나 범계와 비
범계를 다루는 대중공사는 승단의 분열을 가져올 수 있기에 신중
하고 엄격하게 진행되어야 한다. 그러나 승단의 지도자를 선출하
는 문제는 임기가 있는 사람을 선출하는 것이기에 승단의 분열까
지는 가지 않는다. 오히려 절차를 제대로 지켰는지가 중요하다.
　율장의 만장일치와 다수결 원칙은 승가가 대중공의로 운영되
어왔음을 말한다. 후보자가 한 사람이거나 혹은 여러 사람의 후보
자가 단일화되면 만장일치로 선출되게 되고 후보자가 둘 이상이

면 다수결로 선출되는 것이다. 이때 표결 방법으로 대중의 침묵, 거수, 산가지 던지기 등이 있는데 요즈음은 투표용지에 후보자 이름을 적거나 도장을 찍는다. 이러한 전통을 이어받아 대한불교조계종은 종헌·종법에 선거법을 따로 만들었다. 현재의 종헌·종법은 모든 의결을 다수결로 하게끔 되어 있고 심지어 종헌을 고치거나 종정을 선출하는 데에도 다수결로 한다. 다수결로 하는 종법의 몇 가지를 소개한다.

- 산중총회는 구성원 과반수의 출석으로 개회하고, 출석한 구성원 과반수의 찬성으로 의결한다.
- 종무회의 의결은 종무위원 과반수의 찬성으로 한다.
- 호계원회의는 재적 위원 과반수의 출석과 출석 위원 과반수의 찬성으로 의결한다.
- 종정의 추대는 원로회의 의원 재적 과반수 이상의 찬성으로 한다.
- 본사 주지 후보자가 1인 등록한 때에는 만장일치로 후보자를 선출한 것으로 하고, 후보자가 2인 이상 등록한 때에는 산중 고유의 방식으로 최종후보자를 결정하되, 산중의 총의를 모으기 어려운 경우에는 비밀투표에 의하여 최종후보자를 선출한다.

율장을 자세히 읽어보지 않은 사람은 선거가 승가의 전통에 맞지 않는다고 하며 산중 고유의 방식을 강조한다. 그러면서 산중 고유의 방식을 만장일치 추대라고만 이해한다. 후보자가 1인 등록한 때에는 만장일치가 될 수 있다. 실제로 산중총회법에도 후보자가

1인 등록하면 만장일치로 선출한 것으로 본다. 그러나 후보자가 2인 이상이면 만장일치 또는 다수결로 결정되어야 한다. 이렇게 산중 고유의 방식이란 만장일치와 다수결을 의미한다. 그러기에 방장이나 종정이 만장일치가 아닌 다수결로 선출되어도 종헌·종법에 어긋나는 것이 아닌 정당한 절차를 따른 것이다. 다수결 표결이 부처님 당시에는 대나무 산가지를 던지는 것이었다면 지금은 용지에 도장을 찍는 것으로 변화했을 뿐이다.

　교통이 발달하지 않은 옛날에는 지역적으로 결계에 따라 대중공사를 따로 하였다. 그래서 조계종과 같은 거대 종단에서는 중앙종회 같은 대의기관이 필요했다. 어떤 사안이 있을 때마다 전국에 흩어져 있는 승가대중의 뜻을 물어 대중공사를 하기가 어려웠기 때문이다. 그러나 지금과 같이 정보와 교통이 발달하여 언제든지 대중의 뜻을 물어 결정할 수 있는 시대에는 중앙종회가 불필요하다. 1만 3천 명 전체의 의견을 모으는 것이 몇 시간이면 가능하기 때문이다. 2016년 '총무원장직선특위'에서 (주)한국리서치에 위탁하여 승납 10년 이상인 비구, 비구니 천 명에게 설문조사를 실시하였는데, 80.5%가 직선제를 지지하였다. 대중공사의 정신에서 보면, 이렇게 대중의 의견이 확인되면 그대로 실시하면 된다. 그런데 이것을 중앙종회가 거부했다. 대중공사의 결정 사항을 소수인원인 중앙종회가 거부한 것이다. 이것만 보더라도 지금 종단은 대중의 뜻에 따라 운영되기보다는 소수의 권력집단에 의해서 움직이고 있음을 알 수 있다. 본사 스님들이 모이는 포살일에 본사별로 투표를 하게 하면 시간과 비용을 따로 들이지 않고 얼마든지 대중의 손으로 수행지원금 지급, 종헌 개정과 같은 종단의 운영 방향을 결정할 수 있고 종단 소임자도 간단하게 선출할 수 있다.

종단지도자와 종단의 중요한 결정은 대중이 하고 세세한 종법 제정은 중앙종회가 하면 된다. 지금처럼 중앙종회가 종법을 정하고 지도자까지 선출하는 것은 오히려 승가의 대중공의제를 위반하는 것이다. 더군다나 종회의원이 될 때 돈 선거를 하여 종회의원이 되고, 패거리를 지어 행동하는 사람들에게 대중의 뜻에 맞는 일을 할 것이라고 기대하기 어렵다.

얼마 전 중앙종회에서 '상습적 속복 착용자'에 대한 징계조항을 삭제하고 직능별로 종회의원을 선출하는 제도도 없애버렸다. 이런 것은 명백하게 대중의 뜻과 어긋나는 일이다. 승가대중이 원하지 않는 일을 중앙종회가 저지르는데 막을 방법이 없다.

2022년에는 총림 방장 자격을 "20안거 이상 성만한 경력과 총무원장, 중앙종회의장, 호계원장을 4년 이상 재직한 경력자"로 변경하였다. 수행력이 있어야 하는 이판(理判)의 고유영역을 평생 선방에 가보지 않은 사판(事判)이 할 수 있게 만든 이유는 동화사 방장 추대와 관련이 있다. 총림법을 개정하고 석 달 후 서의현이 동화사 방장 후보가 되었고 마침내 중앙종회에서 방장으로 인준되었다. 서의현은 전문선원에서 20안거 이상 성만하지 못하여 방장 자격이 없지만 이번 종법의 개정으로 동화사 방장 후보가 될 수 있게 된 것이다. 이렇게 중앙종회가 어느 특정인을 위해서 종법을 개정하는 일을 서슴지 않고 있다.

전체 승려가 지도자를 선출하고 중요한 종단의 문제도 전체 승려가 결정하게 되면 지금처럼 종권을 탐하는 승려들이 발붙이기 어려워질 것이다. 또 승려복지, 승가교육 등 종단의 중요한 문제를 전체 승려의 손으로 결정할 수도 있다. 지금도 많은 스님이 율장의 만장일치나 다수결이 모두 대중공의제로서 현대의 직선제와 같은 줄 모르고 선거를 사회법에서 가져온 것으로 착각하고 있다. 승가야말로 민주주의 공동체의 원형이다. '조계종 승가의 주권은 승려에게 있고, 모든 주권은 승려로부터 나온다'는 당연한 사실에 승려들이 눈을 떠야 한다. 승려 각자가 자신의 권리를 알 때 비로소 민주승가가 된다.

걸망 둘 곳이 없어요

　　땅을 파고 그 위에 거적 따위를 얹고 흙을 덮어서 추위와 비바람을 막게 하여 지은 집을 토굴 혹은 토굴집이라 한다. 그런데 절집에서 불리는 토굴은 그런 개념이 아니다. 스님들이 말하는 토굴은 시골의 비어 있는 흙집을 개조해 사용하는 것부터 벽돌로 지은 양옥집과 전통 사찰형으로 지은 기와집 등 형태가 다양하다. 이러한 토굴이 암자나 사찰로 불리면 조계종 법에 따라 미등록 사설 사암이 되기에 토굴을 가진 스님들은 자신의 주거공간이 토굴로 불리길 원한다. 토굴이 종법을 피해서 합법적으로 개인재산을 가질 수 있는 수단이 된 것이다.

　　토굴에 사는 스님들에게 어떻게 토굴을 장만했냐고 물으면 거의 한결같이, "선방에 다니다가 몸이 아파 몸조리를 위해서" 혹은 "해제하면 갈 곳이 없어서 걸망이라도 풀어 놓으려고" 토굴에 살게 됐다고 한다. 스님들은 교구본사나 말사 주지를 살고 나서 토굴을 장만하는 경우도 있지만 대부분은 속가의 도움을 받거나 이른바 부전살이(법당에서 예불을 올리고 청소하는 소임으로 요즈음은 구인광고를 통해서 구하는 경우가 많음)를 하여 토굴을 마련한다.

2013년 조계종 종단쇄신위원회는 조계종 모든 승려에게 적용되는 새로운 청규를 만들었다. 새 청규에는 "값비싼 세간의 숙박시설 투숙을 삼가고, 아파트나 단독주택 형태의 '토굴'에 사는 일을 삼가야 한다"고 규정되어 있다. 그런데 대부분의 스님들은 이러한 청규가 지켜질 것이라고 믿지 않는다. 삼가야 한다는 권고 수준인 데다 토굴을 마련할 수밖에 없는 승가의 구조적인 문제가 있기 때문이다. 사찰의 현금 재원이 해당 사찰 스님들 몇몇에만 사용되기에 대다수 스님은 책과 개인 사물을 보관할 장소가 없으며, 질병이나 사고 등에 대비한 의료대책이 취약하다. 또한 고정적이고 정기적인 보시금이 없어 불안정한 떠돌이 삶을 살고 있다. 스님들의 노후생활 대책이 종단적으로 마련되지 못함에 따라 대다수 스님은 개인적으로 토굴이나 사설 사암을 만들게 된다. 공찰을 몇몇 문중이 독점하고 사찰에서 나오는 자금을 특정한 스님들만 사용하게 되다 보니 발생하는 결과다. 종법과 청규는 스님들로 하여금 무소유로 청빈하게 살아가도록 의무화하고 있는데 종단의 현실은 어느덧 사찰의 공유재산을 개인이 장기간 점유하여 사유화되고 있다.

사유재산이 늘어나면 승가 안에서 부익부 빈익빈의 현상이 날로 심해져 승가의 화합을 가로막는 가장 큰 요인이 될 것이다. "걸망 둘 곳이 없다"고 외치는 스님들에게 종단은 "토굴 마련하지 마세요"라고 대답만 할 게 아니라 구조적인 해결을 모색해야 한다.

승가의 구조적인 모순을 해결하기 위해 종단 차원에서 해야 할 일은 많겠지만 최우선시해야 할 일이 있다. 각 사찰에 노스님이 마

음 놓고 지낼 수 있고 병간호까지 받을 수 있는 방사를 의무적으로
준비하여 노스님을 편안히 모셨으면 한다. 종단에서나 본사에서
노스님을 모시겠다는 스님에 한하여 주지 발령을 한다면 어려운
일도 아닐 것이다.

어쩌다 어른, 어쩌다 종사

　　　　　하늘은 높고 햇살은 눈 부시다. 10월의 끝자락, 바람은 싸늘해졌다. 가을이 깊어가는 소리에 나그네는 떠날 궁리를 한다. 오라는 곳은 없지만 언제나 갈 곳은 많다. 어디를 다녀올까 궁리하다 종단 연수교육을 발견했다. 법랍 30년 이상의 비구(宗師), 비구니(明德) 스님들을 대상으로 주어지는 종단지도자 최고 특별과정이다. 어쩌다 어른이 된 것처럼 어쩌다 종사(宗師)가 되고 보니 드디어 최고특별지도자 과정에 참여자격이 주어진 것이다. 육지가 아닌 제주도라는 점도 마음을 이끌었다. 연수교육을 받으러 간다고 하자 백장선원에서는 청규에 따라 연수비를 지급하였다. 대중 누구나가 주인이 되는 도량이라서 가능한 혜택이리라. 교육원에 송금을 했는데도 연수교육에 대한 프로그램 안내가 오지 않는다. 교육원에 전화하여 알아보니 송금을 하고 나서 전화로 알려야 완전한 등록이 된 것이라고 한다. 연수교육 사이트에는 그런 내용이 없었다.

　연수교육에 등록을 완료하고 나니 마음이 설렌다. 누가 올까? 어떤 사람들을 만나게 될까? 백장암에서 광주비행장으로 차를 몰고 가서 다시 제주행 비행기에 몸을 실었다. 제주공항에서 교육원 직원들과 연수에 참가한 스님들을 만나 버스를 타고 관음사로 갔다. 관음사에는 이미 도착한 스님들이 우리를 기다리고 있었다. 비구 9명, 비구니 21명, 총 30명, 내가 얼굴을 아는 스님은 3명이다. 그것도 같이 살아본 적은 없고 오다 가다 얼굴만 익힌 분들이다.

입재식을 마치고 대웅전 앞에서 단체 사진을 찍었다. 대중 중에 산악용 스틱을 양손에 잡고 서 있는 노스님이 보인다. 노스님은 대중이 이동할 때 항상 뒤처졌다. 올해 85세가 되시는 무구스님이다. 나도 85세 때까지 연수교육을 받으러 다니게 될까? 저런 나이에 연수교육에 참석했다는 것에 대중 스님들이 놀라워한다.

이번 연수교육을 다녀와서 굳이 후기를 쓰게 된 것은 무구스님을 만난 탓이다. 무구스님을 만나서 할 말이 많아졌기 때문이다. 무구스님이 대중을 깜짝 놀라게 한 것은 알뜨르 비행장에서다. 6.25 전쟁이 발발한 뒤 젊은이들을 징발해서 군사훈련을 시켰는데, 그곳이 알뜨르(아래 벌판이라는 의미) 비행장이다. 가이드가 알뜨르 비행장에 대해서 설명하자 노스님은 "내가 열여덟 살 때 이곳에서 92일간 훈련을 받았어"라고 나의 귀에 속삭였다.

나는 대중 스님들이 무구스님의 이야기를 듣는 것이 좋겠다는 생각에 마이크를 든 가이드에게 노스님의 이야기를 듣자고 제안했다. 이동용 마이크를 건네받은 노스님은 바닥에 앉아서 훈련병으로 생활하며 겪었던 경험을 털어놓았다. 밥을 자주 굶어서 쓰러졌던 일, 병이 들어 누워 있으면 죽은 줄 알고 산방굴사 밑에 있는 화장터로 옮기는데 자신은 아직 죽지 않았다고 벌떡 일어나 꼿꼿이 앉아 있던 청년. 훈련받다가 죽은 자와 살아남은 자가 반반이라는 노스님의 고백은 그곳에 있던 대중을 눈물짓게 하였다. 아쉽게도 노스님의 사투리와 빠른 말 때문에 감동이 깔끔하게 마무리되지 못했다. 일본군 전투기 격납고로 이동하며 "누가 차근차근 물었으면 이야기를 잘할 수 있었을 텐데…"라며 노스님은 어설프게 끝낸 이야기를 아쉬워하였다. 다행히도 제주도에 사는 도정스님이 노스님의 현장 증언 영상을 인터넷에 올려놓았다.[*]

　서귀포 약천사에 들러 저녁공양을 하고 제주도 사찰의 폐사지에 대한 강의를 들었다. 강의가 끝나니 주변은 어두워져 있었다. 보안스님은 강의 시간에 무구 노스님의 이야기를 들었다고 귀띔해 주었다. 노스님이 이야기를 어찌나 재미있게 하는지 한 시간 동안 웃느라 배가 아프다고 했다. 숙소로 돌아가서 나는 보안스님과 혜문스님 등 다른 방의 스님들을 초대하여 노스님으로부터 이야기 듣는 시간을 가졌다. 이제까지 어느 강사에게도 들을 수 없는 기상천외한 이야기들이었다. 노스님은 이야기로 사람을 사로잡는 재주가 있었다. 구연동화를 들려주는 것처럼 등장인물의 목소리와 행동을 흉내 내며 1인 연극을 하듯 이야기하였다. 결정적인 순간에 다른 이야기로 주제를 옮겨서 듣는 사람을 애타게 했다. 능숙한 피아노 연주자처럼 밤늦게까지 이야기를 연주하였다.

　그 재미난 이야기들을 글로 전해 드릴 재간은 없다. 노스님의

---

[*] https://youtu.be/5Hwp2WJic98

목소리와 제스처가 아니면 이야기가 제대로 전달되지 않을 것이다. 다만 "나는 다른 사람들하고 다르게 살려는 경향이 있어. 나도 내가 이상해!"라며 들려주신 몇 가지 이야기는 이렇다. 일곱 살 때 절에 가서 염불을 시작해서 지금까지 끊이지 않고 지속해온 염불수행, 14년 동안 청송교도소에 법문 다니며 겪었던 이야기, 세계여행 이야기, 중국의 무술 고수와 맞짱 뜬 이야기, 법당을 짓고 나서 대웅전(大雄殿)이란 현판 대신 소웅전(小雄殿)이라는 현판을 단 이야기, 소웅전 앞에 남근석을 세워 놓은 이야기, 그 남근석이 호법부에 알려져서 호법부에서 풍기문란죄로 조사 나온 이야기 등등. 돈키호테처럼 세계를 무대로 살아오신 노스님의 이야기는 끝이 없었다. 『하얀 거짓말』(부다가야)과 세계여행기인 『진똥개똥』(우리출판사)이 노스님이 펴낸 책이라고 한다.

노스님은 생전 처음 종단 연수교육에 참석하였다. 노스님을 따르는 신도분이 교육비와 항공권 등을 준비해놓고 등을 떠밀어서 갑자기 오게 되었다고 한다. 무인도인 차귀도를 걸으면서 힐링의 시간을 가졌고 4.3 평화공원, 포로수용소, 일본군 비행장 등에서 새삼 제주도의 아픔을 느꼈다. 삼별초가 마지막으로 항쟁한 항몽유적지에서 우리 민족의 정의로움을 배웠고, 제주도에 산재한 85군데의 폐사지를 공부하며 고려시대 불교가 중흥했음을 알 수 있었다. 제주도에도 '선정의 길' 등 불교계가 만들어 놓은 걷기 코스가 있으니 육지의 불자들이 자주 걸어보면 좋겠다. 30년 넘게 각자 수행의 길을 걸어온 스님들과 선배 스님을 만나서 매우 반가웠다.

마지막 날 우리는 제주도 법화사에서 2박 3일 연수교육 동안 느껐던 소감 나누기를 하였다. 많은 스님들이 처음 만나는 날 차담을 나누며 서로를 소개하는 시간을 가졌다면 더 쉽게 친해졌을 것이라며 아쉬워했다. 최고의 법계 스님들이 2박 3일 연수하는 모습은 그 자체로 조계종의 수준을 명확하게 보여주는 현장이다. 연수교육은 교육의 시간이기도 하지만 소통과 교류의 시간이기도 하다. 법랍이 많은 스님들을 대상으로 하는 연수교육일수록 소통과 교류에 더 많은 시간을 할애해야 한다. 종단에서 자칭 최고지도자라는 종사와 명덕 스님들을 모아놓고 스님들을 피교육자로만 생각하여 연수를 진행하는 것은 문제가 있다.

첫 정식 승려인 비구는 4급 승가고시를 통과한 자이고, 3급은 상좌와 말사 주지를 할 수 있고, 법랍 20년 이상은 2급으로 부실장 자격이 있고, 25년 이상은 1급 승가고시를 통과하여 본사 주지 호계위원 등의 자격이 주어진다. 종사 명덕은 30년 이상 스님들을 대상인데 총무원장, 교육원장, 포교원장, 호계원장 등의 자격이 주어지는 종단 최고의 승려들이다. 종사 명덕에 걸맞은 대접을 해줘야 한다. 그렇지 않으면 종사 명덕은 단순하게 종단이 승려들을 관리하고 통제하기 위해 만든 수단으로 인식될 것이다.

해마다 개최되는 다양한 연수교육 시간이 스님들이 종단에 무엇을 원하는지, 스님들이 어떻게 불교 현실을 파악하고 있는지, 평생 어떻게 포교하고 있는지를 물어보고 경청하는 시간이 되었으면 한다. 대중의 의견을 수용하여 집단지성으로 운영되는 종단이 되기를 바란다. 종단 연수교육 덕분에 30년 넘게 같은 종단에 살았지만 서로의 존재를 몰랐던 스님들을 만날 수 있었다. 종단에 대한 구체적인 이야기를 많은 스님과 나누지 못한 것이 아쉽다. 대개의 스님들은 현재 종단과 불교 현실에 대한 우려를 감추지 않았다. 어느 스님에게 전해 듣기로는 이번 연수교육에 참석한 비구니 스님들의 사찰에 공양주를 두고 있는 곳은 한 곳도 없었다고 한다. 비구 스님들의 사정도 다르지 않을 것이라고 본다. 이것은 종단의 현실을 상징적으로 보여준다. 앞으로 최고지도자 연수교육을 종단과 불교의 문제점을 진단하고 대안을 찾아내는 기회로 삼기를 바란다.

숙박투쟁

        며칠 전 볼 일이 있어 서울에 갔다. 서울에 올라가면 늘 걱정되는 일은 '어디에서 하룻밤을 묵어야 하는가' 하는 것이다. 일반인들이 생각하기엔 스님들은 사찰에서 머무는 것이 너무도 당연한 일이겠지만 도시에 객실(客室)을 준비하고 있는 사찰은 거의 없다. 조계종단에는 전국에 천년이 넘는 역사를 가지고 있는 25개의 큰 사찰이 있는데 이것을 교구(敎區)본사(本寺)라고 한다. 내가 출가하여 비구가 되던 날 선배스님이 이런 말을 해주었다. "너는 이제 전국에 있는 수천 개의 콘도 평생회원권을 가지게 된 거야!" 비구가 되면 조계종 소속 삼천여 개의 사찰에서 머물고 공부할 수 있는 자격이 주어졌다는 것을 선배 스님은 콘도 회원권에 비유한 것이다. 출가하여 비구스님, 비구니스님이 되면 어째서 모든 사찰에서 숙식할 수 있는 권리가 주어지는가? 부처님이 처음부터 모든 사찰을 공유물(共有物)로 보시받았고 지정해 놓으셨기 때문이다.

    지리산 백장선원 다각실에서 스님들과 서울에 가면 어디에서 머물 수 있는가를 이야기하였다. 한 스님이 조계사에 가면 템플스테이 하는 곳에서 하룻밤 잘 수 있다는 정보를 알려 주었다. 몇 년 전에 조계사에 들러서 숙박하려고 문의하니 템플스테이용 방을 주더라는 것이다. 다만 일반인들이 내는 돈의 절반 정도인 삼만 원을 내야 한다고 덧붙였다. 그 스님의 말을 듣고 이번에 조계사를 찾아갔다. 조계사 사찰안내소를 찾아가서 지리산의 어느 사찰에서 올라왔는데 하룻밤 묵어갈 수 있느냐고 물었다. 예상대로 종무소 직원은 저희는 객실은 없고 다만 템플스테이 사무실에 가서 문의하라고 대답하였다. 템플스테이 사무실에서 하룻밤 묵어갈 수 있는 방이 있느냐고 물으니 오늘은 예약손님이 있어서 방이 없다고 하였다. 강남 봉은사 등 몇몇 사찰에 전화를 해 보았는데 결론은 모두 객실이 없고 절에서 잘 수 없다는 대답이 돌아왔다. 종단의 직영사찰인 봉은사의 주지도 총무원장이다. 결국 이번에도 사찰 근처에 있는 숙박업소를 찾아가서 머물러야 하는 신세가 되었다.

조계사에 객실이 없는 것과 일반 사찰에서 객실이 없는 것은 차이가 크다. 조계사는 제1교구 본사이자 조계종 총본산으로 총무원장이 당연직 주지로 되어 있다. 개인 사찰은 사찰의 사정과 운영방침에 따라 객실을 마련하지 못할 수도 있지만, 종단을 대표하는 총무원장이 주지인 조계사가 객실을 운영하지 않는 것은 심각한 일이다. 총무원장이 스님들을 절에서 자지 못하게 하는데 다른 어느 사찰에서 스님들을 재워주겠는가? 불자(佛子)라는 단어에서도 알 수 있듯이 비구, 비구니는 부처님의 아들딸이다. 종단의 지도자가 불자(佛子)를 거지 취급하면서 숙박을 거부하는데 누가 출가자를 존중하겠는가? 절집에 들어온 지도 30년이 넘고 종사(宗師)라는 품계를 받은 나조차도 사찰에서 숙박할 수 없는데 출가한 지 얼마 되지 않는 젊은 스님들은 어떠할까?

사실 기존의 스님들은 언제부터인가 절에서 잘 수 없다는 사실을 알고 있기에 사찰을 찾아가서 숙박하려는 시도 자체를 하지 않고 있다. 그래서 서울에 올라오면 절을 찾아가지 않고 모텔이나 호텔로 직행한다. 사찰을 찾아가서 문의하면 숙박을 거절당할 것이 너무도 뻔하기 때문이다. 스님들은 자신의 권리를 쉽게 포기하고 있다. 이러한 포기는 곧바로 뒤에 출가하는 후배들에게 이어진다. 스님들이 절에서 하룻밤을 묵을 수 없다면 도대체 사찰은 누굴 위해서 필요한가? 종단은 왜 필요하고 총무원은 왜 필요한가? 사찰은 재가자들의 템플스테이를 위해서 존재하는가? 스님이 스님을 존중하지 않으면 불교는 쇠망한다. 나는 지속적으로 '승가의 의미와 역할'을 회복하기 위해서 나는 '거룩한 스님들께 귀의합니다'라는 번역을 비판해왔다. '승가'를 '스님들'이라고 이해하는 것이 승가공동체의 무너짐과 밀접한 관련이 있기 때문이다.

대중공의로 운영되는 승가는 승려가 주인이다. 승가구성원이 모두 참여하여 절차에 맞게 대중공의를 모으는 것이 화합승가의 핵심이다. 현전승가, 대중공사, 결계, 백사갈마, 만장일치, 다수결 등은 대중공의를 모으기 위한 방법이다. 승가의 의미를 알 때 승려가 승가의 주인이 된다. 주인으로 살 때 주인의 언행이 나온다. 주인의 언행은 사찰에 객실을 마련해 놓으라고 요구하는 것이다. 총무원장, 방장 조실 등 어른 스님들에게 모텔이나 호텔에 머무르지 않도록 사찰에 객실을 마련해 놓으라고 요구해야 한다. 승려법에

"본인이나 세속의 가족을 위하여 개인 명의의 재산을 취득하여서는 아니 된다."라고 되어 있는데 승려들을 모텔이나 호텔로 쫓는다면 사실상 승려들에게 재산취득을 강요하고 있는 게 아닌가? 승려들을 절에서 재워주지 않는다면 부처님이 율장에서 설명한 객스님 맞이하는 법, 객스님들이 사찰에서 머무르는 법 같은 설명들은 무용지물이 된다. '승가의 의미와 역할'을 알리는 또 하나의 방법은 '숙박투쟁'이다. 스님들이 절에서 숙박할 수 없다는 사실은 승가공동체가 무너졌다는 것을 드러내는 상징이다. 스님들이 스님들을 존중하지 않고 있다는 것을 말해주는 단적인 예이다.

지금 출가자가 급감하는 상황에서 종단은 젊은이들에게 우리 종단에 출가하면 이런저런 혜택을 주겠다고 출가자 모집 광고를 하고 있다. 그러나 정작 그들이 출가하여 사찰을 방문하면 문전박대를 당하고 숙박을 거절당할 것이다. 출가를 원하는 젊은이들은 절에서 하룻밤 숙박하기를 청해도 심지어 돈을 주고 자고 싶다고 말해도 거절당한다는 사실을 모를 것이다. 이렇게 표리부동한 승가 공동체에 그들은 얼마나 실망할까? 출가는 '영원한 자유를 찾아가는 날갯짓'이라며 출가자를 모집하는 포스터를 붙이고 출가를 장려하는 종단의 행위가 사기처럼 느껴질 것이다. 나는 '승가'의 의미를 알고부터 언제나 절에 가서 하룻밤을 묵기를 청한다. 늘 방이 없다는 대답을 듣고, 문전박대를 받더라도 그러한 시도를 멈추지 않는다. 이것은 출가자의 '권리찾기'이다. '숙박투쟁'이다.

스님들이여 당당하게 객실을 마련하라는 숙박투쟁을 하자. 객실을 마련하여 두지 않아서 스님들을 모텔로 내쫓는 사찰의 주지는 당장 파면하도록 요구해야 한다. 이것은 승려복지이다. 이것은 승가회복이다. 이것이 승가화합이다. 이것이 포교의 첫출발이다. 물질문명이 최고로 발달한 시대에 감감적 욕망을 추구하지 않고 고고하게 살아가는 출가자는 얼마나 귀한 존재들인가? 이러한 출가자들을 네온사인이 번쩍거리는 모텔 주변을 어슬렁거리게 해서야 되겠는가? 조계종단에서 가지고 있는 수천만 평의 산림(山林)과 명산대찰과 전답(田畓)과 관람료와 주차장 임대료는 어디에 사용하는가? 스님들을 절에서 재워주지 않으면서 '전법합시다', '출가자를 모집합니다'라는 정책들을 펼치는 것은 불자들을 기만하는 것이다. 종단개혁이나 승가회복은 거창한 일이 아니다. 스님들이 스님들을 존중하는 것에서 출발한다. 전통사찰에 객실을 마련하는 것에서 출발한다.

4장

그리운 그대

적명스님께

　　　　　스님이 입적하신 지도 일주일이 지났습니다.[*] 사대
(四大)가 꿈속의 일처럼 사라졌으니 스님께서는 지금 어디에 계십
니까? 스님을 더 이상 뵐 수 없다고 생각하니 허전함이 밀려옵니
다. 스님을 뵌 횟수가 네 번이 넘지 않는데 저는 누구보다도 스님
을 그리워하게 되었습니다. 제가 뵈온 어떤 스님보다 솔직하시고
인자하셨기 때문입니다. 2019년 9월 마지막으로 원만스님과 함께
스님을 뵈었을 때 스님께서는 젊은 시절 공부했던 이야기를 들려
주셨습니다.

　젊은 시절 공부가 하도 안 되어서 죽을 생각까지 하셨다 하셨지
요. 그렇게 방황하다가 문득 한 생각 돌이켜서 이렇게 생각하시게
되었답니다. '내가 금생에 깨닫지는 못한다 해도 평생 좌복을 떠나
지 않고 산다면 그것도 좋지 않을까?' 그리고 여든 살이 된 노승이
누더기를 입고 선방 좌복에 앉아 있는 이미지를 떠올려보았는데,
그때부터 마음이 평안해지고 조금씩 공부가 되더라고 하셨습니다.

---

[*]　적명스님은 2019년 12월 24일 입적하였다.

이 공부는 조바심을 낸다고 되는 게 아니고 평생을 수행자로 살아도 후회가 없다는 유장한 마음가짐으로 해야 한다는 가르침이었습니다. 스님 말씀을 듣는 순간 저도 마음을 턱 내려놓게 되었습니다.

스님의 다른 모습은 스님의 수행력과 솔직함에서 나오는 용기입니다. 스님은 "종단의 잘못된 점을 눈감으려 하고 지적 안 하려 하는 것은 해종행위이다"라며 끊임없이 승가공동체를 염려하시고 잘못된 점을 비판하셨습니다. 지금처럼 수행자들이 개인화되고 물질화되어 있는 풍토에서 용기가 없는 다른 스님에게서는 듣기 힘든 경책이었습니다. 스님이 마지막 가시는 길을 보도하는 불교계 언론들은 평생 좌복을 떠나지 않은 수좌(首座)로서의 스님의 삶만을 이야기합니다. 그 기자들에게는 종단에 대한 스님의 애정 어린 비판이 부담스러웠을 겁니다. 그 신문들은 지금 위례신도시의 천막선원에서 삭발, 목욕을 안 하며 정진하고 있는 자승스님과 그 일행들을 한국불교를 중흥시키는 영웅으로 만드는 작업을 하고 있기 때문입니다.

"자승 총무원장이 가장 잘못한 것은 종회의 기능과 총무원 기능을 둘 다 마비시켰다는 겁니다. 94년 종단개혁 때보다 더 심각한 상황입니다. 당시에는 서의현 전 총무원장의 개인 비리라고 할 만큼 소수의 문제였는데 지금은 중앙종회 전체와 총무원이 한 덩어리로 묶여서 총체적 부패를 저지르고 있습니다."

지금 최고의 참신한 수행자처럼 천막선원에서 안거를 하고 있는 자승스님에 대한 스님의 냉정한 평가입니다. 스님은 지난날 자승스님이 봉암사에 찾아와서 수좌회에 약속한 8개 사항을 헌신짝처럼 저버렸다고 개탄하셨습니다. 자신의 이익을 위해서라면 식은 죽 먹듯 약속을 저버린다는 이야기를 얼마 전 찾아뵌 수경스님께도 들은 적이 있었습니다. '자성과 쇄신'이라는 미명하에 종도를 속이고 어른 스님과 선배 스님들을 농락하여 온 사람이 자신의 과오에 대하여 한마디의 참회도 없이 천막선원에 들어간다고 수행이 될까요?

　이 지점에서 스님의 부재를 더욱 안타까워합니다. 스님의 말씀처럼 말을 해야 할 때 누구도 말을 하지 않는 분위기 속에서 그나마 스님께서 내려주시는 청량한 죽비소리가 더욱 그리울 것입니다. 조계사 앞에서 직선제를 요구하며 피켓을 들고 시위를 할 때도 봉암사에서 들려오는 스님의 경책 소리는 지치고 힘든 저에게 많은 힘이 되어주었습니다. 9월에 스님을 뵈러 같이 갔던 원만스님은 지금 갑상선암에 걸려 시한부 인생이 되었습니다. 항암치료를 받고 있는 원만스님은 병원에 입원한 지 보름 만에 몸무게가 20kg이 빠졌다고 합니다.* 한 분은 입적하시고 한 분은 병실에 계시니 더욱 삶의 무상함을 절감합니다. 이렇게 무상하고 유한한 인생인데 더구나 머리 깎은 사문이 되어서 무슨 이익과 명예를 위해서 비겁하게 살 필요가 있겠습니까? 후학이 본받아야 할 모범을 보여주시고 떠나신 것에 감사합니다. 어제의 말을 오늘 바꾸는 가벼운 입들이 많은 이때, 스님이 아니었으면 존경을 바칠 곳을 찾지 못했을 것입니다.

---

*　원만스님은 2020년 5월 23일 오후 2시에 언양 정토자재요양병원에서 입적하였다.

원만스님께

스님! 스님께서 작년 11월 말에 인도에서 돌아오셔서 악성 갑상선암으로 병원에 입원하시고 다시 언양 정토자재요양병원에 들어가신 지 다섯 달이 넘어갑니다. 다섯 달 동안 곡기를 못 드시고 코로 영양제만 넘기니 몸은 늦가을의 갈대처럼 점점 말라갑니다. 기도를 절단하여 말도 할 수 없어서 우리가 질문하면 스님은 종이에 글씨를 써서 우리에게 보여주셨지요. 요즈음에는 암이 몸 곳곳에 더 퍼져서인지 참을 수 없는 고통을 느껴 모르핀을 맞으며 하루하루 견디신다고 들었습니다. 스님이 그렇게 병마와 싸우고 있는데 저희는 할 수 있는 일이 아무것도 없습니다. 속수무책으로 아직 때가 아닌데, 그렇게 스님이 죽음 쪽으로 가시는 것을 보면서 아무 일도 하지 못하고 있습니다. 스님의 네팔인 상좌 보원스님이 스님 곁에서 간호하고 있는 것이 그나마 다행이라고 해야 할까요.

인도에만 드나들던 스님께서 종단적폐 청산운동에 참여하신 인연으로 스님을 걱정하는 사람들이 늘어났습니다. 스님과 오랜 인연이 아닌데도 스님을 응원하는 카톡방을 만들어 스님의 소식을 나누고 있습니다. 저는 이분들과 스님을 인터뷰한 영상, 스님이 건립하신 여래선원에서 법회를 하는 사진, 같이 떠났던 성지순례 사진 등을 돌려보고 있습니다. 돌이켜보면 스님의 나이를 잊고 건강을 돌보지 않은 채 달려온 시간들입니다.

스님과 작년 9월에 떠났던 한 달 동안의 만행이 우리의 이별여행이 되었습니다. 전라도의 아름다운 숲길을 걸으며 행복해하시고, 우연히 만난 도반을 보고 즐거워하시던 모습, 제가 머무는 백장선원에 묵으시며 말년을 백장선원에서 회향하고 싶다고 하셨지요. 이제 스님과 다시 여행을 할 수도, 차를 마실 수도 없게 되었네요. 스님의 하루는 어떠신지요. 두려움에 떨고 계시나요. 아니면 고요한 평안 속에서 지내시나요. 스님께서 몸으로 무상을 보여주시니 저도 하루하루를 묻게 됩니다. 나의 이 하루는 어떤 의미가 있는가? 이렇게 숨 쉬고 있는 것은 무엇인가? 오래 산다는 것이 어떤 의미인가?

돌아보니 흔적도 없는 과거입니다. 고개를 들어도 알 수 없는 미래입니다. 오로지 지금뿐인데, 사라져가는 지금뿐인데… 스님이 보여주시는 무상의 법문 앞에 저는 더 자주 묻게 됩니다. 이렇게 자주 묻는 것이 최선이겠지요. 답을 얻을 수 없다 하더라도 묻는 그 순간들만은 괜한 욕심으로 들뜨지 않고 무가치한 일들에 휘말리지 않을 테니까요. 서 있는 이 자리에서 중심을 잡고 흔들릴 수 있으니까요.

지난번 스님을 면회 갔을 때 저는 "죽음에 당하여 기분이 어떠셔요? 죽음이 두려우셔요?"라고 스님께 물었고 스님은 "조금"이라고 대답하셨습니다. 그 즉각적이고 망설임 없는 대답에 저는 안도의 숨을 쉬었습니다. 설사 스님이 많이 두렵다고 하셨어도 저는 스님께 실망하지 않았을 겁니다. 스님이 말하지 않은 수행의 경험들, 경지들을 저는 모릅니다. 그래서 평소에 묻지도 않았습니다. 물어도 대답하지 않을 분이셨으니 묻지 않은 면도 있고요. 그렇지만 저는 속으로 그런 거 몰라도 스님을 알 수 있다고 생각했답니다. 제가 스님을 그 누구보다 편하게 상대하고 때론 버릇없게 굴었던 것도 그 때문일 겁니다.

서산 마애삼존불 중에 가운데 부처님 같은 미소를 가지신 스님이 이제 메마른 얼굴로 가냘픈 몸으로 그곳에 계십니다. 마애삼존불 가운데 부처님을 보고 '참! 나 닮았다'라고 감탄하며 한참 바라보셨다 하셨지요. 같이 따라갔던 신도님들도 놀라서 스님과 부처님을 번갈아 보았고요. 다섯 달 동안 밥 한 끼 못 드시고 코로 넣어주는 액체만으로 살아내셨으니, 몸은 날아갈 만치 가벼워졌지요. 그쪽으로 가시더라도 따듯한 밥 한 끼 잘 드시고 가면 얼마나 좋을까요. 내가 만난 스님들 가운데 가장 소탈하시고 순수하신 스님, 스님은 천진하고 따뜻한 스님이십니다. 스님께서 자필로 경주 부근에 다시 오신다고 하셨으니 어쩌면 몇 년 후 경주에 가게 되면 꼬마 원만을 만날 수도 있을지 모르겠습니다.

좋은 스님, 좋은 친구.

안녕 홍성덕 씨. 잘 가요.

조계종을 탈종한
(비구니) 스님들께

       한 번도 본 적은 없지만 비구니 스님 세 분이 탈종했다는 소식을 듣고 마음이 아팠습니다. 스님들께서 어떠한 일들을 당하셨는지 구체적인 상황을 모르지만 간접적으로 들은 내용은 종단의 강압적이고 비민주적인 종무행정으로 힘들어하셨다는 것입니다. 그렇다 하더라도 젊음을 온통 승가의 일원으로서 지내신 스님들이 탈종이라는 최후의 수단을 그렇게 일찍 선택하였다는 데에는 심한 안타까움과 허탈감이 듭니다. 좀 더 일찍 스님들을 알게 되어 스님들의 고충을 터놓고 듣고 함께 고충을 이야기할 수 있었다면 얼마나 좋았을까요? 제가 종단에서 중요한 직책에 있거나 스님들의 고충을 해결할 수 있는 힘을 가진 사람이라서가 아닙니다. 나름대로 종단의 부조리를 고민해왔고 승가공동체의 회복을 염원하는 사람이기에 누구보다도 스님들의 아픔을 함께할 자세가 되어 있다는 것을 전하고 싶은 것입니다.

    스님들께서 어려움을 겪는 동안 어른 스님들이 스님들의 의지처가 되어주지 못하고 오히려 "저런 분들을 어른으로 모시고 살아왔었나?" 하는 배신감이 들 정도로 어른 스님들께 실망했다고 들었습니다. 아마 스님들이 탈종을 하게 된 것은 종단의 괴롭힘보다는 어른 스님들에 대한 실망이 더 컸기 때문이라는 생각이 듭니다. "종단에 어른이 있습니까?"라고 여러 번 물어 오는 스님의 질문에 저도 답답하기는 마찬가지입니다. 우리 종단이 그리고 우리 불교가 어찌 이렇게 처참한 상황이 되었을까요? 이러한 상황에서 먼저 스님들보다 몇 년 일찍 출가한 비구라는 것만으로도 죄송하다는 말씀을 드립니다. "정말 죄송합니다. 제가 잘못 살아서 이렇게 되었습니다." 지금 종단에 대한 미련을 버리지 못해 나름 쓴소리를 하고 있습니다만 저도 언젠가는 스님들처럼 탈종을 하게 되는지도 모르겠습니다.

그러나 지금은 어떻게 하면 승가공동체가 부처님의 정신을 회복될 수 있을까를 고민하고 그 방법을 찾는 데 최선을 다하고자 합니다. 왜냐하면 이러한 노력이 저 자신과 승가를 위한 것은 물론, 부처님의 은혜를 조금이라도 갚는 길이라고 생각하기 때문입니다. 정말 부처님의 가르침은 위대하고 만고의 진리이며, 이 진리에 입각해서 살아간다면 과거에도 그래왔고 현재도 그러하고 앞으로도 많은 사람이 행복해질 것이라는 이해와 믿음이 있습니다. 적어도 부처님은 나에게 그러한 길을 보여주셨고 밝혀주셨으므로 부처님에 대한 감사한 마음을 한시도 잊거나 놓아버릴 수가 없습니다. 그렇게 부처님의 은혜를 입은 사람들이 함께 모여 사는 승가는 또 얼마나 아름다운 단체입니까? 그런 부처님이었고 그런 제자들의 모임인 승가였기에 지금 승가공동체가 무너진 상황에서도 희망을 놓고 싶지 않은 것입니다. 그리고 더 희망을 포기하지 않는 이유는 승가공동체의 부활이 이 땅에서 힘들어하는 젊은이들에게 희망과 안식처 역할을 할 수 있다는 기대 때문입니다. 승가공동체 회복은 우리 출가자만의 일이 아니고 한국사회의 변화를 가져오는 중요한 요인이라고 믿기 때문입니다.

그러니 스님들의 탈종이 스님들만의 사적인 일이 되게 해서는 안 된다는 생각입니다. 이 땅의 불교를 위하여, 미래에 부처님을 찾게 될 후배들을 위하여, 스님들의 탈종은 현 종단에 경고의 메시지가 되어야 합니다. 종단으로부터 어떤 일을 당하였고 어떤 기분을 느끼셨는지를 소상히 밝혀주세요. 비슷한 상황에서 갈등하고 있는 도반 스님들에게 큰 용기가 될 것입니다. 종단의 폐단을 시정하려는 뜻있는 스님들에게 큰 울림으로 다가갈 것입니다. 진실보다 더 큰 힘이 없고, 사실보다 더 큰 지혜가 없습니다. 이미 떠나셨지만, 후배 출가자들을 위해서 소를 잃고 외양간이라도 고쳐 놓아야 합니다. 지금도 탈종을 생각하는 수많은 도반을 위해서 용기를 내주시길 바랍니다.

정원스님께

한 번도 뵌 적이 없는 정원 스님에 대해서 SNS에 글을 두 번 올렸습니다. 비록 스님과의 인연은 없었으나 스님이 남기신 글을 통해 스님의 불교관이나 사회의식은 인간이 인간에게 향하는 근원적인 사랑에서 비롯되고 있음을 알 수 있었습니다. 스님이 사회적인 이슈에 관심이 많고 촛불집회 등에 자주 가신 것도 잘못 흘러온 우리의 역사를 알아버린 자가 가지는 책임의식이자 중생의 아픔을 안타깝게 여기는 보살의 마음이었습니다. 스님이 남기신 다음과 같은 문장을 보고 저는 문득 눈시울이 붉어졌습니다.

"소신공양으로 장기기증 못 함이 아쉽다."

당신의 몸은 곧 태워질 것이기에 장기기증을 못 하게 된 데 대해서 스님은 아쉬움을 표하고 있었습니다. 저는 이 한 문장으로 스님의 본래면목을 보았습니다. 소신공양을 계획하면서도 한편으로 다른 생명들에게 몸을 나누어주고 싶어 했던 스님. 스님은 "민중을 사랑하지 않는 불교는 가짜다"라는 유서를 남기셨습니다.

부처님은 '괴로움'에서 '믿음'이 생긴다고 하셨고, 가르침의 핵심도 '괴로움'을 주제로 설법하셨습니다. 저는 스님의 몸이 불에

탈 때 느꼈을 아픔을 생각하면 생각만으로도 땀이 나고 아득해집니다. 누구나 고통을 싫어하고 피하려고 합니다. 누구나 자신의 목숨을 최고로 소중하게 생각합니다. 그래서 세상에서건 불교에서건 생명을 죽이는 것은 가장 나쁜 짓입니다. 설사 자신의 생명이라 해도 말입니다. 스님도 자신의 생명이 최고로 소중했을 것입니다. 그럼에도 불구하고, 그럼에도 불구하고 스님은 몸을 태우셨습니다. 놀랍고 안타깝고 원망스럽고 미안합니다.

　스님의 부처님은 같은 길을 가는 도반과 우리의 이웃입니다. 그래서 스님의 분신은 부처님께 올린 소신공양이 아닙니다. 스님의 분신은 승가와 국민들께 올린 소신공양입니다. 그 소신공양을 우리는 어떻게 받아야 할까요? 우리가 받아야 할 공양은 스님의 불타버린 몸뚱아리가 아닙니다. 자신의 몸을 불태우면서까지 스님이 이루고자 했던 일, 우리에게 하고 싶었던 메시지일 것입니다. 스님이 원했던 일은 사회적으로는 비정상이 된 나라를 정상으로 되돌리는 일이었고, 불교적으로는 청정승가를 만드는 일이었습니다. 정원 스님은 금년 1월 4일 한국 승가에 이런 글을 남기셨습니다.

> "승려는 스스로 밥벌이를 하지 않아도 되는 그런 승가가 되었으면 한다. 승려가 돈벌이에 개입되는 것은 타락으로 들어서는 길이며 민중과 시주자를 등지게 된다. 정신세계를 스스로 풍요롭게 하고 사회에 끊임없이 사상적 자양분을 제공하는 승가여야 한다."

> "승가는 시주물이 하늘에서 오는 것이 아니라 사회 구성원의 눈물과

땀의 결과물로 제공됨을 잊지 말고 시주자인 민중의 뜻을 따라야 한다."

정원스님과 인연이 있던 종단 포교사의 전언에 의하면 정원스님은 조계종 스님이었는데 권력승들의 타락상을 보고 조계종을 탈종하셨다고 합니다. 탈종 후에도 늘 청정승가를 염원하며 사셨으며 원래는 광화문이 아닌 종단 권력승들의 부패상을 한탄하며 총무원에 화염병을 던지고, 총무원 청사 앞에서 분신을 시도하려 했지만 주위의 만류로 그치기도 했다고 합니다. 스님은 출가자로서 무엇보다 건강한 승가, 존경받는 승가를 원했답니다. 스님이 광화문 앞에서 분신했다고 해서, 그 스님이 마지막 남긴 말이 '박근혜 퇴진'이라는 정치적인 구호였다고 해서 스님을 정치에 관심이 많았던 승려로만 몰고 가서는 안 됩니다. 우리 불자들에게 정원스님의 분신은 총무원 청사 앞에서 일어난 것입니다.

승가의 문제로 지적되는 스님들의 부익부 빈익빈 현상, 그로 인한 소통의 단절과 승가공동체의 붕괴, 일부 스님들의 호화생활과 그에 대한 재가자들의 비난, 그에 반해 절에 가도 방 한 칸 없고 아파도 병원에 갈 치료비가 없는 스님들, 불자 300만이 감소해서 불교가 2위 종교로 떨어졌는데도 남 탓만 하는 종단…. 스님의 분신은 이런 폐단들을 바로잡아야 한다는 것을 외치기 위한 소신공양인 것입니다. 정원스님이 종단에서 70년대에 매매한 한전 부지 환수를 위한 천막법당에 가서서도 한 말입니다.

"소탐대실, 지금이 어느 때인가? 온 국민이 안간힘으로 부당한 권력과 싸우고 있지 않은가? 조계종만의 이익만 따질 땐가? 이래서 불교는 제 역할을 못 하고 민중으로부터 외면당하는 거다. 할!"

소유 때문에 승가공동체가 무너져 버렸고, 소유 때문에 수행자들의 입이 벙어리가 되어 있는 승가에 던지는 벼락 같은 할! 입니다. 누가 이 말을 알아듣고 자리에서 벌떡 일어서겠나요? 스님들이 자각 없이 어느 날 누군가가 선물하는 개혁이란 없습니다. 내가, 나의 의지를 가지고 말하고 행동할 수 있을 때 승가는 변화할 수 있습니다.

스님은 염불을 잘하시고 노래도 잘하셨다고 합니다. 스님이 목탁노동자로 살 때, 사중의 문제를 거론하여 주지 스님으로부터 쫓겨나기도 하였고, 최근에는 남부터미널 근처에서 탁발하고 계시는 스님의 사진들이 보입니다. 탁발로 살아가시던 스님은 매우 가난한 생활을 하셨던 것으로 보입니다. 스님이 지인에게 보낸 문자메시지에는 "탄핵이 부결되면 모를까… 헌재에 넘겨지기까지는 살아야겠어. 부탁한다. 가지고 있는 돈이 7천 원뿐이야"라고 썼습니다. 전 재산이 7천 원뿐이었던 스님, 이웃과 인간에 대한 연민과 사랑 때문에 자신의 몸을 태워버린 스님, 스님의 소신공양은 자신만을 위해 살지 말라고, 안일함에 빠져 있지 말라고 수행자들에게 내려치는 천둥벼락입니다. 자신의 이익 때문에 할 말도 못 하고 비겁하게 살지 말고 '승가는 풍족해도 스님은 가난하게' 사는 청정 승가를 만들어달라고 온몸을 태워 말하고 있습니다. 정원스님은 수행자로서 사는 의미를 재확인시켜 주었습니다. 그리고 죽는 순간까지 보살의 원력을 저버리지 않으셨습니다. 스님의 마지막 발원입니다.

"일체 민중들이 행복한 그날까지 나의 발원은 끝이 없사오며 세세생생 보살도를 떠나지 않게 하소서."

수경스님께

      2010년 6월 14일, 스님은 화계사 주지와 승적을 내려놓는다는 편지를 남겨놓고 은거에 드셨습니다. "진솔하게 살고 싶다", "스스로를 속이는 위선적인 삶을 이어갈 자신이 없다"라는 글귀가 눈에 박힙니다. 스님의 일성(一聲)으로 다시 깨우칩니다. 수행이라는 것은 자신에게 정직하지 않으면 갈 수 없는 길이란 것을. 스님이 종단을 떠나 부처님의 품으로 돌아가신 지 어느덧 12년이 흘렀습니다. 이제는 편안하십니까? 스님이 떠난 그때나 지금이나 종단의 씁쓸한 행태를 보면서도 저는 아직 떠나지 못하고 있습니다. 스님이 남긴 "진솔하게 살고 싶다"라는 그 한마디는 날마다 저의 가슴에도 와닿습니다. 그것은 누구보다 자신을 사랑하는 자의 고백이며, 그리하여 승적을 내려놓는 행위도 그 누구보다 종단을 사랑하는 자의 모습이란 것을 알게 됩니다.

  때로는 저도 "진솔하게 살고 싶다"라는 말을 남기고 숨고 싶습니다. 그러나 저는 스님처럼 스스로 물러나기보다는 싸우다가 승적을 박탈당하는 길을 택하기로 하였습니다. 제가 여기서 할 일이 남아 있다고 생각하기 때문입니다. 제가 이러한 생각을 갖게 된 것은 '상가(sangha)'의 의미를 이해하고 나서의 일입니다. 부처님은 우리의 괴로움이 어리석음이라 하셨듯이 조계종의 현재 모습은 승가의 의미를 모르는 무지 때문이라고 생각합니다. 그 어리석음을 깨뜨리고 싶습니다. 그 누구보다도 제가 나서는 게 효과적일 것입니다. 제가 제방 선원에서도 살았고, 가난한 절이지만 말사 주지도 하였고, 종단 교육원에서 소임도 살았고, 출가한 지 30년이 넘어 법계 중 최고인 '종사'이기 때문입니다. 저와 같은 이가 종단 내부에서 목소리를 내는 것이 자정(自淨)의 목소리가 될 것입니다. 부처님이 비구만이 승가를 분열시킬 수 있다고 하셨듯이 비구만이 승가를 건강하게 만들 수 있기 때문입니다.

제가 생각하는 승가를 건강하게 만드는 일은 간단합니다. 숨어 있는 '대중의 뜻'이 드러나게 하는 것입니다. 승가의 운영방식이 원래 그랬던 것처럼 '대중의 뜻'으로 종단이 운영되게 하는 것입니다. 세상의 정치도 대중의 뜻으로 지도자가 선출되고 대중의 뜻으로 그 지도자가 탄핵당하기도 합니다. 대중의 뜻으로만 운영된다면 저는 종단이 흥해도 좋고 망해도 좋다는 생각입니다. 그러나 몇몇 사람들에 의해서 종단이 쇠락하거나 비난받는 것을 두고 볼 수 없습니다. 대중의 뜻으로 종단이 운영되지 못하면 그런 종단에 사는 개인이 진솔하게 살 수 없다는 것을 알기 때문입니다. 위선적인 삶을 살아갈 수밖에 없기 때문입니다.

대중의 뜻으로 종단이 운영되지 않는다는 것은 구성원들이 소신 발언을 할 수 없고, 보시물이 평등하게 나누어지지 않고, 승려 사이에 빈부의 차이가 생겨 갑을 관계가 되고, 승려가 서로 불신하며 각자도생으로 산다는 의미입니다. 대중의 뜻으로 운영되는 승가라고 해서 그 구성원들의 수행이 저절로 진전되거나 행복하게 되지는 않을 것입니다. 그러나 확신하건대, 승복 입고 사는 것이 부끄럽지는 않을 것입니다. 승가의 일원이라는 당당함은 지니고 살 수 있을 것입니다. 국민들이 '저 승가집단은 평등하고 민주적이네'라는 평가를 하는 것, 제가 바라는 일은 거기까지입니다. 그 일을 할 수 있다면 승적을 박탈당하거나 대중으로부터 비난을 당하는 일이 무슨 문제가 되겠습니까?

그것이 제가 스스로 승적을 내려놓지 않고 나름대로 진솔하게 사는 방법입니다. 바위로 날아간 계란이 부서지듯 저는 그렇게 부서지는 길을 가렵니다. 그것이 저만의 방식으로 바위 곁에서 잠드는 모습입니다. 그리고 보니 스님과 가는 길이 같습니다. 저도 위선적으로 살고 싶지 않아서 택한 길입니다. 가는 길이 같으니 언젠가 어디서든 스님을 만날 수 있으리라 생각합니다. 허허로운 세상입니다. 어떤 모습으로 존재하든 그 허허로움에서 벗어날 것 같지는 않습니다.

어머니와 함께한
여행

  오랜만에 어머니를 만나 같이 여행을 다니기로 했다. 집 떠나온 지 34년, 비로소 어머니를 내 발로 찾아간다. 그동안 어머니를 두 번 정도 뵈었다. 내가 출가한 지 10년쯤 되어 정혜사 선원에 살 때 한번은 어머니를 초청해서 공양을 대접해 드렸다. 전화 통화할 때마다 어머니가 울먹이면서 말을 못 이어 가시길래 작정하고 어머니와 누님 등을 초청한 것이다. 어머니는 절에서 진수성찬을 대접받고 기분이 좋아지셨다. 내 아들이 굶주리지는 않을까 걱정하셨는데 집에서보다 잘 먹고 잘 지내고 있으니, 걱정거리가 일시에 사라진 것이다. 게다가 지나가던 스님들이 "이렇게 훌륭한 아들을 두셔서 자랑스러우시겠어요. 이 스님은 수행을 잘합니다"라고 칭찬하니 어깨도 으쓱해지셨다. 그렇게 정혜사를 다녀가신 뒤로는 전화 통화할 때 또박또박 말씀을 잘하셨다. 그 후 천장사 주지를 할 때도 절에서 하루 묵어가시도록 하였다. 작은 절이지만, 아들이 주지를 하고 있는 것에 대해 자랑스러워하셨다. 그러나 어머니는 내가 주지를 그만두고 다시 오랫동안 선방에 돌아다니는 걸 이해하지 못하셨다.

2020년 백장암에서 하안거를 마치면서 어머니 연세가 궁금해서 전화로 물어보았다. 83세, 이제 사시면 얼마나 더 사시겠나 하는 생각이 들면서 더 늦기 전에 어머니와 시간을 보내야겠다고 다짐했다. 일주일 동안만이라도 어머니와 함께하는 여행을 계획했다. 그런 생각을 하게 된 것은 5월 23일 '늙은 어린 왕자'라는 별명을 가진 원만스님이 69세로 입적하고 나서다.

　내가 아는 어떤 스님은 절에서 어머니를 모시고 20년 동안 살고 있다. 내가 출가하지 않았으면 당연히 내가 어머니를 모셔야 하는데 어머니는 광양에 사는 남동생이 모시고 있다. 어머니와 어떤 이야기를 나누며 일주일을 보낼 것인가. 어머니께 물어볼 것들이 떠오른다. 내가 태어난 정확한 시간을 물어보아야겠다. 장난삼아 사주를 보려고 해도 시간을 몰라서 보지 못하는 때가 있었다. 내가 어머니 배 속에 있을 때 돌아가셨다는 나의 아버지가 어떤 분이셨는지 물어보아야겠다. 그리고 두 번째 결혼하며 살았던 아버지에 대해서도 물어보고. 내가 출가한 이유를 어떻게 생각하고 계신지도 듣고 싶다. 당신의 팔십 인생을 스스로 어떻게 평가하시는지, 요즘 관심 있는 일이 무엇인지도 물어보아야겠다.

　광양시에 가기 위해서 백장암에서 1박을 했다. 오랜만에 만나는 스님들이 반갑고 늘 토론이 벌어지고 있는 백장암 다각실이 정겹다. 다음 날 오전에 동광양시 동생네 집에 도착, 동생은 출근하여 보이지 않았고 어머니와 제수씨 그리고 군대를 다녀와 복학을 앞두고 있는 조카가 기다리고 있었다. 다 같이 점심을 맛나게 먹고 가족들의 환송을 받으며 어머니와 나는 출발했다. 어디로 가는 거냐는 어머니의 물음에 '나도 몰라요'라고 대답하면서 차를 몰았다. 어머니는 옆자리에서 이야기를 계속해서 이어 나가셨다. 비상 깜빡이를 넣고 서행하면서 이야기에 귀를 기울였다. 내가 몰랐던 한 여인의 일생이 그렇게 시작되었다.

충남 전동면 청송리 서당골에서 5남매의 맏이로 태어난 김정숙 여사는 딸이라서 그리고 맏이라서 엄청난 구박을 받고 자랐단다. 다른 동생들은 모두 초등학교에 갔는데 김정숙 어린이만은 학교 문턱을 밟아보지 못했다. 학교를 안 가니 친구도 없었다. 어머니의 어머니는 어머니를 눈 덮인 숲에다 버리려고 숲으로 갔다가 차마 못 버리고 왔다. 외할머니가 어머니에게 직접 들려준 이야기다. 그릇을 깼다고 혼나고 바느질 못한다고 혼나고… 너무 혼나고 매를 맞아서 평상시에 깜짝깜짝 놀라는 습관이 생겼다고 했다. 아버지가 집에 없는 날에는 더욱 심해서 아버지가 집에 없는 것이 두려웠다고 한다. 아버지를 따라 어린 나이에 일본에 가서 일을 하다가 돌아온 적도 있었다. 그렇지만 외할머니의 죽음을 당신이 지켰고 병든 외할아버지의 똥오줌을 받아내며 임종을 지킨 것도 당신이었다. 조치원 시장에서 외할머니가 보따리 장사하는 것을 보고 식당에서 일했던 어머니는 당신의 월급을 어머니의 손에 쥐어주고 시장을 보아 외할머니댁을 찾아가기도 하였다. 사랑을 받지 못하였지만 가장 효녀다운 행동을 하였다. 사랑을 받지 못하고 일만 하고 구박받는 어린 시절을 보내고 시집을 갔으나, 아이 셋을 낳고 남편은 기차 사고로 운명했다. 내가 어머니 배 속에 있을 때였다. 외할머니는 어머니를 서둘러 재혼시켰는데 중매쟁이의 농간으로 25살이나 많은 남자와 결혼하게 되었다. 거기서 다시 남매를 낳았다. 결혼 생활은 고달프고 험난했다. 늙은 남편은 일을 못 하니 당신이 논일, 밭일, 집안일 등 모든 일을 해야 했다. 나이 많고 속이 좁은 남편은 어머니의 의지처가 되어주지 못했고 집에서는 싸움 소리가 잦았다. 어릴 적에 부모님이 싸울 때 나는 동구 밖에 나가서 싸움이 잦아들 때까지 기다렸다가 돌아오곤 했다. 농사만으로 자식들의 학비를 감당하기 어려워서 어머니는 열무, 배추, 오이, 옥수수 등을 내다 파는 보따리 장사도 했다.

이 세상에 대한 내 첫 기억은 엄마의 흐느끼는 울음소리다. 그것이 어떤 상황인가를 몰랐는데 이번에 어머니의 이야기로 확인하게 되었다. 동생을 임신하고 나를 등에 업고 누나 손을 잡고 도망가다가 다시 아버지에게 잡혀 집으로 와서 어머니가 방바닥을 치며 내지르는 한탄, 울부짖음, 통곡이었다. 그래도 30년을 같이 살고 아이까지 둘을 둔 남편에게 사랑하는 마음이나 정이 생기지는 않았어요? 라고 묻자, 어머니는 그런 것은 없었다고 말했다. 이 부분이 이해할 수 없는 부분이다.

어머니 이야기를 듣다 보니 쌍계사에 도착하였다. 다행히 아는 스님이 있어 그 스님의 도움으로 방 두 개를 잡았다. 공양간에서 저녁을 먹으면서, 도량을 산책하면서, 객방에서 어머니의 이야기는 끝없이 이어졌다. 이렇게 당신의 이야기를 단시간에 해버린 일은 없을 듯하다. 나는 어머니의 아들이다. 그러나 나는 그저 한 여자의 이야기를 듣고 있었다. 착하고 착하고 착한 여자, 이야기를 맛나게 하는 여자, 이야기 속에서 나를 보기도 하였다. 가끔 죽음을 어떻게 맞이할 것인가에 대한 이야기를 하신다. 지금 어머니는 옆방에서 일찍 주무시고 계신다. 틀니를 빼시니 더욱 늙어 보인다.

쌍계사에서 아침 공양을 하고 쉬다가 화엄사에 들렀다. 계단이 많은 것을 염려했으나 다행히 어머니는 사뿐사뿐 계단을 오르신다. 예전에 고생한 것으로 보면 분명 어딘가는 아프셔야 정상인데 허리도 꼿꼿하고 밥도 잘 드시고 걸음도 씩씩하다. 어머니는 화엄사의 가람 배치를 보더니 놀라신다. 산에 둘러싸인 양지바른 전각을 보고 감탄하신다. 어제 하루 묵은 절보다 여기가 더 낫다고 하신다. 겉모습은 이 층이지만 내부로 들어가 보면 단층인 각황전을 둘러보시며 또 감탄하신다. 저렇게 크고 웅장한 기둥은 처음 보는 것이라 한다. 나는 각황전 참배를 하고 어머니는 다른 전각을 둘러보신다. 전각과 전각 사이를 거닐며 도량을 살펴보는 어머니는 꼭 수학여행 온 소녀 같다. 명부전 앞에서는 죽음 후에 저기 대왕님들에게 7일마다 심판을 받는 것이라고 설명하였다. 죽어서 좋은 곳에 가려면 열 심판원들의 대장인 지장보살님에게 기도를 많이 하셔야 한다고. 별로 믿는 눈치는 아니다.

화엄사 뒤편에 있는 구층암에 올라 모과나무 기둥으로 지어진 건물을 구경했다. 어머니는 금세 도량에서 만난 지팡이를 짚은 노보살님과 이야기를 나누신다. 나이는 동갑이었지만 어머니보다 훨씬 늙어 보이는 보살님에게 당신의 고생담을 이야기한다. 그 보살님도 노름을 좋아하는 남편이 일찍 죽어서 6남매를 혼자서 길러야 했다고. "누가 더 고생하셨는지 이야기를 해보셔요. 제가 심판을 봐드릴 테니…" 나는 말하고 나서 두 분 앞에 앉았다. 이야기를 끝내고 어머니와 나는 계단이 없는 계곡 쪽으로 내려왔다. 내려오는 길에 그분하고 어머니하고 누가 더 고생을 한 것 같아요? 하고 물었는데, 어머니는 조금의 망설임도 없이 "내가 더 고생했다"고 대답하셨다.

코로나로 인해서 화엄사 공양간에서 점심을 못 먹고 묘운스님 토굴로 가다가 음식을 잘할 것 같은 식당으로 들어갔다. 멸치 쌈밥을 먹었는데 둘 다 처음 먹어보는 음식이다. 처음 먹어보는 음식이 맛나기까지 해서 만족스럽다. 공양을 마치고 묘운스님의 토굴에 당도했다. 묘운스님은 심리상담을 하는지라 상대방의 이야기를 잘 들어준다. 어머니는 다시 당신이 살아온 이야기를 주섬주섬 눈물을 쏟으며 내놓았다. 어제 하신 말씀과 겹치는 부분도 있으나 새로운 이야기도 있다. 외할머니에 대한 원망과 남편에 대한 분노는 여전히 강하게 튀어나왔다. 내가 출가했을 때 어떤 기분이었느냐고 물었다. 의외로 어머니의 기억은 사실과 달랐다. 나는 새벽에 부모님 머리맡에 "이 불효자는 3년 후에 돌아오겠습니다. 지금은 알고 싶은 게 있어서 절에 갑니다"라는 편지를 써놓고 출가했는데 어머니는 내가 대낮에 출가한 것으로 기억하고 있었다. 어머니는 내가 써놓은 편지의 존재를 몰랐고 편지 내용도 전혀 모르셨다. 사람이 왜 태어나고 늙고 죽는지 그 이유를 찾기 위해서 절로 간 것이라고 설명하는 나의 이야기를 듣고 나서 이제야 그 이유를 알게 되어 후련하다고 하셨다. 그동안 그 이유를 몰라서 답답했다고. 이렇게 소통이 안 되어서야…. 나의 편지를 아버지도 안 읽고 남동생도 안 읽어보았다는 것을 삼십 년이 지나서야 알았다. 그 편지는 어디 있는 걸까?

새벽 네 시에 깨 좌선을 하는데, 어머니는 내가 안 자고 앉아 있는 이유가 잠자리가 불편해서라고 오해했는지 나를 이불 쪽으로 끌어당겼다. 아흐… 이게 참선이라는 걸 모르시다니… 하면서도 나는 구태여 설명하지 않았다. 어머니는 그렇게 두 시간을 누워서 나를 관찰한 내용을 아침 공양을 하며 묘운스님께 이야기한다. "스님들은 그렇게 바보같이 앉아 있어요"라고 묘운스님이 싱겁게 설명하자 어머니는 더 이상 묻지 않는다. 어머니는 서울에 사는 당신의 남동생이 보고 싶다고 한다. 오늘은 외삼촌을 보러 가기로 했다. 동생과 전화 연결이 되어 만나기로 약속하고 곧 동생을 볼 수 있다는 것에 행복해하셨다. 묘운스님이 정성스럽게 차려준 죽을 먹고 서울로 향한다. 어머니는 친절한 상담과 맛있는 음식을 제공해준 묘운스님과 포옹으로 고마움을 표현하셨다.

서울로 자가용을 끌고 가는 것은 처음이고 피곤한 일이라 어머니를 목욕탕에 모셔다드렸다. 어지럼증으로 제대로 목욕을 못 하고 나오신다. 83세의 모친이 나이에 비해 건강하다고 볼 수 있지만 고혈압과 빈혈은 어머니께 가장 큰 문제인 듯하다. 인근에 사는 스님이 저녁 초대를 하여 어머니와 함께 갔다. 어머니의 부탁으로 도반 스님과 나는 세차를 시작했다. 나는 차가 더러워도 아무런 불편을 못 느끼지만, 어머니는 나의 차가 더러운 것이 항상 눈에 거슬렸나 보다. 어머니는 나의 털털한 성격을 얼굴도 보지 못한 아버지를 닮았다 한다. 아버지가 옷을 대충 입는 등 단정함과는 거리가 멀었다는 것이다. 저녁 공양을 하면서 어머니는 당신의 살아온 이야기를 다시 풀어놓으셨다. 이번 여행은 어머니의 한풀이 여행이라고 불러야 할 만큼 감정을 깊이 드러내신다. 상황을 자세하게 묘사하는 구전동화처럼 어머니는 당신의 굴곡진 삶을 드러내고 어루만지고 달래고 내질렀다. 때로는 눈물을 훔치며 먼 곳을 바라보셨다. 그러나 강물도 오래 흐르다 보면 소리가 잦아들고 송아지를 찾는 어미 소의 울음도 사그라지는 법, 이야기를 반복해서 토해내고 감정을 폭발시킬수록 얼굴은 밝아지고 표정은 환해졌다. 가끔 얼굴에 스쳐 가는 웃음이 보기 좋다. 더군다나 묘운스님 등 다른 스님들이 나에 대해서 덕담하는 말을 건네니 어머니 기분이 덩달아 좋아졌다. 흐뭇하게 나를 바라보시다가 이야기를 이어가시는 것을 보면…. 내일은 드디어 생전 처음으로 외삼촌을 만나고, 조계사 1인시위 하는 곳에도 가볼 계획이다.

　서산에서 내비게이션을 따라 외삼촌 동네에 다다랐다. 외삼촌이 마당에 마중 나와서 손을 흔드신다. 어머니와의 진한 포옹, 25년 전쯤 외삼촌이 오토바이 사고를 당하여 9개월간 병원에 입원해 있는데도 하나뿐인 누나인 어머니는 병문안을 가보지 못했다. 그 죄의식을 항상 가지고 살았기에 외삼촌을 만나러 가자는 의견에 그렇게 좋아하셨고, 만나고 나서는 그렇게 울먹이셨다. 오토바이 사고로 다친 다리는 완치되어 정상적인 다리나 매한가지였다. 그 사고가 외삼촌에게는 머나먼 일이라는 듯, 별일 아니라는 듯 우는 누나를 달랜다. 여기서도 어머니의 단골 레퍼토리는 '배운 게 없어서'이다. 한글을 알지 못하니 혼자서 찾아올 수가 없었다는 것에는 찾아온 사람이나 기다리던 사람이나 구경하는 사람이나 모두 수긍하는 바이다. 그래서 혼자서 움직이지 못하는 어머니를 모시고 온 내가 고맙고 대견하다. 나이 쉰세 살에 찾아온 조카를 79세가 된 외삼촌이 맞이하는 반응이다. 남동생이 너무 쌩쌩하게 걷고 날렵하게 움직이는 탓에 어머니의 문안 안 간 죄는 사그라들었다. 눈으로 확인하지 않았으면 마음이 가벼워지기 힘들었을 테다. 어머니와 외삼촌으로부터 큰일을 했다는 칭찬을 들으니 기분이 좋다. 이렇게 작은 일을 해놓고 그렇게 큰 칭찬을 받다니. 외삼촌은 어릴 적에 눈을 뭉쳐서 먹고 고드름을 먹어서 틀니를 하게 되었다고, 어머니와 똑같은 추억을 이야기했다. 그러나 외삼촌은 일찍이 도시로 나와 장사를 시작해서 집 한 채를 마련할 수 있었고 그것을 기반으로 삼남매를 키우고 주택연금에 가입하여 노후를 보장받고 있다. 누나는 남편 복이 없다고 한다. 외삼촌댁을 나서며 그렇게 서로 궁금했으면 외삼촌은 왜 누나를 찾지 않았을까 하는 생각이 들었다. 뭔가 말로 표현되는 것 외에 진실이 따로 숨어 있는 것은 아닌가 하는 생각을 잠시 해본다. 어쨌든 어머니 마음의 짐은 덜어졌고 낮부터 밤까지 외숙모님과 수다는 끊어질 듯 이어진다.

나는 조계사에서 나눔의 집 문제로 시위를 하고 있는 불자들을 만나러 외삼촌댁을 빠져나왔다. 조계사 앞에서 1인시위를 하고 있는 불자들을 만나 잠깐 피켓을 들었다. 나눔의집 사건이 〈PD수첩〉에 방영된 지 보름이 지났는데도 총무원장은 침묵을 지키고 있다. 포교사인 무구 거사, 보리심 보살, 허리가 아프신 보명님, 조중동 폐간운동을 하고 있는 가루라 보살님 등을 만났다. 백수가 과로사한다고 여기저기에서 몸으로 보여주는 가루라 보살님의 '가능하냐 아니냐를 떠나서 해야 할 일이기에 한다'는 진언(眞言)에서 보살의 위엄을 느낀다. 지하철을 타고 외삼촌댁으로 오는데 모든 사람이 스마트폰을 보고 있는 것이 인상적이고 소설, 게임, 바둑, 독서, 주식, 오락프로, 영화 등 화면에 나타나는 다양함이 놀랍다. 돌아올 때까지도 어머니와 외숙모는 이야기를 나누고 있었다. 외삼촌은 고생한 이야기는 다 지나간 일이고 이제 남은 건 어떻게 죽을 것인가 하는 일뿐이라고 말한다. 어머니가 최근에 몇 번 하시는 말씀이고, 나도 자주 뇌까리는 주문이다.

외삼촌댁에서 나와 성남에 있는 누님을 만나보려고 하였으나 연락이 되지 않는다. 하는 수 없이 어머니와 나는 서산으로 출발. 옆자리에 앉은 어머니에게 본격적으로 질문을 했다. "어릴 적에 외할머니가 어머니를 학교에 보내지 않아 한글을 모르는 것은 이해가 되지만 그동안에도 배우려고 마음만 먹으면 충분히 배울 수 있었지 않았나요? 배우지 못했다는 말을 70년 이상 하지 말고 지금이라도 한글을 배워 보시는 게 어떠세요?" 만약 한글만 배웠더라면 어머니 인생이 그렇게 고생길은 되지 않았을 터인데… 이야기를 나누다 보니 한글을 아예 모르는 것이 아니고 당신 이름과 어머니, 아버지 같은 단어는 쓸 줄 안다고 하신다. 한 병에 천이백 원 하는 소주를 세 병 팔면 얼마냐는 질문에 삼천육백 원이라는 대답이 금방 나오는 것으로 보아 한글을 배우면 단시간에 깨우치실 것 같다. 서해안 고속도로를 타고 내려오면서 지나치는 도로 표지판을 크게 읽고 따라 하도록 했다. 어머니는 나의 소리를 듣고 그때마다 큰소리로 따라 하셨다. 서산에 당도하여 칠거리식당에서 점심을 먹었다. 꼬막을 아주 맛있어하셔서 두 번이나 더 시켜 드렸다.

오후에는 천장사 아랫동네에 사는 여래자 보살을 만나러 갔다. 여래자 보살님은 80세로 어머니보다는 세 살 적지만 목소리에 기운이 넘치고 화끈한 성격이 어머니와 닮은 점이 있다. 예상대로 여래자 보살님과 어머니는 잘 통했다. 여래자 보살님은 맛난 것을 대접해주고자 했지만 우리는 베트남 국수를 먹었고 돈가스도 추가로 시켰다. 어머니는 국물이 입맛에 맞지 않다며 반 이상을 남기신다. 나도 남기려 했는데 이야기를 하다 보니 어느새 말끔하게 그릇을 비웠다. 버스를 타고 돌아가신다는 여래자 보살님을 설득해서 집으로 모셔다드렸다. 여래자 보살님은 집까지 왔으니 안으로 들어오라고 했지만 웬일인지 어머니가 거듭 거부하신다. 여래자 보살님은 냉장고에 보관 중인 무화과를 내어오고 차비도 주신다. 안 받는다는 어머니의 의사를 무시하고 내가 대신해서 여래자 보살님의 호의를 낚아챘다. 혼자 사시는 여래자 보살님이 강아지 한 마리를 키우는 게 좋아 보였다. 이름이 '청이'였다.

오늘은 어머니를 보내드리는 날이다. 며칠 더 있으면 한글도 가르쳐드리려고 했는데 어제 며느리와 통화 때 그만 내일 간다고 약속을 해버렸다. 이왕 그렇게 말했는데 다시 번복하도록 할 수도 없고 해서 그냥 오늘 보내드리기로 했다. 문제는 대중교통을 이용해서 보내드려야 하는데 혼자서 갈 수 있느냐 하는 것이다. 내가 어머니를 데려다주기 싫어서 그런 것이 아니라 앞으로 어디든 다니시도록 연습시키는 것이라고 이해를 구했다. 편지지에 "이분은 당진에서 광주를 거쳐 광양으로 갑니다"라고 쓰고 동생네 집 주소를 적고 며느리 전화번호와 내 전화번호를 적었다. 이 메모가 없이도 아들네 집을 찾아갈 수 있지만 비상용으로 적어드린 것이다. 약간 긴장한 어머니는 편지를 고이 받아 지갑에 넣었다. 당진 터미널에서 버스표를 끊고 점심을 같이 먹고 광주행 버스에 타시는 것을 보고 돌아왔다. 영어를 모르는 사람이 해외에 나가면 손짓 발짓으로 소통하면서 한 달이고 두 달이고 여행을 잘한다는 이야기까지 덧붙이고, 여러 각도에서 이런 시도의 이점을 설명했다. 다행히 어머니는 글자를 몰라도 어디 가든지 잘 물을 수 있다고 손을 흔들었다. 버스에 타는 모습을 마중 나올 며느리에게 보내고자 버스 옆에서 사진을 찍었다. 버스에 서시더니 소녀처럼 손가락으로 브이자를 지으며 웃으셨다. 시간이 지나 5시간 40분 걸려서 당진-광주-동광양-동생네 집 앞까지 도착했다는 전화가 왔다. 누구의 도움도 없이 혼자서 여행을 끝내서인지 어머니의 목소리에는 자부심이 서려 있다. 좀 더 일찍 어머니를 모시고 여행을 했더라면 하는 후회는 남는다. 그래도 이제라도 어머니와 시간을 보내서 다행이라는 마음도 든다. 천지사방을 둘러보아도 어머니처럼 정겹고, 포근하고, 만만하고, 든든하고, 친구 같고, 어린아이 같은 사람이 있을까 하는 생각이 든다. 어머니와 여행. 참 잘했다.

원만스님과 함께한
만행

  하안거 해제 하루 전이지만 종로 여래선원에 머무시던 원만스님이 서울에서 백장암에 내려오셨다. 도회지 포교당에 계신 원만스님이 산사(山寺)의 선방(禪房)에서 쉬게 되면 충전이 될 것이라는 기대 때문에 내가 원만스님께 내려오시라고 부탁을 했던 것이다. 원만스님은 20여 년 전부터 인도 부다가야에 여래선원이라는 사찰을 짓고 인도 아이들에게 불교를 가르치고 계신다. 성품이 천진(天眞)하셔서 내가 '늙은 어린 왕자'라는 별명을 지어드렸다. 불국사 출신으로 정작 불국사에서는 살지 못하시고 일찍이 해외로 선지식을 찾아 길을 나섰다가 부처님이 성도(成道)하신 부다가야에 정착하였다. 스님은 아랫배가 원만하게 나오셨는데 얼굴은 서산마애삼존불 가운데 부처님을 닮았다. 실제로 원만스님은 서산마애삼존불을 친견하러 갔다가 깜짝 놀랐다고 한다. "왜 내가 여깄어!"라는 생각이 들었다나. 같이 갔던 보살님들도 원만스님과 너무 닮아서 "완전 스님이네요"라고 이구동성으로 소리쳤다고 하는데 믿지 못해도 하는 수 없다. 원만스님과 나는 열일곱 살 정도 차이가 나지만 친구처럼 다정하게 어울렸다. "웃을 일 없는 세상인데, 허정스님 때문에 웃게 되네"라고 자주 말씀하실 만큼 나와 무엇인가 통하는 게 있었다.

원만스님을 인도에서 자주 만났는데 처음 만난 건 공항의 대합실이었을 것이다. 그 스님이나 나나 저가항공을 타고 다녔기 때문에 공항에서 비행기를 오래 기다려야 했다. 스님의 첫인상은 부드럽지 않았다. 말을 건네기 어려울 만큼 근엄한 표정을 짓고 계셨는데 이야기를 나눌 때는 금방 다른 사람처럼 부드러운 얼굴이 되었다. 나는 그때 성지순례 가이드북을 쓰겠다고 인도에 자주 들렀고 원만스님은 일찌감치 부다가야에 '여래선원'이라는 포교당을 마련해 놓고 살고 계셨다. 원만스님의 포교당에 들를 때마다 원만스님은 나에게 된장국, 김치찌개 등을 대접해주었다. 스님의 된장국 솜씨는 집 나간 며느리도 돌아올 만큼 탁월하였다. 타국에서 맛보는 한국 음식에 감읍하여 많은 한국 사람에게 원만스님은 늘 고마운 존재였다.

내가 여섯 명의 스님들과 팀을 꾸려서 '경전을 읽으며 부처님의 발자취를 따라가는 성지순례'를 진행할 때도 스님께 큰 신세를 졌다. 일행 중 한 분은 정신적으로 문제가 생겼고 다른 한 분은 감기 몸살에 걸려 힘들어했는데 원만스님이 만들어준 된장국과 차로 몸을 회복했던 것이다. 그런 인연으로 나는 한국에 오면 원만스님이 계시는 종로의 여래선원에 자주 들르게 되었고 원만스님 또한 나와 토론하는 것을 즐겼다. 둘이 방에서 뒹굴뒹굴하면서 이야기 나누다가 자기 할 말을 다 하고는 다시 드러눕는 마라톤 토론이 이어지곤 했다.

원만스님과 한 달 정도 사찰순례를 계획하였다. 인도에 오래 사셔서 조국의 산하를 보고 싶어 하셨는데 당신은 자가용이 없어서 다니기에 불편하였다. 다행히 나에게는 중고차가 있었는데 비록 엔진소리가 떨리는 감이 있지만 원만스님을 모시고 다니기에는 충분했다. 4박 5일 백장암선방에서 머문 원만스님은 오랜만에 고향에 온 듯 편안함을 느끼셨다. 대중스님들이 객스님을 차별하지 않고 따뜻하게 대해주는 곳이 백장암이기에 특별히 더 편안하게 지내셨을 것이다. 백장암에는 화엄사선원에 안거를 지낸 사제스님, 길상스님, 혜정스님 등이 도착해 있었다. 백장암은 주지스님이 객스님을 편하게 대해주고 대중스님들도 객스님들에게 친절을 다하기 때문에 그런지 안거 기간보다 산철에 스님들이 더 많이 모여들었다. 길상스님의 사형이 지리산 내원사에 소임을 맡았다고 하여 우리는 지리산 내원사로 몰려갔다. 내원사는 두 개의 물줄기가 만나는 곳에 위치하여 천하의 명당으로 느껴졌다. 게다가 국보와 보물까지 있으니 작지만 큰 사찰이다. 내원사 주지스님이 안내하는 곳에서 점심을 먹고 첫 주지 소임을 사는 애로사항을 들었다.

그런 다음 길상스님과 인연이 있다는 산청 정각사에 대현스님을 찾아뵈었다. 대현스님은 깡마른 체구에 맑은 얼굴로 환하게 객들을 맞으셨는데 우리나라 역사에 해박한 지식을 갖고 계셨다. 정각사는 선학원 소속 사찰이기에 대현스님으로부터 선학원의 역사를 들을 수 있었다. 조계종과 선학원의 역사를 조리 있게 풀어내는 능력이 탁월하여 다음에 다시 방문하여 조계종 근대역사를 듣고 싶다는 생각이 들었다. 스님이 지으신 책 2권을 대중들에게 선물로 주셨는데 나와 견해를 달리하는 부분이 있어서 쉽게 눈길이 가지 않았다. 나중에 대현스님이 단식으로 생을 마감했다는 소식을 들었다. 단식을 이어가던 스님은 몸무게가 30kg대를 맴돌다 20kg 후반대까지 떨어졌다. 29일째가 되던 날 고요한 숨소리와 함께 열반에 들었다. 스님은 단식하면서 일기를 남겼는데 그것이 『아름답게 가는 길』(올리브나무)이다. 그 책에서 단식하시던 스님의 육성을 찾아 소개한다.

"이 세상에 올 때는 업연에 끌리어 오는 줄 모르고 왔지만 갈 때는 알아차림으로 한 생각 챙기면서 가는 줄 알고 가고 싶습니다. 올 때는 비록 울면서 왔지만 갈 때는 웃으며 가고자 합니다. 나를 억지로 병원으로 데려가 영양제를 놓고 음식을 먹이지 마십시오. 간절히 부탁드립니다. 대중들께 짐 지워 드려 죄송합니다."(318쪽)

"백 년 이백 년 더 살다 간다고 해도 아쉽기는 매한가지입니다. 지금 더 살려고 버둥댄다면 그것은 생에 대한 애착 때문입니다. 생에 대한 애착은 윤회의 씨앗이 됩니다. 나는 그 윤회의 씨앗인 애착을 버리고자 합니다. 좀 힘이 남아 있고, 정신이 또렷할 때 단식을 하면서 마지막 정진을 하고자 합니다."(317쪽)

혜정스님이 운전하는 차는 지리산 수선사로 출발하고 나와 원만스님은 비구니 사찰인 산청 대원사에 들러 도로명주소 변경에 도움말을 주었다. 사무장 보살이 적극적으로 작업을 하려고 하니 조만간 '대원사길'이라는 도로명을 성취할 수 있을 것이다. 대원사에서 나와서 앞서 출발한 스님들과 만나기 위하여 '스님의 정원'이라는 수선사를 방문했다. 이곳은 TV 프로그램에도 소개된 유명한 사찰인데 송광사 출신 주지스님의 섬세한 감각이 만들어낸 정원은 감탄이 절로 나왔다. 돌멩이 하나와 기왓장 하나까지 고심한 흔적이 드러난다. 원래 이곳은 비탈진 논밭이었는데 선방에 다니던 주지스님이 해제비를 모아 해마다 가꾸어 왔다고. 수선사를 둘러보니 현대적인 포교 방법을 생각하게 된다. 요즘 종교생활은 여가, 문화, 친목, 효도, 제사 등과 함께 진행된다. 시대의 흐름에 발맞추어 기도와 법회 등 신행생활을 하게 된다면 인기가 높을 것 같다. 아름다운 수선사는 이와 같은 복합적인 행위들이 충족될 수 있을 것 같다. 도량을 예쁘고 아름답게 가꾼 놀라운 힘, 그 감각을 배워 간다. 오늘의 사찰이 어떤 역할을 해야 하는지를 고민하는 분들에게 하나의 답이 될 수도 있겠다.

수선사를 나와서 산청 심곡사를 방문했다. 해제를 맞은 심곡사는 알이 부화하여 떠나간 새집처럼 한산하고 쓸쓸하다. 어린이 백일장 준비를 하고 있던 주지스님은 그림을 보여주며 오미자차를 내왔다. 백장암 선방이 어떻게 살고 있는지를 이미 알고 있는 스님은 산철에도 선방에 머무는 백장암 스님들을 부럽게 생각하고 있었다. 그러나 생각건대 누구나 백장암을 부러워할 수는 있지만 백장암처럼 살아가기는 어려울 것이다. 모두가 주인의식으로 사는 선방, 일주일마다 경전을 읽고 탁마하고 보름마다 포살하는 선방을 운영하는 일은 아무나 할 수 있는 것이 아니다.

백장암에 돌아와서 며칠 쉬고 다시 떠날 준비를 한다. 백장암을 떠나는 것까지는 좋았는데, 달리면서 '어디로?'라는 물음이 동시에 터져 나왔다. 여기저기 들러 도착한 곳은 여수 흥국사다. 이곳에는 원로의원을 지내신 명선스님이 계신데, 절집 촌수로 따지면 이분이 천장암에서 출가한 수월스님의 증손자이다. 명선스님께 수월스님의 이야기를 물으니 신이 나서 여러 가지 이야기를 들려주셨다. 팔순이 넘으신 분이 아직도 주지를 하신다는 것이 놀라웠다. 덩달아 사무장 보살님도 칠순이 넘어 보였다. 상좌들에게 절 관리를 맡기고 회주스님으로 남아 계시면 좋을 것 같다는 생각이 들었다. 대웅전 옆에 송신탑이 세워져 있는 것은 옮겨야 할 것 같다. 대웅전이 보물인데 어떻게 대웅전 가까이에 저런 송신탑을 세울 수 있나? 절 입장에서나 통신사 입장에서나 이해되지 않는 일이다.

다음으로 달려간 여수 향일암은 참으로 아름다웠다. 도량을 이쁘게 가꾸어 놓았고 바위와 나무 등 자연경관을 살려 불사를 한 것은 좋게 생각되었다. 계단이나 도로를 이용하는 세 가지 길이 있었는데 갈 때는 도로를 이용하고 나올 때는 계단을 이용했다. 계단을 오르는 길에 입을 막고 귀를 막고 눈을 막고 있는 동자승 조각을 발견했다. 저런 석상들에 인욕을 하며 살라는 가르침이 담겨 있지만, 역으로 그런 동상들이 승려들에게 무조건적인 인욕을 강조하여 종단의 적폐가 청소되지 않는 원인이 되고 있다는 비난의 소리도 들린다. 화엄사 앞에도 저런 동자승이 있는데 각 동자 석상 앞에 법구경 구절을 달아 놓았다. 법구경의 구절을 읽으니 무조건 참으라는 식의 해설이 아니어서 좋다. 종무소 보살에게 부탁하여 숙박부를 적고 어렵게 하룻밤을 묵었다. 우리는 오후 불식으로 저녁을 안 먹었지만 시원한 수박은 맛있게 먹었다. 안내된 3층 객실에서 바다가 한눈에 보였다. 이제까지 머문 숙소 중에 최고의 숙소였다. 옆방에는 비구니 스님들이 머물고 있었다. 다음 날 주차장에서 나오는데 주차료 오만 원을 요구하였다. 이럴 줄 알았으면 차를 다른 곳에 주차해 놓는 건데 하는 후회가 밀려왔다. 주차료를 어디서 받는지는 모르겠으나 다음부터는 1일 주차 가격이라도 써 놓았으면 한다.

여수를 떠나오는 길에 달마사에 들렀다. 달마사는 백장암에서 안거한 대산스님의 은사 스님이 창건한 사찰이다. 농부 같은 인상의 주지스님과 나무 아래서 차를 마셨다. 주지스님은 상좌에 대한 사랑이 넘치는 분이다. 상좌에게 온 문자를 보여주며 이놈이! 이놈이! 하시는데 말투에서 상좌에 대한 애정이 묻어난다. 주지스님은 절에 딸린 복지시설을 운영하고 여러 가지 자격증을 가지신 진취적인 분이다. 법당 한쪽에는 '어려운 이웃을 아시면 아래 사찰 전화번호를 알려주세요. 그분들이 언제든지 쌀을 가져다 드실 수 있도록 도와주세요'라는 안내 글까지 써놓은 걸 보니 매우 지혜롭고 자비로워 보인다. 법당 벽에 붙은 '불자를 경책하는 글'도 재미있는 내용이 가득해서 웃음을 참을 수가 없었다.

구산선문 중 하나인 장흥 보림사로 가자는 원만스님의 의견을 받아들여 그곳으로 달려갔다. 사람이 많이 찾아오는 휴가철인데도 보림사 도량은 고요하다. 고요한 도량 마당에서 평상에 누워 하늘의 구름을 감상하였다. 원만스님도 옆에 누웠다. 고요와 평화가 느껴졌다. 절에 사는 누구라도 만나보았으면 좋으련만 한 시간을 넘게 누워 있어도 아무도 보이지 않는다. 사람은 못 만났지만 원만스님과 평상에 누워 고요를 만난 일은 시간이 지나도 기억이 새롭다. 절 입구에 문화재 해설사님께 해설을 듣고 건빵을 사 먹었다. 전라도 절에는 사람이 귀하다.

근처의 천관산 천관사로 차를 몰았다. 마침 절에서 내려오는 차가 있어 멈추어 세우니 주지스님이 외출하는 중이었다. 주지스님은 차를 돌려 다시 절로 돌아갔다. 저녁을 대충 먹고 스님과 차담을 나누었다. 어느덧 사방이 어두워지고 벌레 소리가 요란해졌다. 차를 마시고 나서 전깃불을 껐다. 벌레소리가 더 요란하다. 이 벌레소리 듣는 템플스테이를 하면 흥행할 것 같다고 주지스님에게 말했다. 자연 속에서 사나이 셋이 듣는 벌레소리는 두고두고 잊히지 않을 성싶다. 천관사 주지스님과는 배낭여행을 다닐 때 태국에서 우연히 만난 인연이 있다. 나는 기억을 못 했는데 그 스님이 먼저 알려주어 겨우 기억해냈다. 원만스님은 천관사의 터가 좋다고 했다. 다음 날 공양주 아침, 우유와 식빵을 먹고 길을 나섰다.

다음으로 도착한 곳은 보성 대원사다. 이곳은 티베트박물관 등 이색적인 체험거리가 많은 곳이다. 주지스님과 찻자리를 하게 되어 연잎차를 비롯 신기한 차를 마시게 되었다. 김지장 보살로 불리는 신라의 스님에 대해서, 임진왜란이 일어난 이유에 대해서, 백만 관객도 못 채우고 내려진 영화 〈나랏말싸미〉에 대해서, 현장스님의 이야기를 들었다. 대원사에는 외국인 스님들이 많다. 티베트불교로 출가한 비구 스님은 요가를 가르치고 있고, 6개국어를 한다는 인도 스님은 박물관을 안내하고 있었다. 점심으로 먹은 연잎밥도 맛있었다. 대원사 주지 현장스님은 글도 잘 쓰고 도량도 이쁘게 가꾸고 역사와 예술에도 조예가 깊으니 종단에서 포교원장 같은 걸 하면 잘 어울릴 것 같다.

원만스님의 추천으로 화순 운주사를 거쳐 나주 불회사에 갔다. 숙박을 하려 했으나 주지스님이 안 계시고, 공양주는 휴가 갔다고 한다. 우리는 오후 불식이므로 저녁과 아침을 안 먹어도 된다고 하며 숙박을 요청했다. 광주시로 외출한 종무소 보살과 통화가 되어 어렵게 방 하나를 얻을 수 있었다. 어려운 과정을 거쳐 목욕탕이 딸린 방을 배정받으니 우리는 기쁘기 그지없다. 배정받은 방의 안락함에 서로 감탄을 하다가 벌레소리 들으며 잠들었다.

하룻밤 잘 자고 근처의 나주 운흥사로 가서 주지스님을 만났다. 작년에 조계사 앞에서 보았던 설조스님의 상좌 스님이 주지였다. 운흥사에서 주지스님이 직접 만든 차를 마시고 차를 선물 받았다. 터는 좋은데 도량 정비가 안 되어서 아쉽다. 주지스님이 폐사찰을 복원해서 본사에 등록했지만, 과거 어른 스님들의 갈등으로 아직 주지 발령을 못 받고 있다고 한다.

운흥사에서 나오다가 도반스님의 은사 스님이 계시는 나주 문성암에 들렸다. 마침 도반스님의 사형 스님이 절을 지키고 계셔서 차 대접을 받았다. 수염이 허옇게 자란 스님은 종단의 여러 문제를 안타까워하셨다. 여러 이야기 끝에 결론은 이제는 종단 문제에는 관여하고 싶지 않다고. 싱거운 결론에 김이 빠졌지만 어쩌랴. 누구나 자신의 길을 가고 있을 뿐이다.

차를 타고 가다가 우연히 귀신사 간판을 보게 되었다. 절이 이뻐서 나직이 감탄이 흘러나왔다. 붉은 백일홍과 대웅전의 조화로움은 나그네를 오래도록 서 있게 하였다. 다행히 비구니 주지스님을 만나 차를 마셨고 귀한 선물도 받았다. 귀신사는 내년 이맘때 다시 가보고 싶다. 일부러 원만스님과 인연이 있는 완주군 비봉면 요덕사에 들러 대선스님을 뵈었다. 예전에 대단한 선지(禪旨)를 보이셨다는데 지금은 그냥 노스님일 뿐이다. 이 노스님께서 원만스님이 인도에 절을 지을 때 이천만 원을 보시하였다고 한다. 원만스님은 아직도 그 고마움을 간직하고 있다. 노스님을 모시고 있는 단아한 비구니 스님에게 요덕사를 짓게 된 사정과 노스님을 모시게 된 인연에 대해 들었다. 내용은 별거 아니었다.

다음 날 금산군 대둔산 태고사에 들러 1박을 했다. 원주스님과 도로명주소를 변경하는 것에 대하여 이야기를 나누었다. 이곳의 경우는 어렵지 않게 변경될 것 같다. 35년간 공양주를 하셨다는 어머니 같은 89세의 보살님을 뵈었다. 이런 분이 보살이고 도인이 아닐는지. 지금도 건강하시고 남을 배려하는 모습이 몸에 배어 계시다. 다음에 오면 여전히 계실는지.

세종시 영평사 암자인 금선대에서 수경스님을 뵈었다. 이렇게 숨어 계신 지 십 년이 되어간다. 이렇게 양심 있는 스님은 숨어 있고 양심 없는 것들이 설쳐대는 게 작금 종단 현실일 것이다. 원만스님과 수경스님은 오랜 도반이어서 두 스님의 이야기를 경청했다. 문수스님이 소신공양하였을 때 자승 총무원장이 겉으로는 선배님! 선배님! 하면서 수경스님을 속인 사건도 자세히 들었다. 문수스님을 조계사 극락전에 모셨는데, 포살에 참석하러 조계사를 방문한 스님들에게 문수스님 영정에 참배하라고 권유해도 젊은 스님들이 슬슬 피하는 현실에 깊은 실망감을 느꼈다 한다. 공심을 잃고 오로지 자신에게 손해가 되는 일은 피하려는 후배 스님들을 보고 종단에 대한 미련이 사라졌을 것이다. 수경스님은 스스로 승적을 버린다고 선언하셨으니 스스로 대중 앞에 나타나는 게 어려울 것이다. 후배 스님들과 도반 스님들이 수경스님을 모셔서 종단을 맑게 하는 일에 나서도록 해야 할 텐데…. 안타까움을 느끼며 떠나왔다.

원만스님이 출가한 공주 갑사에서 1박을 했다. 원만스님이 종무소에서 한참 만에 나왔는데 방이 없다는 소식이다. 그래도 기다려보다가 다시 도전해보기로 했다. 마침 종무소에 들어온 스님이 내일 오전에 출발하는 조건으로 템플스테이 방을 안내해주었다. 템플스테이 방은 몇 년 전에 선방으로 사용되던 곳이었는데 이제는 템플스테이 숙소로 사용되고 있다. 돈을 내는 재가자들에게는 방을 주고 스님들에게는 방을 내주지 않는 절집의 풍토가 가슴 아프다. 자업자득 아닌가.

무문관으로 유명한 대자암에 들렀다. 허물어져 가는 건물들 사이 무문관에도 빈방이 많았다. 빈방에 들어가니 방이 생각보다 좁았고 화장실도 오래되어 보였다. 다행인 것은 밥을 날라다 주는 보살님이 없어서 무문관 스님들이 점심때는 공양간에 나와서 공양을 하고 2시까지 방에 들어간다는 것이다. 이렇게 되면 스님들의 건강에 무척 좋을 것이다. 책, 컴퓨터, 전화기 등 어떤 것도 가지고 입실할 수 없다고 한다. 심지어 경전까지 못 읽게 하는 것은 바람직하지 않다고 생각한다. 선지식의 점검이 없는 무문관은 위험하다.

드디어 공주 버스터미널이다. 만행을 정리하고 서울 가는 버스를 탔다. 영등포에서 치과병원을 하는 거사님과 만나기로 한 약속 때문이다. 원만스님과 여기저기 잘 다녔다. 가는 곳에서 차비를 받게 되는 경우에 무조건 원만스님께 드렸다. 이러한 나의 태도를 보고 원만스님은 '젊은 스님이 욕심이 없네!'라고 하시면서 좋아하셨다. 내가 태어난 해인 1969년도에 출가하신 스님과 함께하는 만행은 배울 게 많다. 서로 성격이 다르고 사상이 다르지만 때론 어린 시절 이야기를 하고 때론 각박한 절 인심에 실망하고 때론 치열하게 토론하며 유쾌하게 보냈다. 아무런 기대도 없이 아무런 계획도 없이 다녔던 1차 만행이 끝났다.

며칠을 백장암에서 쉬고 나서 원만스님과 경주 감산사를 참배하게 되었다. 폐사지였던 감산사지를 비구니 스님이 중창불사를 한 곳이다. 원만스님은 감산사 주지스님을 인도에서 만난 인연이 있어서 차라도 한잔 얻어 마시려고 했으나 도량에는 아무도 없었다. 무섭게 생긴 차우차우 세 마리가 한가롭게 도량을 거닐고 있었다. 그 큰 덩치로 인해서 관광객들은 무서움을 느낄 것 같았다. 절에서 덩치가 크고 인상이 사나운 개를 키운다는 건 재고해보아야 한다. "우리 개는 물지 않아요"는 주인의 생각일 뿐! 개와 맞닥뜨린 어린아이의 마음은 다른 법이다. 감산사는 아기자기하게 꾸며져 있는 도량이라 주지스님의 예술적인 감각을 느끼게 하지만 근처의 축사에서 풍겨 나오는 역한 냄새는 방문객의 마음을 찡그리게 한다. 이렇게 아름다운 비구니 선방이 있는 사찰에 축사라니….

　오랜만에 기림사 동암에 사시는 호진스님과 차를 마셨다. 아침부터 저녁까지 책에 파묻혀 지내시는 분이라 찾아뵙는 것도 조심스럽다. 예상대로 전화를 하고 왔으면 오지 말라고 했을 것이라며 커피를 타 주셨다. 요즘은 초기불교 성립사를 쓰고 계시다고 한다. 컴퓨터에 자료를 검색하며 공부하시는 게 아니라 오로지 책을 읽고 연필로 밑줄 그어가면서 공부하시는 것 같아 파일로 된 초기 경전 자료를 드리겠다고 하니 스님은 거부하셨다. 이 나이에 새로운 것을 다시 시도하기에는 무리라고. 예전에 당신이 쓰신 『성지에서 쓴 편지』(불광출판사)에 나오는 부분을 질문하자 스님은 즐거워하지 않으셨다. 독자의 한 사람으로서 묻는 것이었지만 대화가 잘 되지 않았다. 책을 쓴다는 것은 어차피 많은 사람에게 공개하여 평가를 받는 일인데…. 어떤 상황에서건 열려 있는 자세는 중요하다. 동암을 나와 하룻밤 숙박을 위해서 예전에 살았던 기림사에 들렀다. 자갈이 깔려 있던 마당에 아름다운 정원이 만들어져 있다. 도량을 이렇게 가꾸어 놓은 스님들의 노력에 감사하다. 이곳은 원만스님이 한동안 머물던 곳이고 나도 백일기도를 했던 기억이 있는 곳이다. 그런데 하룻밤을 유숙하고자 하는 객승에게 객실이 없다고 한다. 종무소 보살은 자신은 방을 내어줄 권한이 없다고 한다. 종무소에서 일한 지 얼마 안 된다는 보살은 자신이 마음대로 결정했다가는 일자리를 잃을 수도 있다는 염려를 한다. 내가 하룻밤 묵기를 포기하는 게 종무소 직원을 돕는 일이라 생각되어 발길을 돌린다. 절집 인심이 이런 줄 모르는 건 아니지만… 쓸쓸한 건 어쩔 수 없다.

원만스님과 스님의 인도 상좌 보원스님을 버스터미널에서 만났다. 셋이 어제 다녀왔던 감산사를 다시 찾았다. 마당에 한 스님이 있어서 감산사에 대한 이야기를 들을 수 있었다. 차 한잔하자고 하면 응했을 텐데 그 비구니 스님은 그런 말이 없다. 보원스님은 한국에 온 지 15년이 되어 한국 사람처럼 보인다. 은사 스님이 재정적으로 지원해주지 않아서 힘들게 살아왔음도 알게 되었다. 그럼에도 반듯하게 한국생활을 잘하고 있음을 보니 대견하다.

절을 나와서 인간문화재 누비장 김해자 보살을 방문했다. 수선화 보살님은 내가 86년도 수덕사로 출가했을 때 일주문 앞에서 처음 만난 보살님이다. 그때의 나를 기억하고 있어 나를 개구쟁이라고 놀린다. 보살님의 딸이 빙의되어 30년을 고생해온 이야기를 들었다. 지금은 부산의 정신병원에 있다고 한다. 원만스님에게 천도재를 부탁하려고 했으나 원만스님은 정중히 거부했다. 수선화 보살은 천도재를 하기 위해 전국을 다녔으나 어떤 큰스님도 딸을 치료하지 못했다고 한다. 나는 딸의 병이 어머니와 관계있지 않을까 하는 생각을 했지만 말하지는 않았다. 누비 조끼 1벌을 선물로 받았다. 보살님과 따님이 편안하기를… 나무관세음보살.

하룻밤을 자기 위해 백률사를 들렀는데 객실이 없다고 하여 모텔에서 숙박했다. 원만스님은 불국사 문중의 어른이신데 원만스님께도 방이 없다고 하니 참으로 절 집안이 불가사의하다. 대웅전에 인등이 부처님을 가리고 있다. 불상을 가리고서라도 인등을 설치하는 마음은 신심이나 존경이 아닌 욕심이다. 그 욕심이 그득한 사찰들은 절이 무엇을 하는 곳인지 잊은 채 객스님을 재워주지 않는다. 서산 마애삼존불처럼 세 분의 부처님이 서 있는 남산 삼불사를 참배했다. 절은 쇠락해 있는데 삼존불은 잘 보존되어 있었다. 특히 가운데 있는 부처님의 미소가 친근하게 느껴진다. 삼존불 때문에 많은 참배객이 찾는 곳이라고 한다. 그러나 실제로 삼불사의 땅은 근처 원효종 사찰인 망월사 소유다. 망월사 스님은 땅에 대한 재판 이야기를 들려준다. 원효종 총무원장이 3명이나 되어 분쟁이 쉽게 끝날 것 같지 않다고. 망월사가 잘 관리되면 멋진 도량이 될 것 같은데 분쟁 사찰이라 사세와 건물들이 초라하다.

월산 노스님이 이름을 지어주었다는 구로쌈밥집에서 점심을 먹었다. 그러나 예전과 같지 않아 음식에 영혼이 없고 입맛에 맞지 않았다. 원만스님이나 선광스님도 같은 의견이다. 음식점 주인에게 말해주어야 한다고 의견은 모았으나 누구도 말을 하지 않고 식당을 나왔다. 친절도 용기가 필요하다.

우리는 울산 황룡사로 출발하였다. 오래전부터 울산에서 포교하는 황룡사에 오고 싶었다. 황산스님의 뚝심, 순수함 그리고 열정이 그대로 녹아 있는 3층 건물의 법당을 참배했다. 1층은 책방 겸 찻집 겸 휴게실로 사용되고 있었는데 누구나 와서 쉬기에 적당한 공간이었다. 1층을 보니 2, 3층을 보지 않아도 사찰이 어떻게 운영되고 있는지를 알 수 있겠다. 황산스님을 돕는 두 명의 스님이 더 있었는데 모두가 자발적으로 맡은 바 임무를 다하고 있었다. 황산스님의 안내로 이 층 법당, 강의실, 어린이 공부방, 취미교실을 둘러보았다. 옥상에는 야외불상이 모셔져 있고 태화강이 한눈에 내려다보였다. 시내 한복판에 이러한 엄청난 불사를 해낸 황산스님이 존경스럽다. 황산스님은 나에게도 포교를 시작하라고 말했지만, 나는 죽을힘을 다해 아무것도 안 하는 원력을 세웠다고 대답했다. 아무것도 안 하는 대신 가슴속에서 우러나오는 목소리를 계속해서 낼 것이다. 그것은 이론적인 측면과 현상적인 측면을 포함한다. 마음속에서 충전이 필요할 땐 백장암에 방부를 들여 쉬어 가라고 조언하고 헤어졌다.

울산의 백양사에 들러 하룻밤 묵으려 했으나 객실이 없다고 한다. 건물은 화려하고 많지만, 객스님이 쉴 수 있는 방 한 칸이 없다. 불사를 그렇게 해서 그렇다고 말하지만, 마음이 있다면 왜 못 재워주겠는가? 이런 실태를 고발하기 위해서라도 나는 계속해서 문전박대받아야 할 것이다. 씁쓸하게 절을 나와서 원만스님과 여관으로 향했다.

원만스님의 제안으로 기장 장안사와 척판암을 방문했다. 장안사는 척판암 가는 중간에 보여 들르게 되었는데 주지스님이 정여스님과 해외 구호 사업을 하는 분인 것 같았다. 그런데 여기도 객실이 없다고 한다. 해외 구호 사업은 하고 수행자 구호 사업은 안 하는구나! 하는 생각을 잠시 했다. 도량이 어수선하게 느껴졌다. 도량만 잘 가꾸어 놓으면 그대로 극락이 될 곳인데….

척판암에 오르니 주지스님이 우릴 반긴다. 차 한잔을 하면서 이야기하는데 벽면에 수덕사 전 방장 원담스님의 붓글씨가 보였다. 어떻게 얻었냐고 물으니 원담스님과 같이 살 때 참선하다가 읊은 시를 써 달래서 소장하고 있다고 한다. 인도 북부에 '레'라는 도시가 있는데 그곳에 한국 사찰 대청보사가 있다. 대암, 청파, 보일 세 스님이 건립한 사찰이라 세 스님의 법명 앞글자를 따서 대청보사라고 이름 지었다고 한다. 보일스님이 척판암의 주지스님이다.

근처에 있는 묘관음사로 갔다. 묘관음사는 선방인데 선학원 소속 사찰이다. 도량 여기저기에서 불사가 한창이다. 법당 참배를 마치고 게으른 황소처럼 멍하니 앉아 야자수를 바라보고 있는데 노스님 한 분이 말을 걸어 온다. 객승이 자기 절에 와서 멍때리고 있는 게 신기했나 보다. 우리는 그분과 이야기를 하다가 그분의 안내로 차를 마시게 되었다. 마침 한참 이슈가 되고 있는 조국 후보자에 대한 이야기가 나왔는데 조국 후보자는 현인(賢人) 같은 사람이라고 평한다. 보수 같아 보이는데 진보적인 말을 한다고 했더니 당신은 사안별로 보수가 되기도 하고 진보주의자가 되기도 한다고 한다. 현명한 말씀이다. 다양성을 인정하는 민주주의에서 이렇게 자신의 견해를 사안별로 밝히는 것이 필요하다. 굉장히 논리적인 사람이 정치적인 면에서는 지역감정에 얽혀 있는 분들을 보았기 때문에 신선하게 다가왔다.

노무현 대통령 묘소를 참배하기로 했다. 처음 찾아가는 길이라 미안한 마음과 고마운 마음이 교차한다. 멀리서 부엉이바위가 보이니 어느덧 다시 살아나서 바위로 서 계시는 것 같은 착각도 들었다. 사람 사는 세상이 어찌 불국정토와 다를 것인가? 종교와 정치는 사람을 위하고 생명 중심이라는 데서 닮아 있다. 노무현이라고 쓰인 바위 앞에 고개를 숙이고 바람을 맞았다. 문재인, 조국으로 이어지는 이슈 속에서 노무현은 더 빛난다. 당신이 있기에 '사람 사는 세상'이라는 민주주의가 뿌리를 내릴 것입니다. 바람이 잘 통하는 길목에 놓여 있는 나무 의자에 한참을 앉아 있었는데, 마음이 편안했다.

김해에 있는 '사띠아라마(satiarama)'에 숙박하기 위해 간 길을 되돌아왔다. 내비게이션을 찍고 달리는 것이기에 때론 되돌아올 때도 있다. 두 번째 방문하는 이곳은 그동안 건물을 많이 사들여서 도량이 꽤 넓어졌다. 기획실장님을 만나 방을 배정받고 그동안의 활동 상황을 들었다. 사무장님의 누님 수진행 보살님이 와서 방을 바꾸어 주었다. 다음 날 아침 붓다빨라 스님과 차를 마시며 인도에 있는 사찰 이야기를 들었다. 인도에서 사미 교육은 엘리트를 키워 내기 위해 시험을 치러 우수한 학생만 머물게 한다고 한다. 원만스님은 200명이 와서 10명이 남았다는 말을 듣고 가슴 아파했다. 웬만하면 아이들을 다 수용해서 사미를 만들어야 하지 않느냐는 생각이다. 겨울에 인도 대학생들이 부다가야에서 일주일간 명상수련 대회를 하고 성지순례도 한다고 한다. 붓다빨라 스님과 이야기를 나누면 항상 새롭다.

어제가 추석이었다. 오늘과 내일도 추석 연휴지만 원만스님과 나는 다시 만행을 떠난다. 원만스님이 9월 21일에 인도로 출국하기에 만행할 시간이 많지 않다. 첫 번째 장소로 백장암에서 비교적 가까운 구례 묘운스님의 작은 암자에 들르기로 했다. 구례에 도착하니 천은사 간판이 보인다. 천은사는 아담하고 아늑한 절이어서 나그네의 마음을 절로 쉬게 한다. 특히 대웅전 뒤편의 방장선원은 아늑하고 고요해서 정진하기에 그만이다. 선방의 마루에 앉아 있으니 시원한 계곡물 소리가 번뇌를 씻어 간다. 이곳에 선원을 지은 선배님들의 뜻이 분명 있었을 거다. 그런데 방장선원은 어제부터인가 템플스테이 장소로 사용되고 있다. 공부하는 스님들이 선원에 모이지 않아서 그랬나? 아니면 템플스테이 수입이 더 나아서 그런가? 전통선원이 폐쇄되고 템플스테이 장소가 된 이곳이 현재 한국불교를 상징하고 있는 것 같다. 절은 수행하는 곳이 아니라 돈을 받고 휴식하고 잠을 자고 식사하는 곳, 여관, 식당의 역할을 하고 있다. 자연스럽게 돈을 내지 않는 객스님들은 천덕꾸러기가 되어 간다. 누구를 위해 사찰에서는 돈을 받는가? 이제 객은 하룻밤 묵어가기 위하여 템플스테이를 신청해야 하는 때가 되었다.

작년(2018년)에 총무원 앞에서 설조스님이 단식할 때 묘운스님을 만났다. 설조스님의 단식 이후에 나는 인도로 갔는데 묘운스님은 설조스님을 끝까지 모셨다. 그런데 재가자들과 여러 가지 갈등이 있어서 묘운스님도 그곳을 떠나왔다. 하도 복잡한 이야기들이라 기억하고 듣는 것만으로도 머리가 아프다. 한때 고락을 함께했기에 스님을 찾은 것이다. 묘운스님은 광주 5.18 광주민주화항쟁을 몸소 겪은 분이다. 그때 생긴 트라우마가 있어 괴로워하다가 스스로 심리상담을 공부하여 온 분이다. 묘운스님이 동물 모양의 모형을 보여주며 나와 원만스님의 성격을 테스트하였다. 모형 중에서 어머니를 닮은 동물, 아버지를 닮은 동물, 그리고 자신을 닮은 동물을 골라서 스님 앞에 놓으면 스님은 그 동물의 종류와 관계를 설명하며 상담자와 부모 관계를 분석해준다. 심리상담이 아니라 호기심을 자극하는 재미있는 놀이다. 묘운스님의 설명이 대충 맞는 것도 같다. 재가자를 상대하는 주지스님들이 배워서 사용하면 유익하리라. 마지막으로 연극하듯이 어떤 사람의 입장이 되어 보는 상황극, 감성이 풍부한 원만스님은 빙의된 듯 상황극을 리얼하게 해냈다. 역지사지, 소꿉놀이 같은 것, 설계도 없이 우리는 다양한 꿈을 꾸듯이 상황극에서 생각지 못한 말들이 튀어나왔다. 우리가 일으키는 의도, 연기, 맹세, 기도 등 모두가 한 생각에서 비롯된다. 생각의 힘, 생각의 영향으로 우리의 인생이 변화한다. 부처님은 신구의(身口意) 삼업(三業) 중에서 의업이 가장 힘이 세다고 했지. 수행 아닌 것이 없다.

　봉암사 가는 길에 우연히 눈에 띈 장수 팔성사에 들렀다. 정갈한 노비구니 스님이 의자에 앉아 있다가 우리를 환영해주었다. 법당을 참배하고 나오며 나는 "불사하시느라 공부할 시간이 없었겠습니다." 하고 도전적인 농을 건넸다. 비구니 스님은 "저는 공부가 무엇인지도 모릅니다"라고 답한다. 노스님의 대답에 할 말이 없다. 알고 보니 그 스님은 원만스님과 같은 해에 출가한 노장스님이다. 열댓 명의 상좌와 찍은 사진이 벽에 걸려 있다. 노비구니 스님이 건네주는 고욤차를 마시며 한담(閑談)을 나눴다. 대장부의 기상이 풍기는 스님의 이름은 법륜(法輪), 그렇게 쉼 없이 법륜을 굴려 오면서 평생 예불에 빠진 적이 한 번밖에 없다고 한다. 게으름까지 수행이라고 알고 있는 나에겐 충격이다. 한참 화제가 되고 있는 조국 법무부장관과 비구니 회장선거에 대한 이야기도 나눴다. 다행스럽게 나그네와 주인의 견해는 대동소이하다. 노비구니 스님이 진보적이다. 다만 부처님의 깨달음에 대해서는 이해의 차이가 있다. 지나가는 객이기에, 차를 얻어 마시는 중이므로 얌전히 머물다 나왔다. 스님은 맑은 미소로 마당에까지 나와 우리를 배웅해주셨다. 우연한 만남, 불꽃 튀는 대화, 이것이 만행이 주는 묘미(妙味) 아닐까?

원만스님의 도반이 주지인 천태산 영국사에 들렀다. 영동 영국사에는 저녁 늦게 도착했다. 다행히 원만스님을 반겨주는 주지스님 덕분에 비어 있는 템플스테이 방에서 하룻밤을 묵었다. "이런 오지가 다 있나!"라는 생각이 자연스럽게 들 정도로 영국사는 산속 깊숙한 곳에 있다. 영국사에서 제일 유명한 것은 천 년 묵은 은행나무, 가까이서 보니 나무 둘레가 대단하다. 합장하며 "만나는 사람마다 행복하여지이다"라고 빌었다. "일체중생이 행복하여지이다"는 너무 체감적이지 않기에 이렇게 마음을 내었다. 영국사의 은행나무는 많은 사람을 불러들일 것이라 은행나무 덕에 포교하기가 쉽겠다. 발전 가능성이 무궁한 곳이지만 지금은 살림이 어려운 듯하다. 과일 쪼가리라도 얻어먹으려고 공양간을 찾았는데 비닐하우스가 공양간이다. 공양주 보살님이 챙겨주는 배와 바나나를 먹었다. 공양주 보살님은 법당 보살, 사무장 등의 역할까지 감당하고 있다. 자비로운 보살님의 이야기를 나눌수록 애처로움이 묻어 나왔는데 이것은 고용인과 피고용인의 차이가 분명하기에 그랬을 것이다. 소통이 원활한 것이 행복이다. 원만스님은 인도에 가져갈 누룽지를 세 봉지나 챙겼다. 나중에라도 보살님이 백장암에 들르면 좋겠다.

원만스님이 40년 전에 들렀다는 황간 반야사에 갔다. 어느 재가자 그룹이 미얀마 스님을 모시고 위빠사나 수행 중이다. 공양 시간을 기다리느라 계곡을 산책하다가 산꼭대기 문수암까지 갔다. 주변 풍경을 한눈에 바라볼 수 있는 높은 자리에 문수암이 있다. 계곡물과 산이 태극 모양을 이루며 흐르고 있어 풍수를 모르는 사람도 이곳이 비범한 곳임을 알 것 같다. "세상에나!"라는 감탄사가 되풀이된다. 법당에서는 비구니 스님이 홀로 절을 하고 있었는데 멋진 풍광과 고요한 절이 묘한 조화를 이룬다. 원만스님과 내가 경치와 풍수를 논하느라 갑론을박하고 있을 때 비구니 스님이 법당에서 나와서 문을 닫았다. 우리 때문에 그런가 하고 의아해하고 있는데 공양하러 큰 절로 내려가기에 문을 잠그는 거란다. 우리는 법당 마루에 앉아 계곡을 한참 동안 바라보았다. 그때 우리 눈앞에 보살님이 부처님께 올릴 송편을 들고 나타났다. 추석날 송편을 못 얻어먹은 나는 송편이 먹고 싶다고 말했다. 신심 깊은 보살님은 부처님께 올려놓은 송편을 내려 드시라고 말했다. 졸지에 산꼭대기 문수암에서 송편을 먹게 되었다. 한 생각 일으킨 것에 대한 감응이라고 원만스님이 설명했다. 백장암에서 송편을 못 먹었다는 사실을 나는 원만스님께 몇 번 말했었다. 그런데 그 송편이 떡하니 눈앞에 나타난 것이다. 문제는 점심공양 시간에도 벌어졌다. 반야사에 들어올 때 나는 불쑥 생선이 먹고 싶다는 이야기를 했고, 원만스님은 어이없어하면서도 "절간에서 눈치가 빠르면 새우젓을 먹는다"는 속담을 꺼내며 맞장구를 쳤다. 그런데 우리가 마주한 점심상에 고등어조림이 올라와 있지 않은가? 원만스님은 존경의 눈초리로 내 얼굴을 바라보았고 나는 "나의 능력은 어디까지인가?"라는 자만심으로 원만스님의 시선을 즐겼다. 주지스님의 설명은 남방 스님이 오셔서 명상지도를 하고 있기에 그 스님을 위해서 생선을 밥상에 올리게 되었다고 한다.

반야사에서 봉암사를 향해 가다가 상주를 지나가게 되었다. 문득 상주에서 패널 건물을 짓고 혼자 사는 도반스님이 생각났다. 두꺼비처럼 한곳에 정착하면 움직이기를 싫어하는 도반을 어렵게 설득해서 함께 봉암사로 갔다. 셋이 만행을 하게 되니 흥겹다. 봉암사에 도착하기 전에 정토수련원이라는 표지판을 봤다. 정토수련원 사무실에 근무하는 보덕심 보살님이 무작정 찾은 나그네를 안내한다. 나는 1988년도에 봉암사 선원에서 공부할 때 와보고 오늘두 번째 온 것이다. 그때는 조그만 암자였는데 지금은 명산의 대찰이 되었다. 100일 출가 행자들이 20여 명 들어와 있다고 한다. 여러 가지 형태의 건물들이 곳곳에 들어차 있어 방문객은 안내를 받아야 할 정도이니 법륜스님의 원력은 대단하다. 나는 봉암사에서 서암스님을 모시고 두 철을 살았고 원만스님도 태고선원에 머문적이 있다고 한다. 총무원장 직선제 토론회도 이곳에서 열렸고 '승려결의대회'에도 봉암사 스님들이 많이 참여하였다. 도량 여기저기에서 건물 보수공사가 진행되고 있다. 산철임에도 공부하러 들어와 있는 명진스님과 차를 마셨다. 명진스님 방에서 차담을 하고 있을 때 지나시던 적명스님도 들어오셨다. 객실을 안내받고 차담을 하고 있는데 명진스님이 오셔서 밤늦도록 이야기를 나누었다. 아침에 봉암사의 수좌, 적명스님과 차담을 나누었다. 적명스님의 침착한 법문을 오래 기억하려고 부분적으로 녹음했다. 마지막 당부가 인상적이다. 수행자가 두 가지를 버려야 하는데 하나는 일반적인 욕망이고 둘째는 깨닫겠다는 욕망이다. 공부가 안 되어 고민이 많았는데 깨닫겠다는 욕망을 버리니 그때부터 공부가 되더란다. 요긴한 말씀이다. 백장암 공양게송 중에 '깨닫고자 받습니다'라는 게송이 문제가 있다는 걸 확실히 알게 되었다.

열반에 대해서 이야기를 하다가 적명스님은 청정도론에서 열반을 소멸(nirodhe)로 설명하는 것은 대승의 열반과 다르다고 설명했다. 그 부분이 초기불교와 대승불교의 차이라고 강조했다. 나는 동의하기 어려웠다.

"과의 증득이란 무엇인가? 성스러운 과가 소멸에 안지함(安止)이 과의 증득이다(Tattha kā phalasamāpattīti yā ariyaphalassa nirodhe appanā)"라는 청정도론의 설명에서 열반을 소멸(nirodhe)로 본 것이다. 소멸은 열반의 많은 동의어 중에 하나다. '소멸에 안지함'을 '열반에 안지함'으로 해석하면 문제가 없는 대목이다. 이 부분을 문제 삼아서 소승과 대승의 열반을 나누는 것에 동의하기 어렵다. 하룻밤을 자고 아침에 마당을 쓸고 있는 봉암사 주지 원광스님을 만났다. 스님에게 도로명주소 변경하는 절차에 대하여 설명했다. 새로 이주한 귀농자들이 봉암사에서 하는 일에 비협조적이지만 마을 이장님이 주도하여 서명을 받고 있다고 한다. 봉암사에 주소지를 둔 대중이 70명이나 된다고 하니 도로명주소를 변경하는 일이 그렇게 어렵지는 않을 것 같다.

　괴산 각연사 연꽃 도량에 도착했다. 법당에서 앉아 있으니 일어나고 싶은 생각이 없다. 사시예불을 하기 위해 나오는 주지스님을 마당에서 마주쳤다. 주지스님은 기록에 의하면 각연사가 보리연사였는데 각연사로 바뀌었다고 한다. 옛 이름을 되찾는 것도 좋지 않을까 하는 생각을 하셨다. 점심공양 시간을 기다리기 위해 차실에서 우엉차를 마셨다. 햇살이 내리비추는 도량을 바라본다. 마음이 절로 한가해진다. 마당에는 보리수 잎이 하나둘 떨어지고, 가을이 깊어가는 산사(山寺)다. 공양주 보살님이 해주신 맛있는 된장찌개와 부침개 그리고 호박잎을 맛나게 먹었다. 주지스님은 은사 스님의 책을 주신다.

　서암스님이 머무시던 원적사로 향했다. 서암스님이 계셨던 절이기도 하고 하안거를 같이 지낸 덕유스님이 8년이나 주지 소임을 살았던 곳이다. 원적사에 오르는 비탈길은 대한민국에서 최고로 가파르다는 생각이 든다. 천장암 길의 가파름은 아무것도 아니다. 원만스님, 선우스님과 나는 끝나지 않을 것 같은 산을 오르며 몇 번을 쉬었다. 길이 하도 가파르니 차량이 통과하지 못하도록 자물쇠를 채워 놨다. 힘들게 오른 원적사는 세 동의 건물이 일자로 놓여 있다. 절을 지을 터가 나올 수 없는 곳인데 축대를 높이 쌓아서 절을 지어 요새처럼 느껴진다. 도량에 스님은 보이지 않고 개 한 마리가 계속 짖어댄다. 서암스님의 사진이 걸려 있는 다실에서 우리끼리 차를 마셨다.

　선우스님이 갑자기 자신의 처소로 돌아가길 원한다. 원만스님은 상주병원에 감기 예방주사 맞기를 원한다. 그래서 상주병원에 들르고 선우스님이 사주는 저녁을 먹었다. 오후 불식이라 거부하고 싶었지만 선우스님 혼자서 저녁을 먹어야 하기에 억지로 먹었다. 선우스님 꾸띠로 돌아와서 1박을 했다. 객실은 종무소와 식당으로 사용하는 패널 건물이다. 밤늦도록 이야기를 나눴다. 선우스님의 말문이 터져 즉설주왈하는 시간이 길었다. 이야기를 듣는 원만스님의 난감한 표정이 가히 혼자 보기 아까워서 사진을 찍어놓았다.

좀 더 머물다 가라는 선우스님의 부탁을 물리치고 탄구스님이 사는 구미 소월암에 갔다. 탄구스님은 '자타일시성불도'가 논리적으로 맞지 않는다고 말했는데 탄구스님을 반박하는 원만스님의 비유가 성공하지 못했다. 나는 탄구스님의 의견에 동의하며 학해스님의 의견을 반박했다. 탄구스님은 '전법륜경'과 '사문과경'의 차이를 거론하며 수행법의 차이를 말한다. 나는 각각의 경을 설하는 대상이 다르다는 점을 지적하며 동등하게 비교해서는 곤란하다고 말했다. 경의 차이를 이야기하는 탄구스님이 공부를 열심히 하고 있구나, 느꼈다.

탄구스님과 헤어지고 칠곡 보덕사 동욱스님을 뵈러 갔다. 빈손으로 갈 수가 없어 알이 좋은 자두 한 박스를 사 들고 노스님을 찾았다. 노스님은 이번에도 반갑게 맞아주셨다. 지난번 우리가 다녀간 소감을 들려주셨다. 매일 일기를 쓰기에 그날 일도 일기에 썼다고 한다. 우선 내가 맨발로 찾아온 것에 대해 충격을 받으신 듯했다. 그날 나는 스님 방에 도착해서야 내가 맨발인 것을 알아차렸다. 그래서 급히 "맨발로 찾아뵈어 죄송합니다"라고 변명했다. 그런데 지금 그 맨발을 다시 거론하시는 걸 보니 그때 나의 사과는 효과가 없었나 보다. 게다가 나는 보덕사 불자들을 보고, 스님을 보고 인사를 안 한다고 한마디했는데 그것 또한 전해 들었다고 하신다. 신도님들이 인사를 안 한 것은 맨발로 법당에 들어와서일 것이라는 설명이다. 스님 앞에서 '맨발의 청춘'은 '용서받지 못한 자'가 되었다. 원만스님이 인도에서는 맨발로 산다고 거들었지만 로마에 가면 로마법을 따라야 한다는 대답으로 가볍게 제압당했다. 인도를 네 번 다녀오고 미얀마를 아홉 번 다녀오셨다는 스님은, 미얀마를 많이 가게 된 것은 미얀마 불자들의 신심에 감명을 받았기 때문이라고 하셨다. 이야기 끝에 스님은 당신이 포교하는 방법을 들려주신다.

스님은 매일 1시간 이상 신도를 위해 법당에서 기도를 드린다.

연등은 5만 원 이상 받는데 얼마를 내든 등 크기는 같다.

연등을 어느 위치에 달았는지 알려주지도 않고 신도들도 나의 등이 어디에 달렸는지 묻지 않는다. 그것은 서로에게 믿음이 있기 때문이다.

스님은 어느 절에 가거나 먼저 등을 달고 신도들에게도 권한다.

신도 집에 엽서를 보낼 때는 스님이 찍으신 사진을 하나하나 붙이는 정성을 들인다.

봉축법회 때 관욕단 앞에 보시함을 두지 않는다. 관욕에 집중할 수 있도록 하고 신도들의 부담을 덜어주기 위해서이다.

정초에는 각자가 속마음을 담은 편지, 누구에게도 말하지 못하는 이야기를 써 오게 한다. 함께 기도한 후에 편지를 태운다. 결코 누구도 뜯어보지 않는 편지, 그래서 솔직하게 자기의 마음을 드러내는 편지를 쓰게 해서 스스로 치유하는 기회를 주는 것이다.

전문 객승들이 오면 누구든지 웃으며 만 원씩 주는데 일 년에 약 삼백만 원 정도가 객비로 나간다. 한 사람씩 다가오게 해서 그 스님의 얼굴을 보고 직접 준다.

우리에게는 전문 객승에게 주는 객비보다 훨씬 많이 주셨다. 학해스님은 보이차 한 편을 받았다. 객비 받은 것도 좋지만 선배님께 좋은 말씀을 들은 것이 더 소중하다. 이러한 선배 스님을 만난 것이 만행의 보람일 것이다.

보덕사에서 나오면서 오늘도 어김없이 "어디에서 하룻밤을 묵을 것인가?"라는 생각이 떠오른다. 객이 할 수 있는 즐거운 생각이자 고민이다. 은해사로 가기 위해 출발했는데 송림사라는 간판을 보고 들렀다. 법당 앞에는 벽돌로 만든 전탑이 웅장하다. 그렇게 오래되어 보이지 않는데 안내문에는 통일신라시대에 만들어진 보물이라 한다. 미얀마에서 받아온 사리도 친견할 수 있었다. 잔디밭으로 둘러싸인 어스름한 도량이 이뻐서 마루에 한동안 앉아 있다. 원만스님이 호기롭게 객실을 물어보았으나 확답을 얻지 못했다. 어두워지기 시작하니 오래 기다릴 수가 없어 가까운 동화사 선원으로 향했다.

동화사 가는 길에 파계사 간판을 보고 파계사에 당도했다. 애초에 목적지는 중요하지 않다. 애초라는 것이 무의미하고 목적지라는 것이 부질없기 때문이다. 젊은 스님에게 객실을 물으니 다행스럽게 안내를 해준다. 객실이 있는 절은 오랜만이다. 내일이면 이제 만행을 정리해야 한다. 오늘이 마지막 밤인 것이다.

따뜻한 방에서 잘 자고 주지스님을 찾아뵈려 했으나 못 뵙고 산내 암자인 성전암에 올랐다. "아직도 이렇게 걸어 올라가는 절이 있다니…"라고 생각하며 절에 도착했다. 스님들이 방에서 우르르 걸어 나왔다. 선원장 스님인 벽담스님과 차를 마셨다. 잣이 곁들여진 커피가 독특하다. 성전암에서 산철 결제하는 이야기, 신도들과 공부하는 이야기를 들었다. 성전암에서는 원각경, 승만경, 무량수경을 공부하는데 죽음을 대비하여 내생을 준비하기 위함이 아니다. 내 마음이 청정하면 그곳이 현실의 극락이므로 극락에서 살기 위함이요, 법장비구의 원력을 배우기 위해서 무량수경을 읽는다고 한다. 승만경은 여성 불자들이 성불할 수 있다는 희망과 자부심을 느끼게 한다. 선객의 입장에서 대승경전을 바라보는 신선한 입장이다. 바나나를 챙겨주시려는 것을 사양하고 하산했다. 만행하는 중에 만난 풍경(山)과 사찰(寺)과 사람(人) 중에 사람이 가장 중요한 것임을 다시 깨닫는다. 산세가 아무리 좋고 사찰이 크고 화려해도 수행자다운 사람이 없거나 바르게 사는 사람이 없다면 그곳을 좋은 도량, 수행처라고 말하기 힘들다.

성전암을 나와서 은해사로 향했다. 은해사의 산내 암자 중 가장 높은 곳에 있는 묘봉암에 올랐다. 묘봉암을 오르는 길이 하도 아름다워 감탄했다. 햇살과 나무 그늘이 그려내는 길 위에 아롱거리는 움직이는 그림은 나그네의 눈을 사로잡는다. 그 길은 어쩌면 저

세상으로 나아가는 길이고, 우리가 사라져 갈 길이고, 애인을 만나게 될 길이고, 꿈에서 보일 길이고, 여우가 나타날 길이다. 나의 감탄에 원만스님은 예술적인 감각이 늘어간다고 평한다. 아름다움에 놀라는 가슴 없이 어찌 만행이 가능할까? 묘봉암은 기대했던 상상 속의 묘봉암이 아니다. 암자의 위치나 법당의 생김새는 탁월하나 도량을 가꾸는 안목은 낙제점이다. 플라스틱 지붕으로 설치해 놓은 용왕단은 없는 것이 좋았을 것이다. 눈썰미가 둔한 원만스님도 이 문제만큼은 동의했다. 이곳의 주지는 선사의 기질을 좋아하는 듯했고 일요법회를 한다는 것이 놀라웠다. 아무도 없는 암자에서 나그네들이 나무 그늘에 앉아 이야기를 나누다 내려왔다.

내려오는 길에 중암암에 들렸다. 묘봉암보다는 도량 정리가 잘 되어 있고 기도객도 많다. 바위를 이용해서 도량을 가꾼 솜씨가 예사롭지 않다. 티베트 전통인 마니차도 있고 법당의 장판도 깨끗하고 부드럽다. 그러나 공양주 보살이 우리를 보고 아무 말 없이 다시 부엌으로 들어가는 것을 보고 여기서 공양을 얻어먹기는 어렵겠다고 생각했다. 운부암으로 공양을 얻어먹기 위해 길을 재촉했다.

운부암에 도착하니 도량 곳곳에 참선하는 곳이라 출입을 삼가라는 안내문이 보인다. 대웅전으로 들어서니 도량의 고요함이 짙게 배어 나왔다. 우리는 그 고요함을 즐기기 위해서 잠시 누각 마루에 앉았다. "갑자기 맞닥뜨린 고요!" 법당을 참배하고 나오는데 저쪽에 바짝 마른 노비구니 스님이 보였다. 운부암에 웬 비구니 스님? 하는 궁금증으로 다가가는데 이곳은 운부암이 아니라 비구니

선원인 백흥암이고 그 스님은 선원장 영운스님이란다. 아 어쩐지, 절간이 풍기는 고요함과 정갈함이 비구 스님 절이라고 하기엔 너무 진하다고 생각했는데… 여기가 백흥암이구나! 비구니 절이니 점심공양을 얻어먹기가 힘들어졌다. 마침 오늘은 비구니 회장을 선출하는 선거일이라 대중이 모두 서울로 올라가서 남아 있는 사람들은 각자가 점심을 해결하기로 했단다. "라면이라도 끓여드릴까요?"라고 공양주 보살이 묻는데 원만스님은 라면을 싫어한다. 배고픔을 느끼며 차를 타려는데 공양주 보살이 담장 밖으로 고개를 내밀며 소리친다. 남은 밥이라도 차려드릴 테니 드시고 가라고. 절을 찾아온 객을 그냥 떠나보내려니 마음이 편치 않았나 보다. 우리는 다시 차에서 내려 공양간으로 향했다. 보살님이 챙겨주는 밥과 정갈한 반찬을 먹고 과일까지 먹으니, 포만감이 든다. 이렇게 백흥암에서 어렵게 점심을 먹는 행운으로 우리의 만행은 끝나는구나. 다큐영화 〈길 위에서〉를 찍은 곳이 이곳이다. 밥을 차려준 보살님은 당신도 영화에 한 토막 나온다고 했다. 영화에 출연한 스님들은 다른 곳으로 다 떠났다고. 백흥암의 고요와 공양을 끝으로 만행이 끝났다.

  * 원만스님과 함께한 한 달 동안의 만행이 끝났다. 스님은 인도로 갔다. 그런데 다음 해에 갑자기 악성 갑상선암에 걸려서 병원에서 수술을 받으시더니 정토마을 자재요양병원에서 원적에 들었다. 다음은 원만스님의 부고 소식인데 내가 써서 언론사에 보낸 것이다. 기자들은 원만스님이 누구인지 모른다.

[부고] 부다가야 여래선원 창건주 원만스님 원적

인도 부다가야에 '여래선원'을 창건하고 인도에서 포교활동을 해온 종철 원만스님이 2020년 5월 23일 오후 2시 50분 정토마을 자재요양 병원에서 원적에 들었다. 세납 68세, 승랍 50세. 스님은 1952년 충남 청주에서 출생해 18살에 월산스님을 은사로 출가했다. 전국 선방에서 참선하던 스님은 석굴암 천일기도 3번 회향 후 부처님의 나라 인도로 건너갔다. 스님은 인도 부다가야에 여래선원을 창건하고 그곳에서 20여 년 동안 성지순례객들과 현지 어린이를 대상으로 포교 활동을 했다.

제주시 조천읍 '평화통일 불사리탑사' 주지도 역임했던 스님은 지난 2019년 11월 악성 급성 갑상선암으로 귀국해 정토자재요양병원에서 요양했다. 스님의 유일한 상좌로는 네팔 출신 보원스님이 있다.

스님은 평소 격식 없는 소탈한 모습으로 후배들과 어울려 '나이 든 어린 왕자'라는 별명을 얻었다. 불자들에게는 늘 인자한 미소를 보여 '서산마애삼존불 가운데 분'이라는 애칭을 갖고 있다. 원만스님의 장례는 스님의 출가 본사인 불국사가 주도한다. 빈소는 울산 하늘공원(울주군 삼동면 조일리), 다비는 24일 오후 3시 경주 하늘마루(경주시 서면 도리)에서 한다. 입적 하루 만에 다비를 하는 경우는 매우 드물다. 스님의 장례 일정은 불국사 대중스님들이 논의해 정했다.

스님들의 오해

초판 1쇄 발행 2024년 8월 20일

지은이 허정 스님
펴낸이 강수걸
편집 이선화 강나래 오해은 이소영 이혜정 김효진 방혜빈
디자인 권문경 조은비
펴낸곳 산지니
등록 2005년 2월 7일 제333-3370000251002005000001호
주소 부산시 해운대구 수영강변대로 140 BCC 626호
전화 051-504-7070 | 팩스 051-507-7543
홈페이지 www.sanzinibook.com
전자우편 sanzini@sanzinibook.com
블로그 sanzinibook.tistory.com

ISBN 979-11-6861-365-2 03220